映画になった奇跡の実話

True Story films

これが美談の真相だ

鉄人ノンフィクション編集部【編】

勇[illegible]ヒロイン、信じられないサクセスストーリー、逆境を[illegible]た不屈の精神、絶体絶命からの逆転劇――。奇跡のような実話をベースに作られた映画は、果たしてどこまで本当の話なのか。本書は「サウンド・オブ・ミュージック」から「グリーンブック」まで全85タイトルの元ネタを検証し、劇中では描かれない英雄の素顔、美談の真相、関係者のその後に迫った1冊である。

鉄人文庫

グリーンブック

2018年公開の映画「グリーンブック」は、人種差別が色濃く残る1960年代前半のアメリカ南部を舞台に、天才黒人ピアニストと用心棒の白人運転手がコンサートツアーを続けるうち友情を深めていくヒューマンドラマだ。物語はジャマイカ系黒人ピアニスト、ドン・シャーリーが、運転手の白人トニー・リップとともに南部の州をツアーした実話が基になっている。

運転手役のビゴ・モーテンセン（左）と売れっ子ピアニストを演じたマハーシャラ・アリ。映画「グリーンブック」より

黒人ピアニスト、ドン・シャーリーと白人運転手トニー・リップが人種差別と闘い敢行した1962年、アメリカ南部コンサートツアー

FILMS

映画は1962年、米ニューヨークの有名ナイトクラブ「コパカバーナ」で給仕頭をしていたトニー・リップ（1930年生。本名フランク・アンソニー・バレロンガ。演：ビゴ・モーテンセン）が、高名なジャマイカ系アメリカ人ピアニストのドン・シャーリー（1927年生。演：マハーシャラ・アリ）に運転手として雇われる場面から始まる。

シャーリーは2歳からピアノを始め、19歳で自作の交響曲をひっさげ世界ツアーを開始。ロンドン・フィルハーモニー管弦楽団と共演したり、万国博覧会で演奏するなど、ピアニストとして確固たる地位を築いた。

1960年代以降、シャーリーは全米をコンサートツアーで回り、そのライブ地には人種差別が激しい南部も含まれていた。当時、アメリカ南部11州には「ジム・クロウ法」なる人種差別法が存在し、宿泊施設やレストランなどは黒人の利用を拒否することが当たり前。しかし、シャーリーは黒人である自身の演奏によって、白人観客の心を動かせるはずと信じていた。

もっとも、ツアーの運転手として雇ったリップが根っからの人種差別主義者だった。劇中で描かれる、自宅に来た黒人修理人が使ったグラスをリップがゴミ箱に捨てるシーンも

グリーンブック

2018／アメリカ　監督：ピーター・ファレリー
黒人ピアニスト、ドン・シャーリーとイタリア系白人運転手トニー・リップが1962年、人種差別の激しいアメリカ南部をコンサートツアーで回った実話を映画化。2018年度のアカデミー賞で作品賞、助演男優賞（マハーシャラ・アリ）、脚本賞の3部門で最優秀賞を受賞した。

実際の話で、運転手を引き受けたのは高額なギャラのためだった。

映画で、シャーリーは幼い頃からヨーロッパに音楽留学し、〝黒人文化〟とは無縁なセレブとして描かれている。劇中、リップが素手でフライドチキンにかぶりつき、骨を車の窓から投げ捨てる〝黒人スタイル〟をシャーリーに教える場面は、映画の脚本家兼プロデューサーでもあるリップの息子ニック・バレロンガが父親の口から直接聞いたエピソードだという（シャーリーの近親者は、生前、彼からそんな話は聞いた覚えがないと話している）。

また、映画ではリップがシャーリーに対して、ジャズや黒人音楽の要素を取り入れたらいいのにとアドバイスし、以降、シャーリーの演奏が変わったかのように描かれている。実際にシャーリーは、クラシック音楽にジャズやポップミュージックをブレンドした独自のジャンルを作りあげた名手だ。交響曲やピアノ協奏曲などを作曲する一方で16枚のアルバムをリリース。ビルボードのチャートに14週連続で乗るほどヒット曲もある。だが、それはリップと出会う前のこと。実はクラシックのピアニストとして世界ツアー

実際のドン・シャーリー（左）とトニー・リップ

を成功させたシャーリーに、業界の重鎮が「〝色付き〟のピアニストをアメリカの聴衆は見たくない」と釘を刺していた。クラシック音楽のキャリアを絶たれたシャーリーは悩んだ末に独自のスタイルを構築。ヒット曲を生みだした後、全米ツアーに旅立つのである。

彼らが拠点としていたニューヨークを含むアメリカ北部とは、文化習慣はもちろん価値観が大きく異なる南部でコンサートツアーを行うにあたり、運転手リップに手渡されたのが映画のタイトルにもなっている『黒人ドライバーのためのグリーン・ブック（通称グリーン・ブック）』だ。黒人旅行者がトラブルに巻き込まれないよう、利用可能な施設を紹介したガイドブックである。

車で旅行する黒人に向けた指南書『グリーン・ブック』（名称は表紙が緑色であることから）。人種差別が公然とまかり通っていた1936年〜1966年、毎年約1万5千部が発行された

コンサート会場は白人の富裕層たちでどこも満員で、シャーリーの演奏に最大級の賛辞が贈られた。そんな様子を見て、リップはしだいにシャーリーに敬意を抱くようになる。

が、一方で、彼らが同じホテルに泊まることも一緒に食事をすることも同じ建物のトイレを使うことも許されなかった。

また、ケンタッキー州やオレゴン州には日没後に黒人が足を踏み入れることを制限し、もし破ればリンチをしても構わないとする「日没の町」も点在していた。当時の南部では、それが常識としてまかり通っていたのだ。

シャーリーに待ち受けていた現実が自分の想像を遥かに超える過酷なものと知ったリップは、自ずと人権意識を変えていく。自分たちでシャーリーを招待し、演奏を堪能しながら決して同じ人間として扱わない白人たちに怒り、さらには差別を甘んじて受け入れるシャーリーにもいらつき、ついには警官を殴り倒してシャーリーと一緒に留置場に放り込まれてしまう。

この危機を救ったのが、人種問題に積極的に取り組んでいた当時の司法長官ロバート・ケネディだ。劇中で描かれているとおり、実際にシャーリーは彼と友人で、ロバートの兄ジョン・F・ケネ

コンサートは
絶賛されたが
ホテルもトイレも
白人とは別

ドン・シャーリーの演奏は南部でも大喝采を浴びたが…。
映画「グリーンブック」より

ディ大統領が暗殺された際にはツアー先から葬儀に駆けつけたという。

映画ではシャーリーとリップの旅を2ヶ月間で描いているが、現実には1年半を共にし、かけがえのない友情を育んだ。ツアー中、リップが妻に書いた手紙をシャーリーが添削した劇中のエピソードも事実で、ツアーの後、2人はカナダへ旅行に出かけたこともあったという。

リップはこの旅の後、元の勤務先コパカバーナに復帰。そこで知り合ったフランシス・フォード・コッポラ監督の映画「ゴッドファーザー」(1972)で俳優デビューし、以降「狼たちの午後」(1975)や「レイジング・ブル」(1980)、「グッドフェローズ」(1990)などの名作で、主にマフィアのチョイ役として活躍。2013年1月、82歳で亡くなった。

一方、シャーリーは映画のとおりニューヨークのカーネギー・ホールの上にあるアパートで生涯、音楽家として暮らし、リップが逝った3ヶ月後に心臓病で死去した。享年86。

リップはツアー中、シャーリーに手伝ってもらいながら妻のドロレスに手紙を送り続けた(後ろが実際の2人。手前は映画より)

主人公の2人、キャロル・シェルビーをマット・デイモン（左）、ケン・マイルズをクリスチャン・ベールが演じた。映画「フォードvsフェラーリ」より

フォードvsフェラーリ

1966「ル・マン24時間レース」で絶対王者フェラーリを破ったフォードの意地とプライド

FILMS

2019年に公開された「フォードvsフェラーリ」は、1960年代半ばの「ル・マン24時間レース」を舞台に、絶対王者フェラーリに挑んだ男たちのドラマである。主人公は、フォード社からレースで勝つことを委託されたカーデザイン会社を運営するキャロル・シェルビーと、彼がスカウトした一匹狼のレーサー、ケン・マイルズ。映画は、レースに理解のないフォード社幹部の反発を受けながらも、2人が困難に打ち勝ち栄冠を手にするまでの過程を事実に沿って描いている。

アメリカのフォード社とイタリアのフェラーリ社は、同じ自動車メーカーでありながら会社の成立理念は真逆だ。

20世紀初頭に起業したフォード社は、アメリカのモータリゼーションを牽引し、贅沢品だった自動車を普及させるため徹底的にコストを削減。ベルトコンベアーで安価な大衆車を大量生産した。対するイタリアのフェラーリ社は、元レーシングドライバーのエンツォ・フェラーリが1947年に設立し、レースに出場する資金を捻出するため車の販売を開始。職人が造り上げる芸術品のようなレーシングカーと、王侯貴族や富裕層に向けた高級スポーツカーのみを製造していた。映画は両社が接点を持った1963年から始まる。

アメリカでは、第二次世界大戦後に生まれたベビーブーム世代が成長するにつれ車の購買習慣が変化し、親世代が愛用する質素なフォード車の人気がなくなり、若者はデザインや性能のいいヨーロッパ車を求めるようになった。そこで、フォード社はスポーツカーを開発し、カーレースに参戦してブランドイメージを上げようと画策。手っ取り早く、ヨーロッパで名を馳せていたフェラーリ社の買収に乗り出す。

一方のフェラーリ社は、デザイン的にも機能的にも優れた車でレースでも好成績をあげていたが、手作業が多く生産コストがかさむ

フォードvsフェラーリ

2019／アメリカ
監督：ジェームズ・マンゴールド
1966年の「ル・マン24時間レース」にまつわる実話を映画化。レースシーンはCGを使わず実際の車を走らせ撮影された。2019年度のアカデミー賞で最優秀音響編集賞と最優秀編集賞を受賞。

うえ、レースへの過剰投資によって経営状態が悪化。オーナーのエンツォ・フェラーリはいったん買収交渉のテーブルについたが、レースへの参加権をフォード側が握ることに怒り席を立つ。このとき、エンツォが「醜い車を量産してろ。重役たちは間抜け。ヘンリー二世はしょせん二世、偉大な祖父には遠く及ばない」と悪態をついたのは劇中で描かれるとおりだ。

交渉決裂を知ったフォード社の社長・フォード二世は大金を注ぎ込み、自社のレースチームを立ち上げる。世界最高峰のカーレース、ル・マンでフェラーリを打ち負かすためだ。

フランス西部の都市ル・マン近郊で行われるル・マン24時間レースは、１台の車を複数のドライバーが交代で運転しながらサーキットを周回。昼夜を通して24時間、総走行距離約４千８００キロを走り続ける過酷な戦いだ。Ｆ１がサーキット専用に造られた１シートのフォーミュラカーを使うドライバーメインの大会なのに対し、ル・マンは２シートの車両を使った〝メーカー選手権〟の色合いが濃く、およそ１００年に及ぶ歴史を誇るル・マンでの勝利は、自動車メーカーに最高の栄誉とブランド価値をもたらしていた。

実際のケン・マイルズ（左）とキャロル・シェルビー。写真は1966年2月、「ル・マン」の前哨戦「デイトナ24時間レース」で優勝した際の1枚

映画ではっきり描かれていないが、フォード社は最初に参戦した1964年のル・マンで全車リタイアの惨敗。翌1965年、マーケティング戦略の責任者リー・アイアコッカと副社長のレオ・ビーブは、勝利に必要なスタッフをかき集める。その中の1人が1959年のル・マンで優勝し、現役引退後、レーシングカー・メーカー「シェルビー・アメリカン」を設立していたキャロル・シェルビー（1923年生。演：マット・デイモン）だった。

フォード社から依頼を受けたシェルビーは、友人のケン・マイルズ（演：クリスチャン・ベール）を仲間に誘う。1918年、イギリスに生まれたマイルズは10代の頃から車の整備工として働き、第二次世界大戦に従軍後、妻子とともに渡米。ロサンゼルスに居を構え、MG（イギリスのスポーツカー・メーカー）関連の自動車整備工場を経営しつつ、自作の車でSCCA（非営利の自動車クラブ）のレースに参加し14連覇を記録。シェルビーは、マイルズがレーシングドライバーとしてはもちろん、運転しただけで車

上／フォード社長のヘンリー・フォード二世本人（右。1987年、70歳で死去）と、演じたトレーシー・レッツ。下／副社長レオ・ビーブ本人（右。2001年、83歳で死去）と、彼を演じたジョシュ・ルーカス。劇中では悪役に描かれているが、事実と異なる

の問題点を判断できる能力を持った類まれな人材と見抜いていた。

1965年ル・マン。映画では、すぐにカッとなる粗野な性格のマイルズを副社長レオ・ビーブが毛嫌いし、レースから外したことになっている。が、実際のマイルズは非常に紳士的な男で、ビーブとの対立は全てフィクション。1965年のレースにもドライバーとして出場したものの車体故障でリタイアを余儀なくされている。優勝は1960年から連覇を続けるフェラーリだった。

そして、迎えた1966年のル・マン（6月18日〜19日に開催）。3年目の挑戦となったフォード社は、シェルビーのデザインによるレーシングカー「フォード・GT40」を改良した「GT40マークII」を8台出場させる。このとき、映画では依然フェラーリを絶対王者として描いているが、実際は前哨戦とされる同年2月の「デイトナ24時間レース」と3月の「セブリング12時間レース」で、マイルズらの乗るフォード車が優勝。しかもデイトナではフォードが1、2、3位を独占。完全勝利を成し遂げており、ル・マンでの初優勝

ピットインした「フォード・GT40マークII」1号車。右端がマイルズ本人

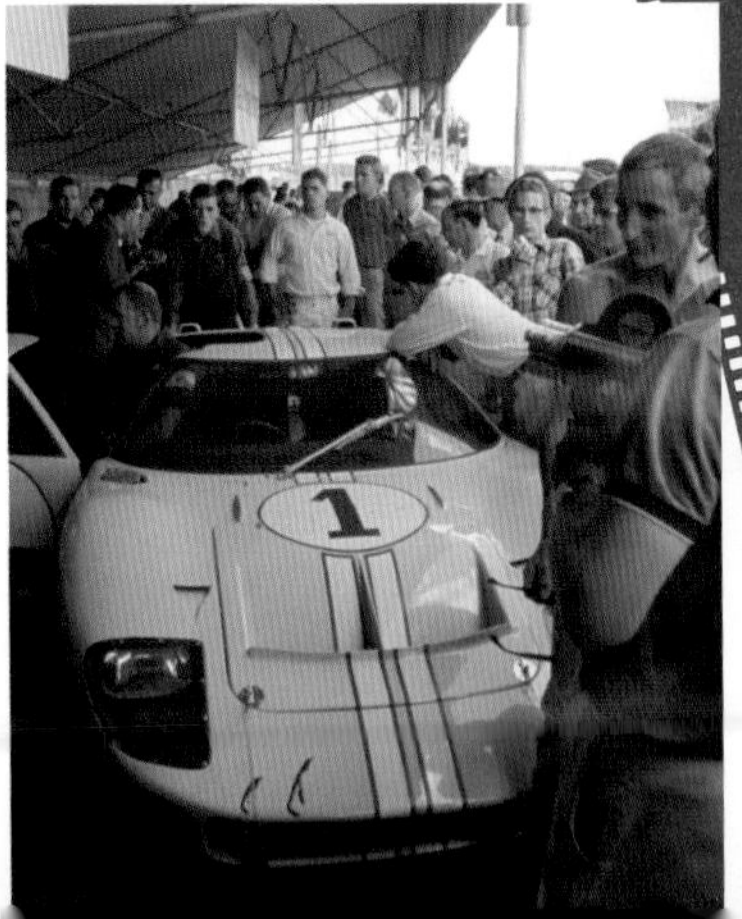

も有力視されていた。

結果は、映画に描かれているとおりだ。フェラーリ車が次々に接触事故や車体トラブルでリタイヤしたのも、中盤以降マイルズがぶっちぎりでトップを走ったのも、フォード車3台が並んでゴールしたのも全て事実だ。ただし、副社長ビーブが3台同時にゴールさせるため、マイルズにわざと減速するよう指示したのは劇中の演出である。事実は逆で、マイルズの車を2位と判定した主催者側に同率1位にしてほしいと交渉したのがビーブだったという。

マイルズがカリフォルニアのリバーサイドサーキットでGT40改良型のテスト走行中、スリップによる車の横転で事故死するのはル・マンの2ヶ月後、8月17日のこと（享年47）。フォード社は1969年までル・マンを4連覇するが、その後はレースから撤退している。

またシェルビーはフォード社からクライスラー社に移籍し、他スタッフとともにスポーツカーの名車「バイパー」を開発。1991年、国際モータースポーツ殿堂入りを果たし、2012年、89歳でこの世を去った。

主人公ケン・マイルズは快挙から2ヶ月後、テスト走行中に事故死

ゴールシーン。右前マイルズ乗車の1号車が速度を落とし並んだのに対し、2号車がゴール前で加速したとの証言もある

ボヘミアン・ラプソディ

「クイーン」のボーカリスト兼ライブパフォーマーのフレディ・マーキュリー本人。「ボヘミアン・ラプソディ」「キラー・クイーン」「愛にすべてを」「伝説のチャンピオン」などのヒットナンバーを作詞・作曲したメロディメーカーでもある

2018年、監督や主演の降板など相次ぐトラブルのせいか海外では散々な評価を受けながら、日本でナンバー1の大ヒットを記録した「ボヘミアン・ラプソディ」。イギリスの伝説的ロックバンドで現在も活動中の「クイーン」が音楽界の頂点まで駆け上がっていく過程を、ボーカル、フレディ・マーキュリーに焦点を当て描いた伝記映画の傑作だが、その内容は事実との相違点が少なからずある。

夭折(ようせつ)の天才ボーカリスト、フレディ・マーキュリーに関する映画とは違う6つの真実

FILMS

「♪ママ、僕は今、ひとを殺したんだ〜」と歌うクイーンの代表曲「ボヘミアン・ラプソディ」。映画のタイトルに使われているとおり、作品のテーマもこの歌に深く関わっている。作詞・作曲を手がけたフレディが何も言わずに亡くなったため真意は不明だが、ファンの間では歌詞に登場する「僕」はフレディ自身だと解釈されている。曲が発表された1975年当時、同性愛者であることに悩んでいた彼が、本名のファルーク・バルサラを捨てた、すなわち殺したのだと。

フレディの生い立ちについて映画は詳しく語らず、バンドを結成する前に「パキ」（パキスタン人に対する蔑称）と罵られているシーンが挟まれる程度だ。

フレディは1946年、当時イギリスの保護国だった東アフリカのザンジバル島（現タンザニア）に生まれた。両親とともに子供時代をインドで過ごし、ザンジバル革命の勃発（1964年）を機にイギリスへ移住。彼が17歳のときだ。

イギリスでの暮らしは貧しく、さらに、
なゾロアスター教徒だったた
独特な教えに苦しめ
善悪二元論を
考

ボヘミアン・ラプソディ

2018／イギリス・アメリカ
監督：ブライアン・シンガー
世界的ロックバンド「クイーン」のボーカルで、1991年に45歳の若さでこの世を去ったフレディ・マーキュリーの生涯を描いた伝記ドラマ。アカデミー賞で作品賞を含む5部門にノミネートされ、最優秀主演男優賞（ラミ・マレック）など4部門を受賞した。

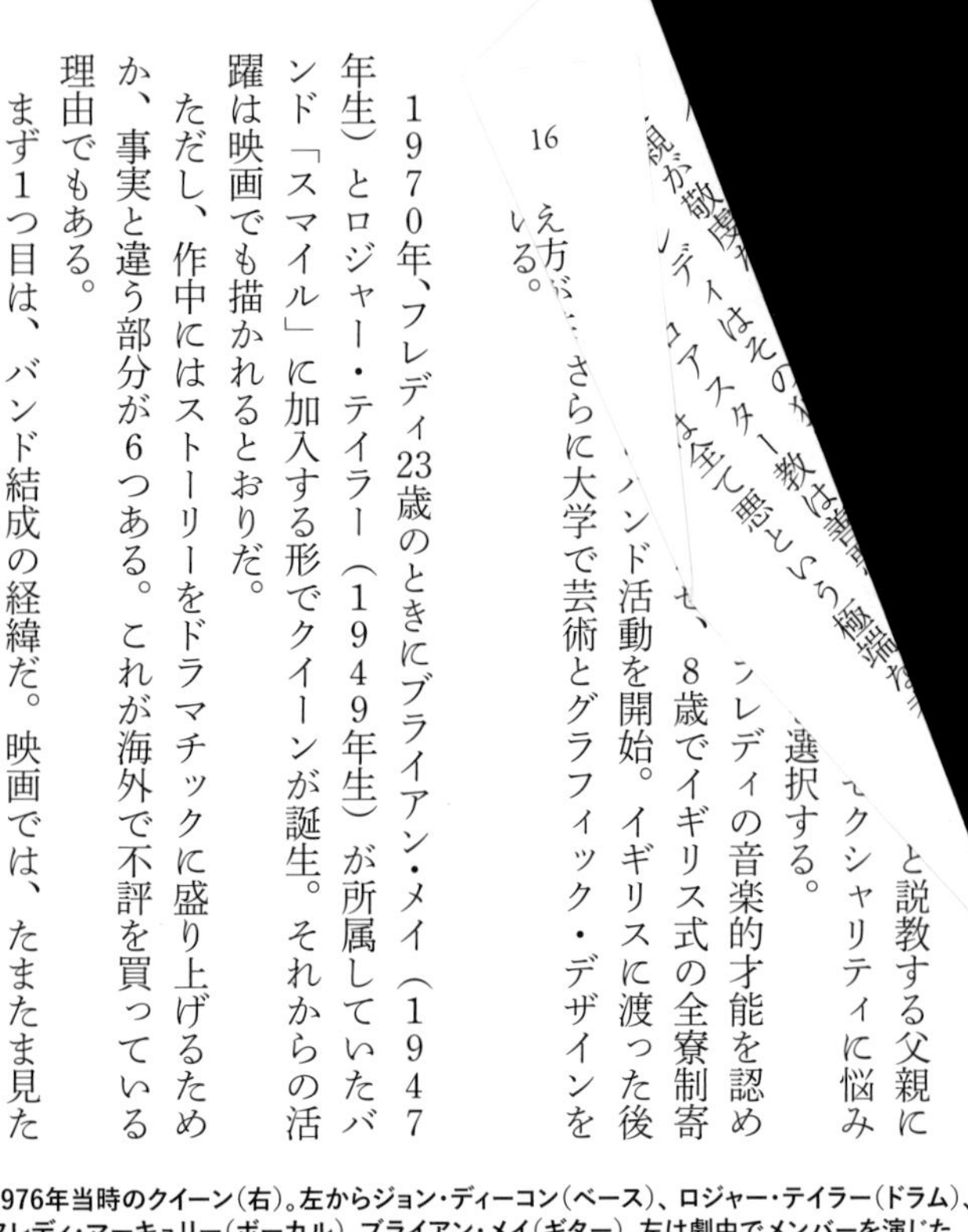

と説教する父親に
クシャリティに悩み
選択する。
フレディの音楽的才能を認め
8歳でイギリス式の全寮制寄
バンド活動を開始。イギリスに渡った後
え方が　さらに大学で芸術とグラフィック・デザインを
いる。

1970年、フレディ23歳のときにブライアン・メイ（1947年生）とロジャー・テイラー（1949年生）が所属していたバンド「スマイル」に加入する形でクイーンが誕生。それからの活躍は映画でも描かれるとおりだ。

ただし、作中にはストーリーをドラマチックに盛り上げるためか、事実と違う部分が6つある。これが海外で不評を買っている理由でもある。

まず1つ目は、バンド結成の経緯だ。映画では、たまたま見た

1976年当時のクイーン（右）。左からジョン・ディーコン（ベース）、ロジャー・テイラー（ドラム）、フレディ・マーキュリー（ボーカル）、ブライアン・メイ（ギター）。左は劇中でメンバーを演じたキャスト。映画「ボヘミアン・ラプソディ」より

右／生涯の友人で元恋人のメアリー・オースティン（右。1951年生）。
左／パートナーだったジム・ハットン（左。1949年生）。ジムは2010年、肺がんで死去

スマイルのライブ後、ブライアンやロジャーと知り合い、その日のうちにバンドを組んだことになっている。が、フレディは1968年のスマイル結成当時から彼らのファンで、メンバーに加えてほしいと何度も懇願。それを覚えていたブライアンが、ボーカルが抜けた際にフレディに声をかけたのが真実だ。

また劇中では、フレディの恋人で後に生涯の友となる女性メアリーとの出会いを、バンド結成直前の出来事として描いているが、実は彼女はもともとブライアンと付き合っていた。当然、フレディが彼女と出会うのはクイーンが活動を始め、ブライアンと彼女が別れた後のことだ。

3つ目は、フレディのパートナー、ジム・ハットンとの出会い。劇中のジムはフレディ主催のパーティで給仕をしていたことになっているが、実際の彼は美容師で、1984年、ロンドンのゲイクラブでフレディが声をかけ知り合ったという。

さらに映画では、フレディが同性愛者であることを強調して描かれているが、後にブライアン・メイは「ツアー中、僕はフレディと相部屋だったけど、フレディの寝室にはいつもきれいな女の子たちがいっぱいいた」と、彼がゲイであるとは気づかなかったと証言している。

５つ目は、クイーンの解散に関する描写だ。映画にはフレディがソロ・プロジェクトにサインしてバンドと距離を置きたいと告白し、メンバーと亀裂が生じるシーンがある。確かに、クイーンは１９８２年から１年半近く活動を休止していた。が、当時のメンバー４人は、10年間ツアーを続け、燃え尽き症候群に陥っていた。フレディだけでなく、ブライアンやロジャーもソロでの活動は行っていたものの、１９８３年にはアルバム「ザ・ワークス」の制作を始めており、解散どころかメンバーが疎遠になったことは一度もなかった。

ファンの間で一番問題視されているのは、映画終盤、

1985年7月13日、ロンドンのウェンブリー・スタジアムで開催された「ライヴ・エイド」のステージに立つクイーンのメンバー

メンバーへのエイズ告白は「ライヴ・エイド」出演後

フレディが他のメンバー3人に自身がエイズだと告げるシーンだ。その言葉をきっかけにバラバラだった4人の心が寄り添い、1985年7月13日に英米で同時開催された20世紀最大のチャリティーコンサート「ライヴ・エイド」に出演し約7万2千人の大観衆を熱狂させる。

自らの命を削った熱演を披露したフレディと、彼を支えたメンバーたち。なんとも感動的なクライマックスだが、これは完全なフィクションだ。フレディがエイズの診断を受けたのは1987年で、メンバーに打ち明けたのは1989年のことだ。

2年後の1991年11月24日、フレディはイギリス・ケンジントンの自宅で死去する。死因はエイズによる免疫不全に伴う気管支肺炎。享年45だった。

「ライヴ・エイド」の様子を完コピした劇中シーン。顔を向けているのがフレディを演じたラミ・マレック。映画「ボヘミアン・ラプソディ」より

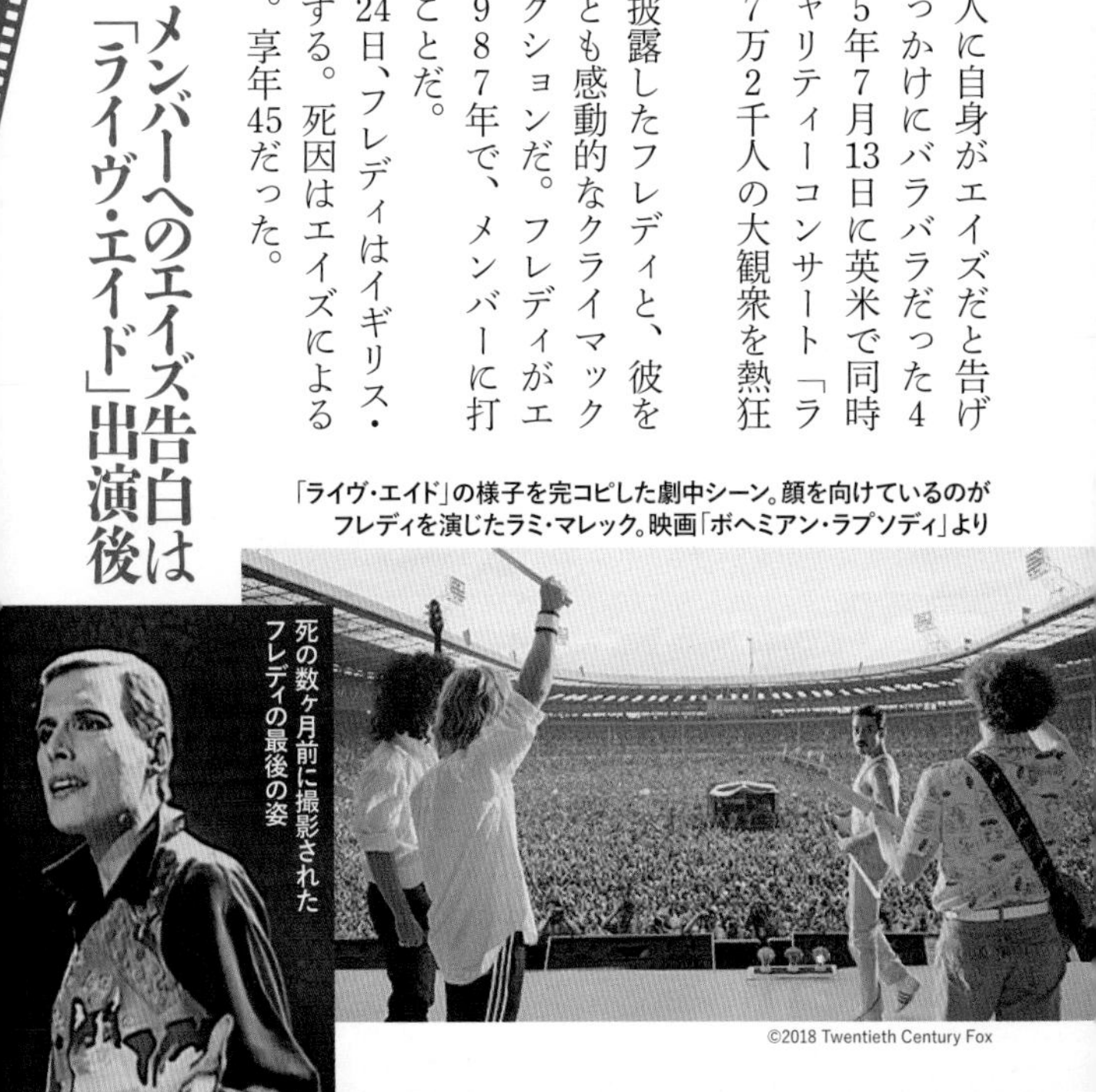

死の数ヶ月前に撮影されたフレディの最後の姿

インビクタス/負けざる者たち

ネルソン・マンデラと「スプリングボクス」が勝ち取ったラグビーワールドカップ初出場初優勝の栄冠

日本代表が初のベスト8進出を果たし、大きな話題となった2019年開催の第9回ラグビーワールドカップ（以下RWC）。優勝したのは準々決勝で日本を26対3の大差で下し、決勝戦でも強豪イングランドを32対12で撃破した南アフリカ共和国（以下、南ア）である。

名匠クリント・イーストウッドがメガホンをとった「インビクタ

1995年6月24日、RWCでマンデラ大統領が自国南ア代表チームのジャージを着用して行った優勝トロフィー授与は、スポーツ史における最も偉大な瞬間のひとつとして記憶されている。右はチームのキャプテン、フランソワ・ピナール（実際の写真）

FILMS

ス／負けざる者たち」は、その南アが１９９５年、初めてＲＷＣに参加し、優勝を遂げるまでの軌跡をほぼ史実どおりに描いたスポーツヒューマンドラマだ。初出場初優勝の快挙の背景には、アパルトヘイトによる人種差別や経済格差をなくし、国をまとめるためには自国で開催されるＲＷＣでの優勝が必要と感じていた南ア大統領ネルソン・マンデラの強い思いがあった。

アパルトヘイトはかねてから数々の人種差別的立法があった南アにおいて１９４８年に法制として確立された、悪名高き人種隔離政策である。選挙権は人口の15％に過ぎない白人だけが有し、就業面でも白人と非白人の給与格差は6倍。さらに白人と非白人の共学や婚姻は禁止され、非白人の居住区も限定されていた。

１９１８年、南アに生まれたマンデラは20代半ばから反アパルトヘイトに身を投じてきた政治活動家で、１９６4年、国家反逆罪で逮捕、終身刑を受け、周囲を強い海流が囲み脱出不可能とされるロベン島の刑務所に収監されていた。

転機が訪れるのは投獄から20年後。１９８

インビクタス／負けざる者たち

2009／アメリカ
監督：クリント・イーストウッド
南アフリカ共和国のネルソン・マンデラ大統領と同国代表ラグビーチームの白人キャプテンがワールドカップ制覇へ向け奮闘する姿を描いた人間ドラマ。「インビクタス」はラテン語で「征服されない」「屈服しない」の意。

白人でもなく黒人でもなく、全南ア国民から応援を受けるために

チームキャプテン、フランソワ・ピナールを演じたマット・デイモン（中央）。映画「インビクタス／負けざる者たち」より

0年代半ばから世界で沸き起こったアパルトヘイトへの非難を受け、1989年、南ア政府はついに数年以内の制度撤廃を決定。これによりマンデラが27年ぶりに自由の身となった1990年2月から映画は始まる。

4年後の1994年4月、アパルトヘイト関連法案が完全廃止となった南アで初めて全人種参加の選挙が開催され、マンデラは黒人初の大統領となる。

今までの圧政を覆してくれるだろうといきり立つ非白人に対し、恐怖にさいなまれる白人たち。マンデラは復讐を強く禁じるが、国民間の根深い差別意識は簡単になくならない。そこでマンデラが考えたのが、ラグビーによる国民の意識改革だった。

南アはもともと伝統的にラグビーの強豪国である。代表チームは「スプリングボクス」の愛称で呼ばれ、19世紀末から世界の表舞台で活躍していた。が、選手は白人が中心で、非白人にとってはアパルトヘイ

ーに対する認識は全く異なっていた。

トの象徴として忌み嫌われる対象でもあった。映画の冒頭、南アに声援を送る白人観客に対し、黒人が敵のイングランドチームを応援する様子が描かれるように、人種間でラグビーに対する認識は全く異なっていた。

マンデラはこの意識差を一つにまとめようと考えた。劇中、黒人代表者がスポーツ協会の会合で「（スプリングボクスの）チームカラーと愛称はアパルトヘイトの象徴」と主張、その変更が全会一致で認められる史実どおりのシーンがある。このとき、マンデラは変更を阻止すべく、彼らに向かって言う。

「今まで我々は白人に脅かされてきた。が、我々は白人たちと協力する寛容の心で迎えるのだ」

マンデラのラグビーに対するこだわりは、大統領就任の翌年1995年、南アでRWCが開催されることが大きく影響している。

1980年代から南アのラグビーは弱体の一途を辿っていた。アパルトヘイトによる経済制裁、国際試合からの追放。1987年に開催された第1回RWC、1991年の第2回大会も参加を拒否されている。

しかし、マンデラ政権誕生2年前の1992年、国際試合復帰後は急速に実力をつけ、自国開催の第3回大会では優勝候補の一角であり、映画のように極端に弱体化したままだったような描写は誇張である。

マンデラはこの大会に懸けていた。白人でもなく黒人でもなく、全南ア国民から応援を受けるためにはRWCでの優勝が絶対に必要だと。その強い意志をマンデラ直々に伝えられたのが、代表チームのキャプテンで、劇中マット・デイモンが演じたフランソワ・ピナール（1967年生）である。後の彼の証言によれば、マンデラの意向でスプリングボクスが貧困地区の黒人の子供たちへ行ったラグビー指導や地道な活動を介して、自分たちの存在が南アのみならず、世界的に注目されていることを知ったという。

1995年5月25日、第3回RWC南アフリカ大会開催。4ヶ国で形成される予選プールのA組に入った南アは3試合全勝で危なげなく決勝トーナメントに進出する（C組に入った日本は3試合全敗で予選敗退）。

準々決勝もサモアに42対14で圧勝したものの、準決勝は強豪フランスを相手に19対15の僅差で辛勝（しんしょう）、そして決勝では優勝候補の大本命、ニュージーランド代表「オールブラックス」を15対12で下し世界一の栄冠に輝く。1995年6月24日、ヨハネスブルグの会場

優勝に歓喜するスプリングボクスのメンバー（実際の写真）

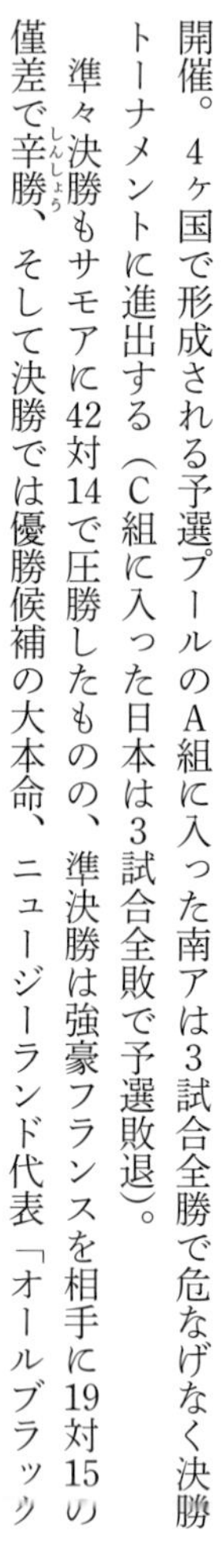

に詰めかけていた白人、非白人がともに歓喜したその日、ラグビーは南ア国民全体のスポーツに変わった。

その後、南アラグビー代表はRWCにおいて、1999年3位、2003年ベスト8、2007年優勝、2011年ベスト8、2015年3位、2019年優勝と輝かしい成績を残し、2021年6月時点の世界ランキングは堂々1位の座にある。

劇中で再現された優勝トロフィー授与シーン。マンデラを演じたモーガン・フリーマン（左）は自ら映画化権を買い取り、作品の製作総指揮も務めた。映画「インビクタス／負けざる者たち」より

映画「インビクタス／負けざる者たち」は、マンデラの自伝『自由への長い道』をモチーフにしている。同書が出版された際、記者の「映画化されるとしたら誰に演じてもらいたいか」との質問にマンデラはモーガン・フリーマンの名前を挙げた。それを受け、フリーマンは南アのプロデューサーを通じてヨハネスブルグにあるマンデラの自宅を訪問し、自伝の映画化権を買い取り、本作品の制作を決定。盟友イーストウッドに監督を依頼した。

マンデラがこの世を去るのは映画公開から4年後の2013年12月。享年95だった。

四肢麻痺の大富豪と、その介護人となった黒人青年の交流を描いた2011年のフランス映画「最強のふたり」。本来出会うはずのない彼らが育んだ友情は大きな感動を呼んだが、モデルとなった実在の2人は映画以上に深い絆で結ばれていた。

物語の主人公のモデルの1人、フィリップ・ポゾ・ディ・

主演のオマール・シー（左）、フランソワ・クリュゼともにフランスの米アカデミー賞にあたるセザール賞の主演男優賞にノミネートされ、シーが受賞した。映画「最強のふたり」より

最強のふたり

映画以上に深く結ばれていた大富豪の障害者フィリップと介護人の黒人青年アブデルの絆

FILMS

ボルゴはフランスの元侯爵家の家系に生まれ、世界的なシャンパン製造会社の重役として何不自由ない生活を送っていた。悲劇に襲われるのは１９９３年、42歳のとき。スイスで趣味のパラグライダーを楽しんでいた際、着地に失敗し脊髄を激しく損傷。首から下の感覚をなくし、自分の意志で体を動かすことが不可能になったのだ。

食事もシャワーもトイレも、寝返りを打つにも他人の手が必要。そこで、フィリップは住み込みの介護人を一般募集する。好待遇の条件に多くの介護経験者が応募し、適当な人物を採用した。が、仕事が激務のうえフィリップは超堅物。誰もが１週間と持たず辞めていった。

そんなとき面接にやってきたのがアブデル・セロウという21歳の黒人青年だった（映画での役名はドリス）。劇中ではアフリカ系黒人になっているが、実際はアルジェリア出身の移民で、介護経験はおろか、障害者と話すのも初めてだった。

フィリップは、他の応募者と違い、自分を可哀想な病人ではなく、ただ普通の人間として接してきたアブデルを気に入り、即座に採用を決める。それまで周囲から同情的な目で見られ、腫れ物に触るように扱われることに

最強のふたり

2011／フランス　監督：エリック・トレダノ
事故で車椅子生活を余儀なくされた大富豪と介護人として雇われた黒人青年が、年齢、人種、環境の垣根を越えて友情を結ぶ人間ドラマ。日本で公開されたフランス映画としてはNo.1ヒット作となった。原題の「Intouchables」は「本来は触れるはずのない（2人）」の意。2019年、ハリウッドでリメイク版が公開された（邦題「人生の動かし方」）。

ウンザリしていたのだ。

映画のとおり、アブデルの働き方は常識外だった。本当に全身が麻痺しているのかを疑いフィリップの脚に熱湯をかけたり、フィリップを乗せたロールス・ロイスをスピード違反で止めた警官を発作のフリをして振り切ったり、痛みを抑えるためフィリップに大麻を吸わせたり。また、フィリップの車椅子を時速9マイルで移動できるよう改造したのもアブデルだった。

ちなみに劇中、「俺なら自殺しているな」と口にするアブデルに対しフィリップが「この体じゃ自殺もできないんだよ」と返すシーンがあるが、実際、フィリップはアブデルを雇う直前、首にチューブを巻きつけ自殺を図り、未遂に終わる経験があったそうだ。

重い障害を負ったフィリップの大きな支えとなるアブデルもまた、社会の弱者だった。

9人の兄弟がいるアルジェリアの貧しい家庭に生まれ、4歳のとき両親と一緒にパリに移住。周囲から受ける差別の反動もあってか、10歳の頃には、小学校の同級生を恐喝する

映画のモデルになったフィリップ・ポゾ・ディ・ボルゴ（左）とアブデル・セロウ本人

一人前のワルになっていた。

中学を中退した後は長年パリでホームレスに近い暮らしを送るとともに、観光客から金を盗んだり詐欺を働き、2年間の服役経験もあった。これまでマトモな職に就いたことは一度もなく、フィリップの介護人に応募したのも、単に福祉カウンセラーに勧められたからで、政府の支援を受けるための形ばかりのものだった。劇中では触れられていないが、面接中、アブデルはフィリップ邸のテーブルにあった卵を盗んだそうだ。

アブデルの介護はいつも献身的だった

落ちこぼれの自分を雇い入れ、専用の部屋を用意し、本気で話をし、社会のマナーやクラシック音楽、絵画の楽しみを教えてくれたフィリップ。一方、アブデルもフィリップにヒップホップ音楽の楽しさを教え、2人は心を通い合わせる。後のインタビューで両者ともに答えているが、互いに〝初めてできた親友〟だった。

映画で脚色された事実もある。たとえば劇中、フィリップの妻ベアトリスはすでに死亡したことになっているが、実際に彼女ががんで亡くなったのは、アブデルが家にやってきて3年後の1996年5月のこと。フィリ

2人が雇用関係を解消した本当の理由

2人は今も頻繁に連絡を取り合う間柄だという

ップの事故は、妻ががんを宣告された悲しみを忘れようと出かけた先で起こしたものだった。

ベアトリスを看病しなければならない立場なのに、逆に介護が必要になった自分。フィリップは己が情けなく、事故後は妻の入院先を見舞うこともできなくなっていた。

そんな彼を勇気づけたのもアブデルだった。毎日、フィリップを病院に連れていき、夫婦間の信頼関係を取り戻す手助けをする。そのことでアブデルとフィリップ夫妻との間には切っても切れない絆が生まれたという。

また、映画の後半、フィリップとアブデルが、それぞれの道を歩き始める事情も、実際とはまるで違う。

劇中では、アブデルの弟がフィリップ邸

に助けを求めに来たことをきっかけに、「彼を必要としているのは自分だけではない」「介護は自分の一生の仕事ではない」と互いが気づき、雇用関係を解消。最後は、フィリップと文通相手の女性の恋愛を予感させるシーンで終わる。映画だと、ほんの1年程度の出来事のような印象だ。

しかし、実際にはアブデルは10年にわたってフィリップの面倒をみていた。その後、2人は暖かい気候が体に良いからとモロッコへ移住するのだが、そこでアブデルがホテルのフロント係の女性を好きになったため、フィリップの方から契約を解除したのが真相だ。アブデルが将来のパートナーと出会ったら彼を自由にすることは、生前の妻と交わしていた約束だった。

その後、フィリップはモロッコで身の回りの世話をしていたカディヤというイスラム教徒の女性と2004年に再婚。アブデルも件の女性と結婚し、現在は故郷のアルジェリアで養鶏場を経営しながら奥さんと3人の子供と暮らしている。

最強の友情を育んだ2人は、今も頻繁に連絡を取り合い、家族ぐるみのつきあいが続いているそうだ。

フィリップは現在、再婚した妻カディヤ（右）と彼女の娘2人、新たに生まれた娘1人と一緒にモロッコで暮らしている

主人公ビリー・ビーンを演じたブラッド・ピット（中央）。
映画「マネーボール」より

マネーボール

弱小アスレチックスを常勝球団に育て上げたビリー・ビーンの野球革命

ブラッド・ピット主演の「マネーボール」は、アメリカ・メジャーリーグの貧乏球団オークランド・アスレチックスを常勝球団に育て上げた実在のゼネラルマネージャー（以下ＧＭ）、ビリー・ビーンの闘いを描いた野球ドラマだ。

戦力不足を補うだけの資金がない球団の台所事情のなか、ビーンが用いたのは、今まで注目されなかった、データ分析による画期的な選手起用法だった。

映画「マネーボール」の原作

となった同名ノンフィクション（マイケル・ルイス著）には『不公平なゲームに勝利する技術』という意味深な副題が添えられている。

不公平なゲームとは、2000年代以降のメジャーリーグで広がった、球団による資金格差のことだ。映画冒頭のスーパーにも出てくるように、2002年シーズン、アスレチックスの選手年俸総額は、1億2千万ドルのニューヨーク・ヤンキースの約3分の1だった。にもかかわらず、この年、アスレチックスが上げた勝率はメジャーリーグ全30球団で堂々の1位。前年の2001年から数え、同球団は4年連続でポストシーズン（毎年、レギュラーシーズン終了後の10月に開催されている、ワールドシリーズ制覇＝世界一を目指す戦い）進出を決める。

なぜ、アスレチックスはこんなに強いのか。答えはビーンが採用した選手評価の新理論「セイバーメトリクス」にあった。

ゲームで勝つには「得点する」こと、そのためには「塁に出てアウトにならない」ことが鍵となる。そこで彼は、四死球だろうがエラーだろうが、とにかく出塁率の高い選手に着目。戦術的にも、確実にアウトになる犠牲バントは論外、危険が伴う盗塁も軽視した。

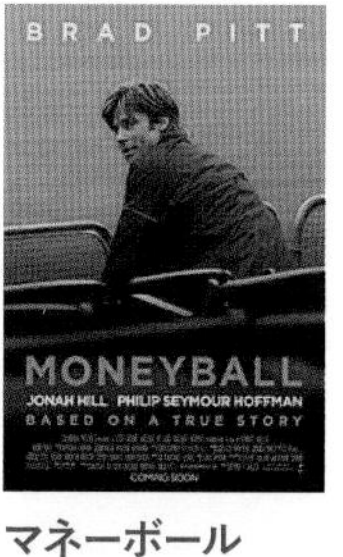

マネーボール

2011／アメリカ
監督：ベネット・ミラー
メジャーリーグの常識を覆す理論・戦術で貧乏球団オークランド・アスレチックスを常勝チームに育て上げた実在のGM、ビリー・ビーンの挑戦を描く。

ビリー・ビーン本人（中央）。選手現役引退翌年の1990年にアスレチックスのスカウトに。1997年、同球団のGMに就任

こうした考えから、ビーンが希望するのは、四球を選ぶ能力は高いが足は速くない、ちょっと小柄で太めの選手が多くなるのだが、これは当初、周囲の猛烈な反発をくらった。

劇中でも描かれるように、球団スカウトは通常、背が高い、筋力があるなど外見を重視。ビーンの選手起用には「欠陥品を集めている」と容赦ない非難が集中する。が、彼は決して価値基準を曲げなかった。

そこには、映画にピーター・ブランドの役名で登場するイェール大学卒の若きスタッフの力も大きく作用している。彼のモデルになったのは、クリーブランド・インディアンスのフロントにいて、ビーンにGM補佐としてアスレチックスに招き入れられたポール・デポデスタだ。野球経験が皆無ながらも名門ハーバード大卒の明晰な頭脳でビーンが推す理論を使いこなし、他球団が見逃しがちな数値を持ち、安価で獲得できる選手をピックアップしていった。

1962年生まれのビーンは、もともと将来を嘱望された野球選手で、1980年、ド

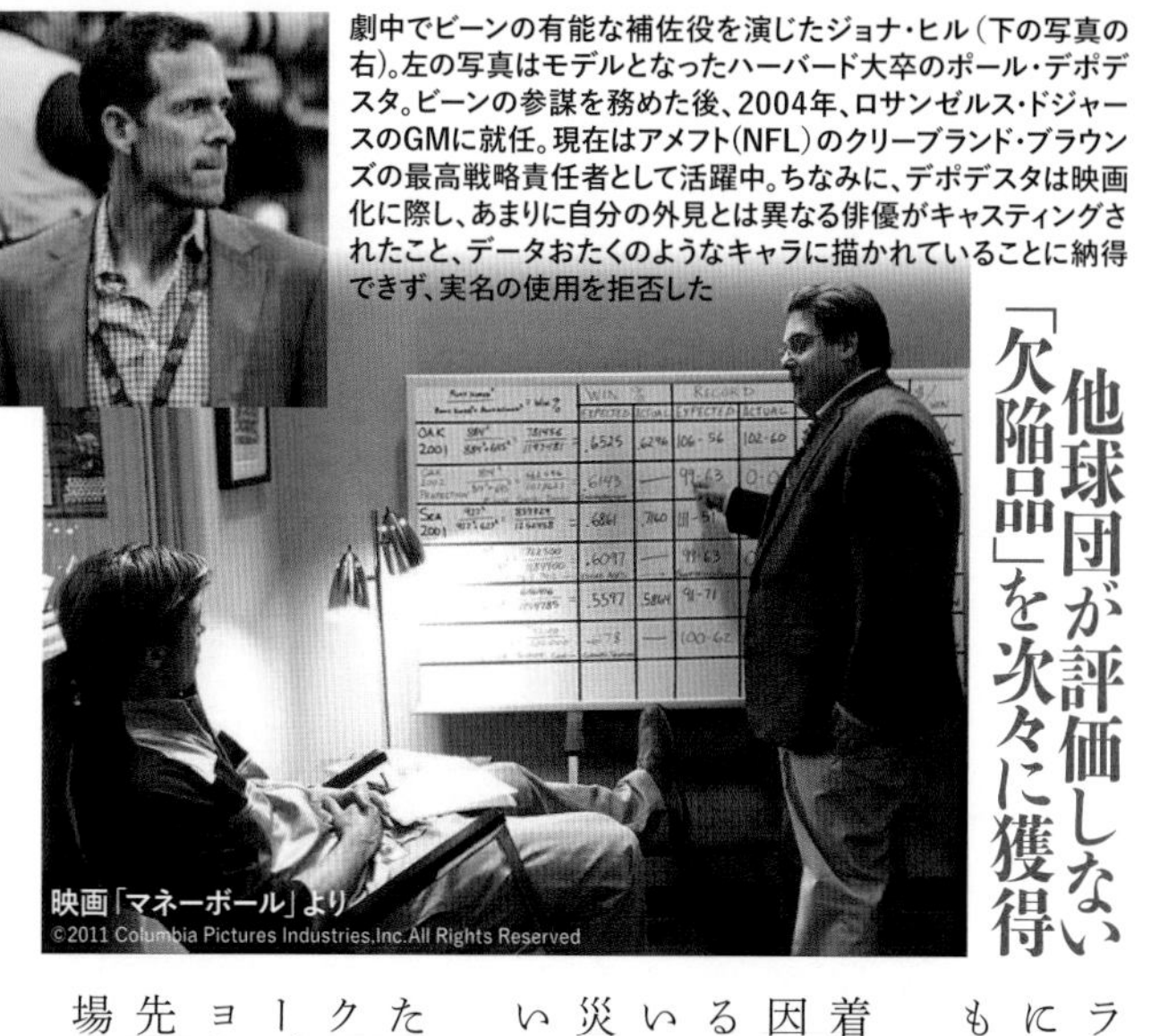

劇中でビーンの有能な補佐役を演じたジョナ・ヒル（下の写真の右）。左の写真はモデルとなったハーバード大卒のポール・デポデスタ。ビーンの参謀を務めた後、2004年、ロサンゼルス・ドジャースのGMに就任。現在はアメフト（NFL）のクリーブランド・ブラウンズの最高戦略責任者として活躍中。ちなみに、デポデスタは映画化に際し、あまりに自分の外見とは異なる俳優がキャスティングされたこと、データおたくのようなキャラに描かれていることに納得できず、実名の使用を拒否した

映画「マネーボール」より

他球団が評価しない「欠陥品」を次々に獲得

ラフト1巡目指名でニューヨーク・メッツに入団した。高額な契約金に目が眩んだのも事実だ。

が、周囲の期待も空しく、メジャーに定着できないまま1989年に現役引退。原因は自身の性格にあった。映画でも描かれるとおり、とにかく短気で、思いどおりにいかないと周りに当たり散らした。それが災いし、選手時代に結婚した妻とも別れている。

アスレチックスの球団スカウトに転身したのが1990年。同年を含めアスレチックスは、それまで3年連続でワールドシリーズ（アメリカンリーグ優勝チームとナショナルリーグ優勝チームによる最終決戦。先に4勝したチームがシリーズ制覇）に出場（1989年は制覇）する強豪チームだ

ったが、年俸高騰による深刻な財政難に陥り、カンセコ、マグワイアなどの主力選手を放出。ビーンがGMに就任した1997年、翌1998年はともに、所属するアメリカンリーグ西地区の最下位に沈んだ。

低予算で、いかにチームを立て直すか。そこでビーンは前述のセイバーメトリクスに基づき、他球団が注目しない選手を採用し、年俸が高くなった選手は躊躇なくトレードに出す。ちなみに、GMに就いて以降もビーンの短気な性格は変わらず、チームが連敗しているときなどはロッカールームで暴れ、モノを壊すこともしばしば。映画でのビーンは決して試合を生で観戦せず、トレーニングルームで汗を流すなどして時間を潰しているが、それも全て事実で、自身の性格をよく理解していたからこその行動だった。

いずれにしろ、結果を残したことで周囲の声は静まる。どころかその手腕は球界で高く評価され、2002年シーズン終了後、ビーンは名門ボストン・レッドソックスから5年契約1千250万ドルというメジャー最高額でGMにスカウトされ、いったん承諾する。が、数日後、自らそのオファーを破棄。理由は「二度と金によって人生を左右されまいと心に決めたから」だった。

以後、アスレチックスは2003年と2006年に地区優勝するが、その後5年間低迷を余儀なくされる。これは「マネーボール」理論が球界に認知されたことで、ヤンキース、レッドソックスのような豊富な資金力を持つ球団までもがビーンの手法を模倣。他球団から過小評価されている選手を安価で獲得する従来の方法が通用しにくくなったからだ。

そのためビーンの哲学にも若干変化が生じ、それまで軽視していた守備や走塁にも重きを置くようになった。結果、映画公開の翌年2012年はシーズン終盤から怒涛の快進撃で6年ぶりの地区優勝。2013年シーズンもぶっちぎりでアメリカンリーグ西地区を制した。

しかし、その後はまたも低迷し、2015年から2017年はアメリカンリーグ西地区最下位。2020年シーズンで7年ぶりに地区優勝を果たしたが、ディビジョンシリーズ（リーグ優勝決定戦出場をかけたポストシーズン第2ラウンド）でヒューストン・アストロズに1勝3敗で屈した。

ビーンは2015年のレギュラーシーズン終了後、GMを退任、現在はアスレチックスの上級副社長の任に就いている。

2002年、アメリカンリーグ新記録となるレギュラーシーズン20連勝を代打サヨナラホームランで飾り、歓喜するアスレチックスのメンバー（実際の写真）。映画でもクライマックスシーンとして描かれている

ザ・ファイター

劇中では一切描かれない ミッキー・ウォード 引退前の死闘伝説

映画の主人公、ミッキー・ウォード本人

FILMS

2010年のアメリカ映画「ザ・ファイター」は、実在の元ボクサー、ミッキー・ウォードと、彼を支えた家族の愛、リングでのファイトをリアルに描いた傑作である。映画は、紆余曲折の末、ミッキーがチャンピオンベルトを掴んだところで終わるが、彼のボクシング人生が真に輝くのはその後。〝稲妻〟の異名を持つアルツロ・ガッティと繰り広げた死闘は、今も多くのボクシングファンの脳裏に刻み込まれている。

ミッキー・ウォードは１９６５年、米マサチューセッツ州のローウェルで生まれた。早くからボクシングに打ち込み19歳のときプロデビュー。破竹の14連勝を飾るが、20代半ばから負けが込み3年ほどリタイアしていたものの、29歳のとき再びリングに上がる。映画はこの辺りから始まるが、まず驚かされるのが家庭環境だ。ミッキーのマネージャーを務めるイケイケの母、大半が出戻って家に居つく7人の姉、父親の違うドラッグ中毒の兄。劇中では、クリスチャン・ベール演じる、この兄ディッキーが重要な役割を果たす。

ディッキーは、弟ミッキーより8歳年上の１９５７年生まれ。１９７5年にプロボクサーとなった彼の自慢は、劇中でも散々口にする、後にボクシング界のスーパースターとなるシュガー・レイ・レナードとの一戦（１９７8年7月）で奪ったダウンである（公式記録はスリップ）。

１９８5年に引退し、弟ミッキーの個人トレーナーを務めるようになるが、同時にコカインに溺れ、以後、美人局、強盗などの犯罪にも手を染めていく。ちなみに劇中で、ケー

ザ・ファイター

2010／アメリカ
監督：デヴィッド・O・ラッセル
実在のプロボクサー、ミッキー・ウォードと兄でトレーナーのディッキーの生き様を描いた1本。兄役のクリスチャン・ベールと、母親役のメリッサ・レオが2010年度のアカデミー賞で最優秀助演賞をW受賞した。

ブルテレビ局のHBOが現在のディッキーを追った残酷なドキュメンタリーを作るが、あれも事実のまま。1999年に放送された番組を見て、ディッキーはひどく落胆したという。

一方、ミッキーは再起から3年後の1997年8月、IBF世界スーパーライト級タイトルマッチに挑むも、3回TKOで敗れる。が、その後もリングに上がり続け5戦4勝（4KO）と善戦。1999年からは、獄中から出てきたディッキーを再びトレーナーに付け、2000年3月、WBUライトウェルター級王座戦を8回TKOで制する。ミッキー、34歳のときだ。

映画のクライマックスとして描かれる

ミッキーを演じた主演のマーク・ウォールバーグ（左）と
兄ディッキー役のクリスチャン・ベール。映画「ザ・ファイター」より

この一戦は確かに感動的である。が、WBU（世界ボクシング連合）は、プロボクシングの世界では認知度の低いマイナー団体。クラスとしては、彼が1997年に挑戦したボクシング主要4団体の一つであるIBFのタイトルマッチの方が格段に上で、WBU王座になったところで誰もミッキーに注目していなかった。

そんな彼がボクシング界を驚愕させるのは、2年後の2002年5月18日に行われたアルツロ・ガッティとのスーパーライト級ノンタイトル10回戦だ。ミッキーより7歳年下のガッティは、闘争心むき出しのファイターで、試合は決まって殴り合いになった。客受けが良いのはもちろん、実績も1995年にIBF世界スーパーフェザー級王座に輝き、以後3回の防衛に成功。2002年5月時点では、

実際のディッキー（左）とミッキーのウォード兄弟

WBA2位、IBF3位、WBC8位という、30歳になったばかりの堂々たる世界ランカーだった。対し、ミッキーは当時IBF7位。36歳という年齢を考えれば特筆すべきランクだが、常識的にはガッティが断然有利とみられていた。

果たして、試合は1Rからポイントを無視した、マンガのような打ち合いとなり、会場は興奮の坩堝と化す。両者血まみれで共に意識は朦朧。まさに死力を尽くして戦い抜いた結果は2対0でミッキーの判定勝ち。この一戦は、ノンタイトルマッチとしては極めて異例の、2002年度「リングマガジン・ファイト・オブ・ザ・イヤー」に選出される。

同年11月23日のリターンマッチも第一戦と変わらぬ白熱した内容で、今度はガッティの判定勝利。この2試合でファンの心を鷲摑みにした両者は、翌2003年6月7日、3度目の決戦に挑み、またしても一歩も引かない打ち合いに応じる。結末は10Rを戦い抜いてのガッティの判定勝ちだった。

ミッキーはこの試合で現役を引退したが、その後、3度の激闘を通じて友人となったガッティのスパーリング・パートナーやトレーナーとして彼をサポート。一方、ガッティは2006年、WBC世界ウェルター級王座に挑戦するなど（9回TKO負け）、2007年まで現役を続けた後、リングから去った。

ちなみに、ミッキーは現在、マサチューセッツ州ローウェルで暮らしトラック運転手として生計を立てているが、2020年のインタビューで、現役引退後の2006年頃に慢

ノンタイトル戦が年間ベストマッチに

ミッキーが36歳で闘ったアルツロ・ガッティ（右）との3試合は、今もボクシング界の語りぐさになっている。ガッティは2009年、旅先のブラジルで謎の死を遂げた

性外傷性脳症との診断を受けたことを告白。短期記憶障害と衝動性疾患の問題を抱え、今は週に3～5日、夜中にひどい頭痛と吐き気で目を覚まし、鎮痛剤を飲む生活を続けているという。

右が東京から来たダンス講師を演じた松雪泰子。
映画「フラガール」より

フラガール

潰れかけの炭鉱と踊り子たちが起こした奇跡

1950年代後半、エネルギー源が石炭から石油に変わりつつあったこの時代、福島県いわき市（当時は常磐市）の常磐炭礦（後の常磐興産）は大幅な規模縮小に追い込まれていた。危機に瀕し、常磐炭礦は、町ぐるみの起死回生事業を立ち上げる。常磐ハワイアンセンター（1990年、スパリゾートハワイアンズに改名）の開設だ。

2006年に公開された映画「フラガール」は、同センターが目玉に考えていたフラダンスショーを披露する踊り子たちと、彼女らを指導する女性講師の成長と奮闘の軌跡を実話に基づき描いた感動作である。

常磐炭礦は１８８４年（明治17年）に設立された福島県いわき市の炭鉱経営会社である。第二次世界大戦前までは首都圏に最も近い大規模炭田として発展したものの、戦後の技術革新により業績が悪化、１９５５年から人員整理を始めていた。

多くの炭鉱が閉山に追い込まれるなか、常磐炭礦は東北地域で最後まで生き残った会社だった。が、もはや炭鉱産業に未来はない。そこで同社は、炭鉱労働者やその家族の雇用創出、さらに新たな収入源確保のため、当時「日本人が行ってみたい外国ナンバー１」だった〝常夏の島ハワイ〟をイメージしたリゾート施設の建設を計画する。

もっとも、炭鉱と観光は真逆の事業内容。１８０度の方向転換に社内では反対の声が多かったが、当時の常磐炭礦副社長、中村豊氏（後の社長）が押し切る形で事業を進め、１９６６年1月16日、常磐ハワイアンセンターをオープンさせる。

映画「フラガール」は当初、中村氏（劇中で岸部一徳が演じていたハワイアンセンターの吉本部長のモデル）を主人公に企画が進ん

フラガール

2006／日本　監督：李相日
1966年、福島県の炭鉱町に誕生した常磐ハワイアンセンターにまつわる実話を基に、フラダンスショーを成功させるために奮闘する人々の姿を描いた人間ドラマ。2006年度キネマ旬報ベスト・テン邦画第1位。
DVD販売元：ハピネット

でいた。が、その後構想が見直され、松雪泰子演じるモダンで鼻っ柱の強い女性講師、平山まどかを主役としたシナリオが作成される。

中村氏はセンターのアトラクション最大の売りをフラダンスショーと考え、施設オープン前年の１９６５年４月、専属の踊り子を育成する目的で、日本初のフラダンス、ポリネシアン民族舞踊の学校・常磐音楽舞踊学院を開校した。

同校の講師として招かれたのが、平山まどかのモデルとなった日本のフラダンス界の草分け、カレイナニ早川氏（本名・早川和子）だった。ハワイ留学から帰った彼女がＮＨＫのクイズ番組「私の秘密」に出ていたのを偶然観た中村氏が、ぜひダンス講師にと声をかけたのだ。

開校当時、早川氏は33歳。映画では、借金を抱え、都落ちしたＳＫＤ（松竹歌劇団）のダンサーという設定だが、実際は「常磐を東北のハワイにした

映画のモデルになった人々。右から早川和子氏、中村豊氏、小野恵美子氏。映画ではそれぞれ松雪泰子、岸部一徳、蒼井優が演じている（写真提供／常磐興産株式会社）

い」という中村氏の熱意に感銘し、講師を引き受けたそうだ。

後に彼女は、当地を最初に訪れた印象を「何にもなく、うっそうとした山が広がっていた」と語り、こんな雪の多い場所に本当にトロピカルムードの施設ができるのか半信半疑だったという。さらに、赴任当時は〝東京からやってきたヨソ者〟扱いで、仲間であるはずのバンドマンまでもが簡単には言うことをきかなかったらしい。

そんな早川氏を支えたのが映画のもう1人の主役、蒼井優演じる谷川紀美子のモデル、小野（旧姓豊田）恵美子氏である。映画では、踊りに縁のない地元の女子高生として描かれているが、実際の小野氏は18人いた音楽舞踊学院一期生の最年長21歳で、小学2年生からクラシックバレエを続け、高校時代はダンス部の主将も担当。一期生のリーダーとして早川氏の右腕的存在だったという。

映画「フラガール」は観客動員130万人、興収15億円という予想を上回る大ヒットとなり、全国にフラダンスブームを巻き起こした。ハワイアンズへの来客数は2007年、過去最多の年間約160万人を記録。さらに音楽舞踊学院への入学希望者も殺到し、書類選考の倍率は10倍に跳ね上がった。

こうして町ぐるみの再建事業が映画によって再び奇跡を生み出し、話は終わるはずだった。しかし、公開から5年後の2011年3月11日、思わぬ事態が起きる。東日本大震災だ。

ハワイアンズのある福島県いわき市は震度6弱を観測し、施設にも大きな被害が発生。1ヶ月後の4月11日に起きた福島県浜通り地震でさらに深刻な被害を受け、長期間の休業を余儀なくされる。約700人いた従業員は自宅待機となり、再開の目処さえ立たない日々。2011年の年間利用者は40万人を切ることになった。

そんななか、約30人のフラダンサーたちが立ち上がる。46年前、開園をPRするため行った全国キャラバンを復活させたのだ。国内だけでなく韓国へも足を延ばし、全125ヶ所でダンス&トークショーを実施、震災支援をアピールした結果、2012年2月、ハワイアンズは全面再開にこぎつけ、同年の年間利用者は約140万人、翌2013年には約150万人まで回復させた。

福島復興のシンボルとも言えるフラガールを生みだしたハワイアンズの創設者、中村豊氏は1987年、85歳で死去。早川和子氏はこれまで300人以上のフラガールを育成し、

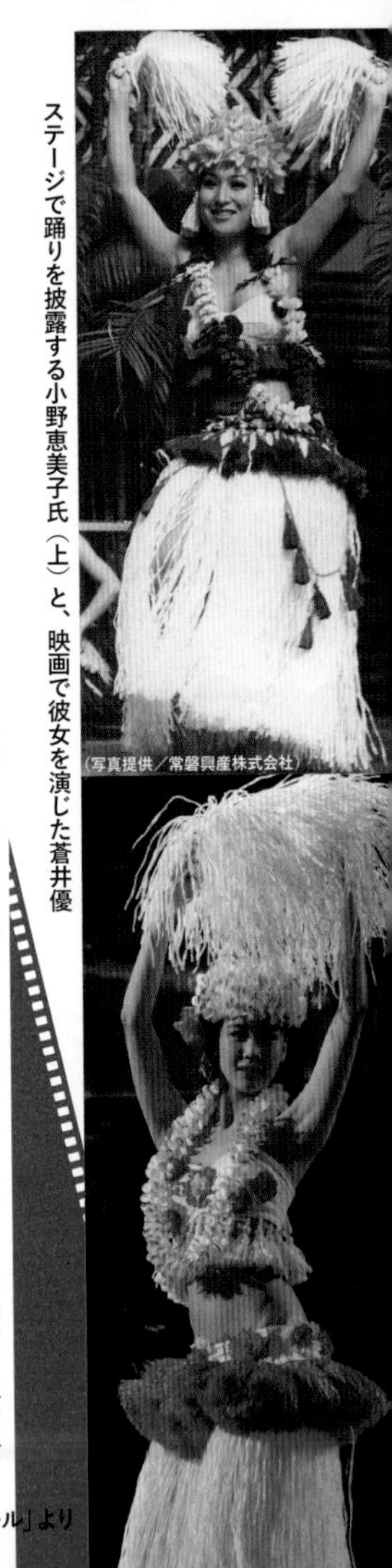
ステージで踊りを披露する小野恵美子氏（上）と、映画で彼女を演じた蒼井優
（写真提供／常磐興産株式会社）
©2006 BLACK DIAMONDS 映画「フラガール」より

2021年6月現在、常磐音楽舞踊学院・最高顧問の職にある。

初代フラガールとして活躍した小野恵美子氏は1976年までハワイアンセンターの舞台で人気を博し、1997年、最高顧問の早川氏のもと、いわき市内に常磐音楽舞踊学院教授に就任するとともに、いわき市内にダンススクールを開設、約2千人を教えてきた。また、高校生のフラダンス日本一を決めるフラガールズ甲子園の開催を呼びかけ、震災後の2011年9月、初めての大会を東京で開催。2019年8月には、第9回大会がフラガール誕生の地、いわき市で実施されている。

ただ小野氏は映画公開翌年の2007年、アルツハイマー型認知症と診断され、2018年10月の報道によると、その後、「要介護5」の認定を受け、現在はいわき市内の特別養護老人ホームで暮らしているそうだ。

東日本大震災復興のシンボルに

東日本大震災で休業に追い込まれたハワイアンズの復興と、被災者を勇気づけるため全国を回ったフラガールたち

目次

映画になった奇跡の実話
これが美談の真相だ

巻頭カラーグラビア

2 **グリーンブック**
黒人ピアニスト、ドン・シャーリーと白人運転手
トニー・リップが人種差別と闘い敢行した
1962年、アメリカ南部コンサートツアー

8 **フォードvsフェラーリ**
1966「ル・マン24時間レース」で
絶対王者フェラーリを破った
フォードの意地とプライド

14 **ボヘミアン・ラプソディ**
天折の天才ボーカリスト、フレディ・
マーキュリーに関する映画とは違う6つの真実

20 **インビクタス/負けざる者たち**
ネルソン・マンデラと「スプリングボクス」が
勝ち取ったラグビーワールドカップ
初出場初優勝の栄冠

26 **最強のふたり**
映画以上に深く結ばれていた
大富豪の障害者フィリップと
介護人の黒人青年アブデルの絆

32 **マネーボール**
弱小アスレチックスを常勝球団に育て上げた
ビリー・ビーンの野球革命

38 **ザ・ファイター**
劇中では一切描かれない
ミッキー・ウォード引退前の死闘伝説

44 **フラガール**
潰れかけの炭鉱と踊り子たちが起こした奇跡

第1章　ヒーロー

62 **ロッキー**
スタローンがインスパイアされた世界ヘビー級
タイトルマッチ「アリvsウェプナー」の番狂わせ

68 **ファースト・マン**
人類で初めて月面に立った男、
ニール・アームストロングのクールすぎる実像

78 **ハドソン川の奇跡**
乗員乗客155人の命を救った
「USエアウェイズ1549便
不時着水事故」のミラクル

84 **ハクソー・リッジ**
沖縄戦の英雄デズモンド・ドスは
「前田高地の戦い」で何を体験したか

90 **42～世界を変えた男～**
戦後初の黒人メジャーリーガー
ジャッキー・ロビンソンが残した遺産

96 **ミルク**
ゲイ社会の殉教者ハーヴェイ・ミルク
その生と死

102 **ソハの地下水道**
元銀行強盗の下水道労働者レオポルド・ソハが
戦時下でユダヤ人を匿い続けた理由

108 **アンタッチャブル**
〝アル・カポネ逮捕の立役者〟
捜査官エリオット・ネスの偽りのヒーロー像

114 **ビューティフル・マインド**
映画とはまるで違うノーベル賞受賞の
天才数学者ジョン・ナッシュの複雑怪奇な素顔

120 **イミテーション・ゲーム**
エニグマと天才数学者の秘密
第二次世界大戦を終結に導いた英雄
アラン・チューリングのあまりに哀れな末路

第2章　挑戦

128　**世界最速のインディアン**
62歳でオートバイ史上最速記録を更新した伝説のライダー、バート・マンロー

134　**パッドマン　5億人の女性を救った男**
変態呼ばわりされながら、安価で衛生的なナプキン開発に尽力したインド人男性ムルガナンダムの功績

140　**ライトスタッフ**
孤高のパイロット　チャック・イェーガーと、「マーキュリー・セブン」の誇り高き挑戦

146　**アタック・ナンバーハーフ**
「サトリーレック」がタイ国民にもたらしたLGBTへの意識改革

152　**オールド・ルーキー**
35歳でメジャーデビューを果たしたジム・モリス投手の伝説

158　**カノ　1931　海の向こうの甲子園**
日本統治下の台湾代表、嘉義農林が成し遂げた甲子園準優勝の快挙

164　**ビリーブ　未来への大逆転**
米最高裁女性判事ルース・ギンズバーグが挑んだ性差別との闘い

170　**ザ・ウォーク**
WTCのツインタワーを命綱なしで渡った大道芸人フィリップ・プティの華麗なる犯罪

178　**ストレイト・ストーリー**
10年間音信不通の兄に会うために時速8キロの芝刈り機で往復770キロの旅に出たアルヴィン爺さんの挑戦

184　**オリ・マキの人生で最も幸せな日**
映画では一切語られない挑戦者オリ・マキと王者デビー・ムーアの真逆の運命

第3章　不屈

ザ・ダイバー
黒人で初めて〝マスター・ダイバー〟の称号を得た不屈の男、カール・ブラシア　192

レイジング・ブル
ボクシング界の異端児ジェイク・ラモッタの栄光と自滅　198

エリン・ブロコビッチ
大手企業から史上最高額の和解金を勝ち取ったシングルマザーの笑えないその後　204

トランボ　ハリウッドに最も嫌われた男
「赤狩り」に屈しなかった脚本家ダルトン・トランボの気骨と信念の生涯　210

暁に祈れ
タイの刑務所で地獄を体験したイギリス人ボクサー、ビリー・ムーアの絶望と再生　218

黒い司法　0％からの奇跡
黒人弁護士スティーブンソンが黒人死刑囚マクミリアンの冤罪を晴らすまで　224

フィラデルフィア
トム・ハンクス演じる主人公のモデルになった同性愛者でエイズの弁護士2人の実話　230

ヴェロニカ・ゲリン
麻薬組織を壊滅に追い込んだ女性ジャーナリスト、ヴェロニカ・ゲリンの最期　236

ソウル・サーファー
片腕喪失の悲劇からカムバックを果たしたベサニー・ハミルトンの不屈　242

トンネル
ベルリンの壁の下、西へ抜ける脱出路を掘った男たちがいた　248

第4章 絆

英国王のスピーチ 256
映画では描ききれなかったジョージ6世と言語療法士ローグの深い絆

ラッシュ／プライドと友情 262
伝説のF1レーサー、ジェームス・ハントとニキ・ラウダの劇中とは異なる友情関係

グラン・ブルー 268
モデルになったダイバー2人の仲は映画によって引き裂かれた

ハナ　奇跡の46日間 274
1991年世界卓球選手権で「統一コリア」のダブルスは決勝で中国に負けていた

タイタンズを忘れない 280
白人黒人混成の高校フットボールチームは映画で脚色が必要なほどの強豪だった

ロレンツォのオイル／命の詩 286
難病の息子を救うため治療法発見に奔走したオドーネ夫妻に映画公開後、非難が殺到

ザ・ハリケーン 292
黒人ボクサー、ルービン・カーターの冤罪が晴れるきっかけは黒人少年が出した1通の手紙だった

ユア・マイ・サンシャイン 298
HIVに感染した売春婦と彼女を愛し続けた夫の苛酷なその後

コーチ・カーター 304
犯罪都市の高校バスケ部監督ケン・カーターが選手に説いた「10年後の可能性」

ミュージック・オブ・ハート 310
音楽教師ロベルタとNYハーレムの小学生が起こしたミラクル

しあわせの隠れ場所 316
NFL名プレイヤー、マイケル・オアーと

主婦リー・アンが出会った感謝祭の夜の奇跡

322 **大統領の執事の涙**
8人の大統領に仕えたホワイトハウスの
黒人執事、ユージン・アレンの半生

328 **ラビング　愛という名前のふたり**
「異人種間結婚」を勝ち取った
ラビング夫妻の闘い

334 **南極物語**
タロとジロ、奇跡の生還劇の舞台裏

340 **君への誓い**
映画のモデル、カーペンター夫妻に待っていた
苦い結末

346 **ハチ公物語**
映画で大幅に改変された
真の「忠犬ハチ公」伝説

第5章　ドリーム

354 **シンデレラマン**
誇張と脚色が加えられたジム・ブラドックの
ボクシング史上最大のジャイアントキリング

360 **ボビー・フィッシャーを探して**
チェスの天才少年ジョシュは
太極拳の世界王者になっていた

366 **プリティ・リーグ**
主人公ドティのモデルになった
2人の花形女子プレイヤー

372 **クール・ランニング**
ジャマイカのボブスレーは
カルガリー五輪の〝大クラッシュ〟に始まった

378 **幸せへのキセキ**
主人公ベンジャミンが
動物園を買った本当の理由

シービスケット
アメリカ大恐慌時代を駆け抜けた
伝説の名馬シービスケットと
主戦騎手ポラードの実録物語 384

遠い空の向こうに
宇宙を夢見る高校生4人組
「ロケットボーイズ」は
こうして地元炭鉱町の希望の星になった 390

ジャージー・ボーイズ
アメリカ音楽史に輝く稀代のヒットメーカー、
フォー・シーズンズの光と闇 396

ドリーム
ドラマチックに改変された
NASA黒人女性職員のサクセス・ストーリー 402

パイレーツ・ロック
1960年代半ば、2千万人以上のリスナーを
魅了した海賊放送局
「ラジオ・キャロライン」の熱狂 408

ドリームガールズ
映画のモデルになった黒人女性グループ
「ザ・スプリームス」の栄光と挫折 414

第6章 アンビリバボー

キャッチ・ミー・イフ・ユー・キャン
16歳の天才詐欺師が歩んだ
ウソのような本当の人生 422

フィリップ、きみを愛してる!
ゲイの恋人に会うため
詐欺師スティーヴンが使った脱獄手口 428

レインマン
モデルになった「サヴァン症候群」患者
キム・ピーク、その驚異の記憶力 434

ターミナル
トム・ハンクス演じる主人公のモデルは
仏ド・ゴール空港で18年間暮らしたイラン人 440

446 **ラスベガスをぶっつぶせ**
マサチューセッツ工科大学の学生が
6億円を荒稼ぎしたブラックジャック必勝法

452 **リリーのすべて**
世界初の「性別適合手術」を受けた男性と
その妻の驚くべき実生活

458 **奇跡の詩**
「ランサ航空508便墜落事故」
唯一の生き残り少女に待ち受けていた
過酷なその後

464 **LION ライオン 25年目のただいま**
オーストラリアへ里子に出された5歳の少年が
故郷を見つけ出すまで

470 **そして父になる**
映画のモチーフになった
「取り違えられた新生児」2人のその後

476 **カレンダー・ガールズ**
白血病研究の寄付のため自身の
ヌードカレンダーで30万部を売り上げた
平均年齢56歳のイギリス婦人たち

482 **セッションズ**
童貞卒業を願った重度障害者の男性と、
セックス・サロゲートの女性の〝セッション〟

第7章 運命

490 **潜水服は蝶の夢を見る**
元『ELLE』誌編集長が
20万回の瞬きで綴った奇跡の手記

496 **ワールド・トレード・センター**
9・11の生き埋め地獄から
奇跡的生還を果たした2人の警察官

502 **裸足の1500マイル**
豪政府による隔離政策の犠牲になった
アボリジニの混血少女たち

508
サウンド・オブ・ミュージック
映画とはまるで異なる主人公マリアとトラップ一家の激動の人生

514
海を飛ぶ夢
全身不随と30年間闘ったラモン・サンペドロの偉大なる尊厳死

520
炎のランナー
1924年パリ五輪の英国人金メダリスト、エイブラハムスとリデルの劇中では描かれないその後

526
レナードの朝
嗜眠性脳炎の治療法を開発した医師オリバー・サックスと、長い眠りから覚めた患者たち

532
ダラス・バイヤーズクラブ
エイズ治療薬を密輸して自分と仲間を助けた男の実像

538
それでも夜は明ける
12年間、奴隷生活を強いられた「自由黒人」ソロモン・ノーサップの苦闘

▼本書は、弊社発行の文庫「映画になった奇跡の実話　その感動には裏がある」（2017年10月刊）、書籍「映画になった奇跡の実話Ⅱ」（2020年7月刊）を再編集し1冊にまとめたものです。
▼本書掲載の情報は2021年6月現在のものです。
▼作品解説に付記された西暦は初公開年、国名は製作国を表しています。
▼本書掲載の記事は大半が映画の結末に触れています。悪しからずご了承ください。

映画「アンタッチャブル」より

第1章 ヒーロー

ロッキー

スタローンがインスパイアされた世界ヘビー級タイトルマッチ「アリvsウェプナー」の番狂わせ

1976年に公開されたボクシング映画の金字塔「ロッキー」。それまで無名だったシルベスター・スタローンを一躍トップスターに押し上げるとともに、内容も高く評価されアカデミー賞で最優秀作品賞を受賞。正真正銘のアメリカンドリームを成し遂げた奇跡の1本だ。

主人公ロッキー・バルボアには実在のモデルがいる。チャック・ウェプナー。誰もが完敗を予想するなか、ヘビー級のタイトルマッチで王者モハメド・アリを相手に最終15ラウンドまで戦い抜いた白人ボクサーだ。

1975年3月24日に開催された世界ヘビー級タイトルマッチ。右が挑戦者チャック・ウェプナー（当時36歳）、左が王者モハメド・アリ（同33歳）。スタローンはこの試合をテレビで観戦、「ロッキー」の脚本を一気に書き上げた

映画の大ヒットによりウェプナーの名も世に広まったが、彼はその後、ドラッグに溺れた転落の人生を歩んでいく。

ウェプナーは1939年、米ニューヨークのスラム街の貧しい家庭に生まれた。10代前半から素行が悪く、収監された少年院でボクシングを習得。高校卒業後、軍勤務を経て1964年8月、25歳で遅咲きのプロデビューを果たす。戦績は1974年末までの10年間で、34勝9敗2ドロー。決して弱いボクサーではなかったが、ファイトマネーだけでは妻子を養えず、副業の酒のセールスでなんとか生計を立てている状態だった。

1975年、ビッグチャンスが訪れる。世界ヘビー級王者のモハメド・アリ（当時33歳）からタイトル防衛戦の相手に指名されたのだ。アリは1964年、WBA・WBC統一世界ヘビー級王者の座に就いたものの、ベトナム戦争への兵役を拒否したため1967年に王座を剥奪。1971年に王者ジョー・フレージャーとの復帰戦で初黒星を喫した3年後の1974年10月、フレージャーに代わり新王者とな

ロッキー

1976／アメリカ
監督：ジョン・G・アヴィルドセン
無名のボクサー、ロッキー・バルボアが世界チャンピオンに挑む姿を描いたスポーツドラマの傑作。アカデミー賞の最優秀作品賞、監督賞、編集賞を受賞。その後「ロッキー・ザ・ファイナル」（2006）までシリーズ5作が制作・公開されている。

この一作でシルベスター・スタローンは一躍トップスターに。右はトレーナー役のバージェス・メレディス。映画「ロッキー」より

った全盛期のジョージ・フォアマンを8回KO勝ちで破り、王座に返り咲いていた。

世にいう「キンシャサの奇跡」で7年ぶりに世界の頂点に立ったアリ陣営は初防衛戦の相手としてウェプナーを抜擢する。国際的に全く無名の白人ボクサーがスーパースターに挑戦するという興行的な意味合いと、楽勝できる相手との見方も大きかった。こうした試合成立の経緯は、劇中で世界チャンピオンのアポロ・クリード（演：カール・ウェザース）が当初予定されていた対戦相手が負傷したことで「全くの無名選手と戦うというのはどうだ？」と提案、ロッキーが挑戦者に選ばれる過程にそのまま重なる。ロッキー同様、ウェプナーは単なる〝咬ませ犬〟に過ぎなかった。

試合は1975年3月24日、オハイオ州リッチフィールドのリッチフィールド・コロシアムで開催された。誰もが早いラウンドでのアリのKO勝ちを予想していた。が、当時36歳のロートルボクサー、ウェプナーは本気だった。序盤からラビットパンチ（後頭部を故意に打つパンチ）でアリをいらつかせ、9回にはダウンを奪う。後にこれは、ウェプナーがアリのつま先を踏んだことでバランスを崩しただけと判明したが、アリが倒れた衝撃に会場は騒然となった。

その後は、アリの一方的なペースでウェプナーは防戦一方。それでもリングに立ち続け、最終15ラウンドでＴＫＯ負けを食らいリングを去った。

この試合をスタローンはテレビで観戦。スーパースターに翻弄されながらも最後の最後までリングに立ち続けようとする無名のボクサーに、売れない無名俳優だった己の姿を重ねて「ロッキー」の脚本を3週間で書き上げ、ハリウッドに売り込む。自分が主役を演じることが絶対条件だった。

ボクシング映画は客受けしない、シルベスター・スタローンなど名前も聞いたことがない。大半の映画会社が難色を示すなか、ユナイテッド・アーティスツが制作を承諾。ただし、許された予算は１００万ドル（当時のレートで約3億円）。有名な俳優をキャスティングすることなど到底

チャック・ウェプナー本人。世界ランキングのトップ10にも入ったことがない無名選手だった

格下のボクサーが絶対王者に果敢に挑む姿が感動を呼んだ。映画「ロッキー」より

不可能な額だった。

しかし、映画「ロッキー」は周囲の予想を覆し、興行収入約675億円の記録的な大ヒットを飛ばす。同時に主人公のモデル、ウェプナーも全米で人気者になり、その後、プロレスラーのアンドレ・ザ・ジャイアントやアントニオ猪木と異種格闘技戦で対戦し、1978年5月に現役を引退。スタローンから「ロッキー2」（1979）への出演依頼も受けていたが、麻薬を乱用していたことが発覚し話はふいになる。乱れた私生活により妻子と別れたのもこの頃だ。

そして1985年にはコカインの不法所持により逮捕。1988年、10年の懲役刑を受け、その後約3年間の刑務所暮らしを送ることになる。

出所後、再び酒のセールスを始めたものの生活は苦しかったのだろう。2003年、ウェプナーはスタローンを訴える。自分をモデルに役柄を作り上げた代わりに支払われるギャラが約束の金額に足りていないというのだ。この訴訟は3年後の2006年に決着。条件は明らかになっていないが、スタローンが和解金を支払うことでウェプナーが訴えを取り下げたらしい。

現在、ウェプナーはニュージャージー州で3人目の妻と暮らしていると伝えられている。

9ラウンドでアリから（スリップ）ダウンを奪うも、最終15ラウンドでTKO負け。ちなみに、この試合でウェプナーは10万ドル（約3千万円）のファイトマネーを手にしている（アリは150万ドル）

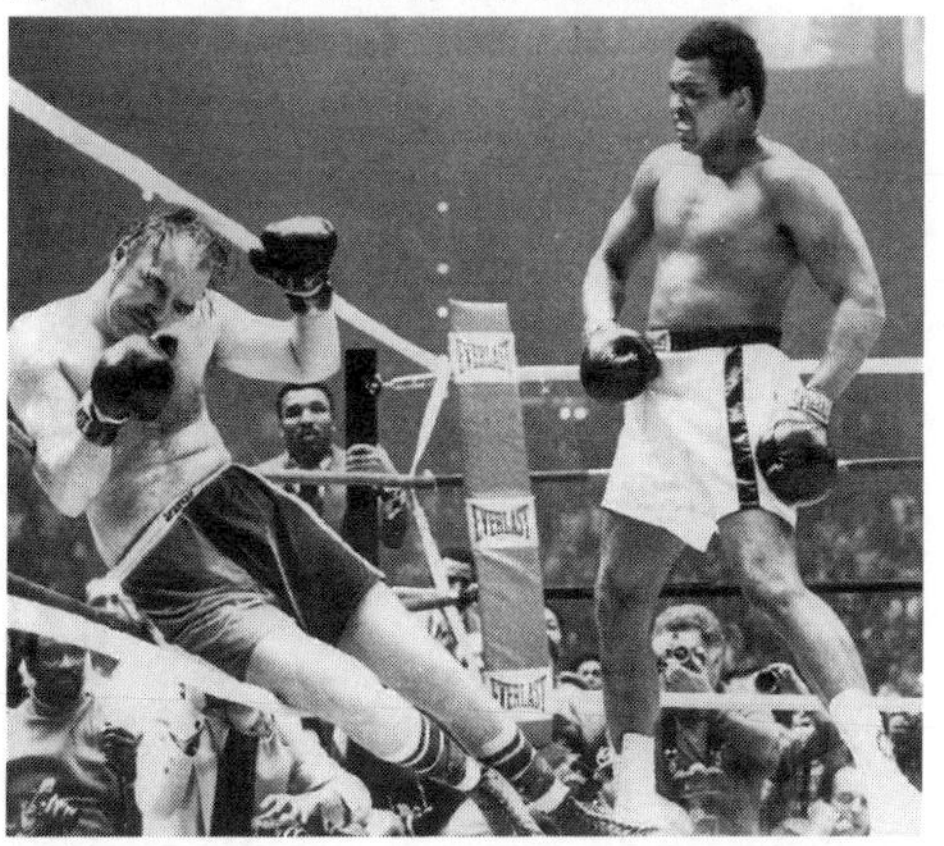

現役引退後、麻薬に溺れ3年間服役

©Universal Pictures

主人公アームストロング船長を演じたライアン・ゴズリング（中央）。映画「ファースト・マン」より

ファースト・マン

人類で初めて月面に立った男、ニール・アームストロングのクールすぎる実像

FILMS

2016年公開のミュージカル映画「ラ・ラ・ランド」でアカデミー最優秀監督賞に輝いたデイミアン・チャゼルと主演のライアン・ゴズリングが2年後の2018年、再びタッグを組んだのが、本稿で取り上げる「ファースト・マン」だ。

人類で初めて月面に降り立ったアポロ11号の船長ニール・アームストロングを主人公とする本作は、「ライトスタッフ」（本書140ページ参照）や「ドリーム」（同402ページ）のようなアメリカの宇宙開発における英雄譚ではなく、国家から過酷なミッションを課せられたアームストロング個人にスポットを当て、常に死と隣り合わせにいた人間の、実に暗く重いドラマに仕上がっている。

「１９６０年代のうちに、月にアメリカ人を送り込む」

１９６１年5月25日、ジョン・F・ケネディ大統領は高らかに宣言した。ソ連のユーリ・ガガーリンが史上初の有人宇宙飛行に成功した１ヶ月後のことだ。この時期、アメリカの宇宙開発計画を担うＮＡＳＡは「マーキュリー計画」（同１４０ページ）を実行中だったが、宇宙開発競争においてソ連に大きく差をつけられていた。

１９３０年、米オハイオ州で生まれたアームストロングは、インディアナ州のパデュー大学卒業後、海軍に入隊し戦闘機の飛行士として朝鮮戦争（１９５０年〜１９５３年）に従軍。ケネディが宣言した１９６１年当時は、ＮＡＳＡのエドワーズ空軍基地でテストパイロットの職務に就いていた。

私生活では、海軍除隊後に復学したパデュー大学で、家庭経済学を学んでいた女性ジャネット・エリザベス（１９３４年生）と知り合い、１９５６年に結婚。翌１９５７年に長男エリック、１９５９年に長女カレン、

ファースト・マン

2018／アメリカ
監督：デイミアン・チャゼル
人類史上初めて月面を歩いた宇宙飛行士ニール・アームストロングの、1961年から1969年にかけてのNASAのミッション（ジェミニ計画、アポロ計画）を実話に基づいて映画化。アカデミー賞で最優秀視覚効果賞を受賞。

右／アームストロング一家。左から長男エリック、妻ジャネット、ニール、次男マーク。月面着陸成功後の1969年撮影。 左／2歳でこの世を去った長女のカレン

1963年に次男マークを授かる。

　映画でも主軸のひとつとして描かれるのが、愛娘カレンの存在だ。劇中では詳しく説明されないが、彼女は2歳になってまもない1961年6月、近所の公園で誤って転んだことが原因で失明。その後、病院の検査で脳幹に悪性腫瘍が見つかり、当時最先端だったコバルト線治療の甲斐なく、転倒から6ヶ月後の1962年1月、肺炎で息を引き取ってしまう。

　わずか2歳で愛娘を失ったアームストロングのショックは計り知れないものだっただろう。が、劇中で描かれるとおり、彼は葬儀で悲しみを表に出すことはなかった。どころか、激しく取り乱す妻ジャネットとは対照的に、参列者の食事や飲み物を気にするなど、極めて冷静な態度を取っていたそうだ。

　アームストロングはNASAの歴代の宇宙飛行士の中でも最も寡黙、冷静で感情が見えない人物と言われる。しか

し、その心の内はどうだったのだろう。彼が任に就いていたNASAのテストパイロットは1回の飛行で4人に1人が事故死する危険な仕事だった。数多くの仲間が命を落とす姿を目の当たりにし、彼の中で自ずと死生観が築かれていく。

カレンの死から1週間後、アームストロングは妻の「仕事に行かないで」という懇願を振り切り職場に復帰。そして、1962年4月20日、映画の冒頭で描かれる極超音速実験機「X－15」のテスト飛行で重大な危機に直面する。自動操縦装置の故障により機首が上がったままの状態で大気圏に突入。宇宙空間に弾き飛ばされて二度と帰還できない状態から、超人的な技術で機体を持ち直し、胴体着陸に成功した（劇中では1961年の出来事になっている）。

後にアームストロングの妹ら親族は語っている。自分が死から逃れるたび、その代わりに誰かが死ぬんじゃないか。逆に、誰かが犠牲になって代わりに死んでくれたおかげで、自分は生き残っているのではないか。X－15の事故から生還できたのも、代わりに娘が死んだからではないか。アームストロングはそう考えていたに違いない、と。

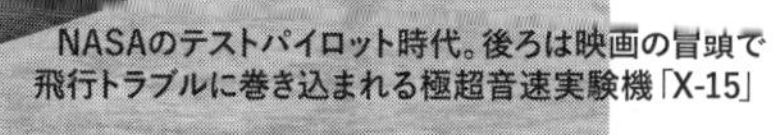
NASAのテストパイロット時代。後ろは映画の冒頭で飛行トラブルに巻き込まれる極超音速実験機「X-15」

もっとも、本人は周囲に心情を吐露することは一切なく、妻には自分が日常的に死と隣り合わせの危険な仕事に就いていることも全く打ち明けなかった。それとなく気づいていたジャネットは、心を開かない夫への不安と不信を徐々に募らせていく。

１９６２年９月、アームストロングは「マーキュリー・セブン」（同１４０ページ）に続くＮＡＳＡの宇宙飛行士選抜テストに参加し合格。新たなメンバー９人「ニュー・ナイン」の１人となり、ヒューストンに転居する。

このとき近所に住んでいたのが、同じニュー・ナインのエリオット・シー（１９２７年生）とエド・ホワイト（１９３０年生）だ。３人は互いの家を訪問、夕飯を共にするほど親しくなる。特に、シーの娘がカレンと同じ歳だったことで、アームストロングは彼女を可愛がったそうだが、シーもホワイトも、アームストロングに娘がいたことも、幼くしこの世を去ったことも最後まで知らなかったという。初めてできた親友というべき存在にも、アームストロングは決して自身の過去を語らなかったのである。

宇宙飛行士として2年間の訓練を終えた１９６４年、ＮＡＳＡは二度目の有人宇宙飛行計画「ジェミニ計画」を開始する。月面着陸の準備段階として、宇宙空間で司令船と月着陸船をドッキングさせるのが主目的だ。

ＮＡＳＡはこの計画で、計16人の飛行士を10回飛行させているが、訓練中に死亡した者もいる。アームストロングの隣人、シーだ。彼はジェミニ5号でバックアップのパイロットを務め、船長としてジェミニ9号に搭乗予定だったが、1966年2月28日、事前のシミュレーション飛行で高度を下に取りすぎて地面に衝突死する（享年38）。彼の葬儀は劇中でも描かれているが、事情を理解できず「人がいっぱい来ている」と騒ぐシーの娘を見て、アームストロングは耐えきれず、妻ジャネットをおいて1人で帰ってしまう。カレンのことが頭をよぎっていたのは容易に想像できる。

2週間後の同年3月16日、アームストロングは船長としてジェミニ8号に搭乗し、無事にドッキングを成功させる。が、それから10秒もしないうちに事故は起きる。ジェミニが上下左右に激しく回転し止まらなくなったのだ。最終的にアームストロングがドッキングを解除したことで、ジェミニは安定飛行を取り戻すのだが、後の検証では、あと数十秒回転が続けば、アームストロングは確実に気絶死していたと言われている。

1967年、NASAはジェミニ計画に続く「アポロ計画」を開始。有人飛行の訓練として同年1月27日、ケ

アームストロングの同僚で隣人として親しかったエリオット・シー（上）とエド・ホワイト。シーは1966年2月、ジェミニ計画の飛行演習中の衝突事故で、ホワイトは1967年1月、アポロ1号の火災事故で死亡した

ープ・カナベラル空軍基地で予行演習を行う。が、船長ガス・グリソム（当時40歳）、副操縦士エド・ホワイト（同36歳）、飛行士ロジャー・チャフィー（同31歳）を乗せた宇宙船「アポロ－サターン204」は発射台上で炎上し、3人全員が船内で焼死する（事故を風化させないため、後にNASAは同船を「アポロ1号」と命名）。

この事故によりアポロ計画は世間から大きな非難を受け、NASAも宇宙船のハッチなどの改良を図るとともに、アポロ6号まで無人飛行に切り替える。

が、1968年10月、アポロ7号が初の有人飛行を試み11日間にわたり地球を周回したことで再びアメリカ国内で宇宙開発人気に火がつき、8号で初めて月の周回に成功（同年12月）、9号（1969年3月）と10号（同年5月）がそれぞれ地球と月を周回し、いよいよNASAは11号で月面着陸に踏み切る。

準備が整ったからではない。アメリカ議会が以前のように宇宙開発に対し予算を無制限につぎ込まなくなった経済的事情と、「1960年代にアメリカ人を月面に立たせる」としたケネディの宣言を守るための時間制限が背景にあった。次の11号でミッションを成功させなければ、後がない状態だったのだ。

アームストロングが11号の船長に任命されたのも、アポロ計画の当初、人類初の月面着陸に最も近い飛行士として期待されていたグリソムと、ホワイトが1号で事故死し、順番が回ってきたからに過ぎない。アームストロングはまたも、人の犠牲と引き換えに自分が一歩先に進む状況を受け入れたのだ。

１９６８年5月6日、アームストロングは地球の6分の１の月の重力を再現した月着陸練習機で予行演習に挑み、例によってトラブルに巻き込まれる。地上30メートルから降下を試みたとき、突然機体が傾き始めたのだ。アームストロングはとっさに射出座席で脱出に成功したが、もし脱出するタイミングがあと０・５秒遅れていたらパラシュートが開くのが間に合わなかった可能性の高い、極めて危険な事故だった。

ＮＡＳＡの飛行士やスタッフは11号が無事に月面に着陸する確率を50％と予測していたらしい。逆に言えば、ミッションの失敗、クルーの死の可能性も半分という分析だ。

しかし、１９６９年7月16日、船長アームストロング（当時38歳）、月着陸船操縦士のバズ・オルドリン（同39歳）は見事に月面に降り立ち、2時間半にわたり月面を探索する（マイケル・コリンズ［同38歳］も11号に同乗したが、司令船操縦士だったため、月面に

アポロ11号のクルー。左から船長ニール・アームストロング、司令船操縦士マイケル・コリンズ、月着陸船操縦士バズ・オルドリン

月面着陸に関し最も有名なこの写真は、アームストロングがオルドリンを撮ったものだが、映画「ファースト・マン」に星条旗を立てるシーンがないことがアメリカの保守層の反感を買った。ちなみに、オルドリンは「月面に降り立った2人目の人類」という中途半端なレッテルに長年悩まされたそうだ。2021年6月現在、存命

は立っていない。コリンズは２０２１年４月、90歳で死去）。

劇中に、月面に降り立ったアームストロングが、宇宙服のポケットから愛娘カレンが身につけていたブレスレットを取り出し、月の表面の穴に投げるシーンがある。映画のクライマックスと呼べるこの場面はフィクションとする意見が多い。が、真相はわからない。なぜなら、アームストロングは実際、ポケットに入っていたものが何だったのか、生涯、誰にも打ち明けなかったからだ。

映画は、地球に戻り検疫処理のため2週間の隔離生活を終えたアームストロングと、妻ジャネットがガラス越しに再会するシーンで終わる。何も語らない2人が、その将来を予想させるエンディングである。

アームストロングは人類史上初の偉業を成し遂げた男として熱狂をもって迎え入れられ、メディアに追いかけ回される。ジャネットもカメラに笑顔で応じたが、世界中から届いた招待旅行に同行することはなかった。劇中では一切描かれていないが、彼女は学生時代か

らシンクロナイズドスイミング（2017年よりアーティスティックスイミングに改称）に夢中で、アームストロングが月に向かう準備をしている最中も、シンクロチームのコーチに精を出していた。後のインタビューで「私はニール・アームストロングに嫁いだが、宇宙飛行士に嫁いだつもりはない」と答えているとおり、彼女は夫の成功によってセレブになったことに舞い上がる女性ではなかったのだ。

アームストロングは月面着陸成功後、宇宙飛行士を引退。1971年にはNASAからも退官し、その後、シンシナティ大学や母校のパデュー大学で航空宇宙工学の教鞭を執ったり、大手企業各社の経営に参加し、2002年、キャリアを終了させる。妻ジャネットとは遥か昔から心が離れており、1990年に別居、1994年に離婚し、その2年前にゴルフコンペで知り合った女性と再婚した。心臓血管の手術後の合併症が原因で死去したのは2012年8月25日。享年82だった。

一方、ジャネットは離婚後もシンクロのコーチを続け、映画「ファースト・マン」の制作にも協力したが、アメリカで作品が公開される4ヶ月前の2018年6月21日、84歳でこの世を去った。

妻ジャネットとは38年の結婚生活を経て離婚

大手企業の経営に参加していた1999年当時のアームストロング

ハドソン川の奇跡

「ハドソン川の奇跡」を起こしたチェズレイ・サレンバーガー機長(左)と
ジェフリー・スカイルズ副操縦士

乗員乗客155人の命を救った「USエアウェイズ1549便不時着水事故」のミラクル

FILMS

「彼は英雄か、それとも容疑者か？」

２０１６年、センセーショナルなキャッチフレーズとともに公開された「ハドソン川の奇跡」。クリント・イーストウッド監督がトム・ハンクスを主演に、全エンジン停止という危機に見舞われながらもハドソン川に機体を不時着、乗客全員を生還させた「ＵＳエアウェイズ１５４９便不時着水事故」の顛末を、機長の視点から描き出した感動作だ。

映画では、コントロールを失った機体を無事に不時着させた機長が〝ヒーロー〟と讃えられたのも束の間、判断ミスで乗客乗員を危険にさらしたとして殺人容疑で糾弾される。この予想だにしない展開はどこまで事実に即しているのか。

２００９年１月15日15時26分、問題のＵＳエアウェイズ１５４９便がニューヨークのラガーディア空港を離陸する。ノースカロライナ州シャーロットを経由して、ワシントン州シアトルへ向かう予定だった。が、上空に到達する前にカナダガンの群れに遭遇。左右の両エンジンが同時にバードストライク（鳥との衝突）によって停止する。即座に機長のチェズレイ・サレンバーガー（当時57歳）は、副操縦士の

ハドソン川の奇跡

2016／アメリカ
監督：クリント・イーストウッド
2009年に米ニューヨークで発生し、奇跡的な生還劇として世界に広く報道された「USエアウェイズ1549便不時着水事故」を、当事者であるチェズレイ・サレンバーガー機長の手記『機長、究極の決断』をもとに映画化。

ジェフリー・スカイルズ（同49歳）から操縦を交代し、空港管制と交信して非常事態を宣言。その傍らで副操縦士は事態を改善すべく「ＱＲＨ」（事故に遭遇した際の対応マニュアル）を実施していく。

映画では機長の人となりについて、さほど触れられていないが、サレンバーガーはコロラド州の空軍士官学校を首席で卒業した後、パデュー大学で産業心理学の修士号および北コロラド大学で行政学の修士号を取得。さらに73年、空軍に入隊して経験を積み、80年にＵＳエアウェイズに入社、非常事態に対応するため心理学も学んだ。業界では熱心な安全擁護者としても知られ、アメリカ空軍の事故調査の担当官に選ばれたり、国家運輸安全委員会の調査中に航空パイロット協会の代表を務めたこともある大ベテランだ。

事故が起きてすぐ、サレンバーガーは進行方向の延長線上にあるテターボロ空港への着陸を目指そうとした。が、空港へ着陸するには高度と速度が足りないと判断。市街地への墜落を防ぐべく、ハドソン川への緊急着水を決意する。劇中で機長がハドソン川への着水を伝えると管制官は絶望的な様子を見せるが、実はそれまで川に着水して成功した例は皆無。人口密集地で犠牲者の出ない緊急着陸も一度もなかった。

しかし、１５４９便はトラブル発生から約3分後の15時31分頃、まるで滑走路に着陸するかのようにニューヨーク市内を流れるハドソン川に着水成功。乗員乗客は直ちに機外に脱出し、翼と救命ボートに待避。駆け付けたニューヨーク市消防局やアメリカ沿岸警備隊

ハドソン川に着水を試みる実際のUSエアウェイズ1549便

救助の様子は全米で生中継された

の警戒船などに無事、救助される。

「片方のエンジンが故障した場合は推力が残されているので考える時間は十分あるが、今回は迷っている時間はなかった」

機長は、空軍時代に高価な戦闘機を大破させてはならないと躊躇した結果、命を落とした仲間を何度も見てきたため、一瞬の迷いが命取りになると知っていたのである。

ニューヨーク市長が「ハドソン川の奇跡」と名づけたこの生還劇は、アメリカはもちろん全世界に報道され、メディアはサレンバーガー機長を〝現代のヒーロー〟と讃えた。が、映画では、この後一転して、管制官の勧めに従い、他の空港に着陸できたのではないかとの疑いが浮上。機長は、判断ミスで155人を命の危険にさらした「殺人未遂」の容疑者であるかのように扱われる。そして、事故の調査委員たちの追及に追いつめられた機長の葛藤が描かれるのだが、ここは完全な脚色。実際に機長が容疑者として扱われた事実はなく、周辺の空港に向かっていたら確実に滑走路に激突していたことが証明されている。

映画では描かれていないが、事故から9ヶ月後の2009年10月1日、サレンバーガー機長は事故を起こしたUSエアウェイズ1549便と同じ路線で、操縦士として復帰。副操縦士は事故当日と同じスカイルズが担当し、不時着水という結果に終わった飛行を完遂させた。無事にシアトルに到着すると、乗客たちから祝福の拍手が湧いたという。

機長が殺人未遂の容疑者として扱われる劇中描写は完全な脚色

事故調査委員会で尋問される機長役のトム・ハンクス（左）と副操縦士役のアーロン・エッカート。映画「ハドソン川の奇跡」より

衛生兵として従軍していた
当時のデズモンド・ドス本人

ハクソー・リッジ

沖縄戦の英雄 デズモンド・ドスは「前田高地の戦い」で何を体験したか

２０１６年に公開されたメル・ギブソン監督のアメリカ映画「ハクソー・リッジ」は、第二次世界大戦に従軍し、沖縄戦での激戦地のひとつ「前田高地（ハクソー・リッジ）」で、少なくとも75人の負傷兵を救い出した衛生兵デズモンド・ドスの実体験を描いた作品だ。プロテスタントの中でも特に聖書の教えに厳格なクリスチャンである「第七日安息日再臨派」教徒の彼は〝非暴力〟や〝安息日遵守〟を信条とし、兵役に就きながらも武器を持つことを拒否。上官や仲間に疎まれながらも自らの信念を貫き通し、アメリカ軍人最高位の名誉勲章を受章するヒーローとなった。

デズモンド・ドスは１９１９年、第一次世界大戦の従軍によってＰＴＳＤに苦しむ父と、敬虔な「第七日安息日再臨派」教徒の母の間に生まれた。

映画では、緑豊かなバージニア州の田舎町で兄とともに野山を駆け巡っていた子供の頃、喧嘩になってレンガで兄の頭を殴打。瀕死のケガを負わせてしまったことから〝非暴力〟の教えを心に刻み込み、人を助ける医学を志したように描かれている。が、実際は、デズ

ハクソー・リッジ

2016／アメリカ・オーストラリア
監督：メル・ギブソン
銃も手榴弾もナイフさえ持たずに第二次世界大戦の激戦地「前田高地（ハクソー・リッジ）」（ハクソー＝のこぎり、リッジ＝崖）を駆け回り、たった1人で少なくとも75人の命を救った衛生兵、デズモンド・ドスの実話を描いた作品。激しい戦闘シーンがトラウマ級のリアルさで描写されている。

実際のデズモンドとドロシー。
病院ではなく教会が出会いの場所

モンドは姉と弟との3人姉弟。平和主義に目覚めたのは、母親のしつけが大きかった。

信心深い青年に成長したデズモンドは、高校を卒業後、造船所の家具職人として働き出すが、アメリカの第二次世界大戦参戦を機に、兵役を受け入れ陸軍に志願する。ところが、「銃に触らない」「土曜日は安息日」との戒律を守ろうとするデズモンドに、上官はもちろん仲間たちも戦場で自分たちの足手まといになると露骨に嫌悪感を表し、映画で描かれているとおり、隊を辞めさせようとイジメの標的にした。

劇中では、どんなに目に遭わされても銃を持たないデズモンドに業を煮やした軍幹部が、彼の結婚式の日にさえ彼に休暇を与えず、ついには除隊させようと軍法会議まで開廷。それを聞いたデズモンドの父親が、従軍していた当時の指揮官に連絡を取り、「良心的兵役拒否」は憲法で認められていると意見してもらうことでデズモンドは武器を持たない衛生兵という立場を勝ち取る。大まかな流れは事実どおりだが、実際のデズモンドは教会で出会った女性ドロシー（劇中では看護師）と入隊前に結婚しており、休暇を希望したのは海軍に入っていた弟が海外に従軍するのを見送るためだった。休暇が認められないと聞いた父親は、ワシントンの教会の「戦争サービス委員会」に連絡。教会から軍に調査の電話が入ったことでデズモンドに3日間の休暇が与えられたそうだ。

映画の大きな見所が、沖縄戦の中でも最も激しかった「前田高地の戦い」を再現したリアルな激闘描写だ。1945年4月1日、アメリカ軍が沖縄本島中部に上陸すると、日本軍は司令部のあった那覇市・首里への侵攻を防ごうと約150メートルの絶壁・前田高地に防衛線を張って迎え撃った。こうして「ありったけの地獄をひとつにまとめた」と言われる日米両軍の死闘が繰り広げられたのである。

事前調査で「前田高地」に立つ実際のデズモンド（崖の上の人物）。切り立った150メートルの絶壁の上に広がっていた

劇中では、デズモンドは新兵訓練からいきなり沖縄に送られ、「前田高地の戦い」に参加。が、弾丸が飛び交うなか、自分の身を顧みることなく次々負傷兵を助け出す姿が描かれる。

4千人以上の住民が犠牲に

実際の「前田高地の戦い」。映画では描かれないが、4千人以上の住民が死亡、村の23%が一家全滅した

実際は、沖縄戦の前にグアムとレイテ島の闘いに従軍して救護活動に従事している。また、映画では戦闘シーンを合成・改変して3日間にまとめているが、実際に「前田高地の戦い」が終わるまでには1ヶ月かかっている。

さらに映画では、デズモンドが戦いの最後に負傷し、仲間に担架で担がれて後退していくシーンがあるが、実際は、首里近くの作戦中に手榴弾を蹴って負傷、自分で手当てをして5時間後、やっと来てくれた担架に乗ったものの途中で別の負傷兵に譲り、次の担架を待っている間に狙撃されて左腕を複雑骨折。300メートルほどを這って救護テントに辿り着き、ようやく一命を取り留めている。事実は映画以上に激しかったのだ。

戦争終結後の1945年10月12日、デズモンドは功績を称えられ、アメリカ軍人に贈られる

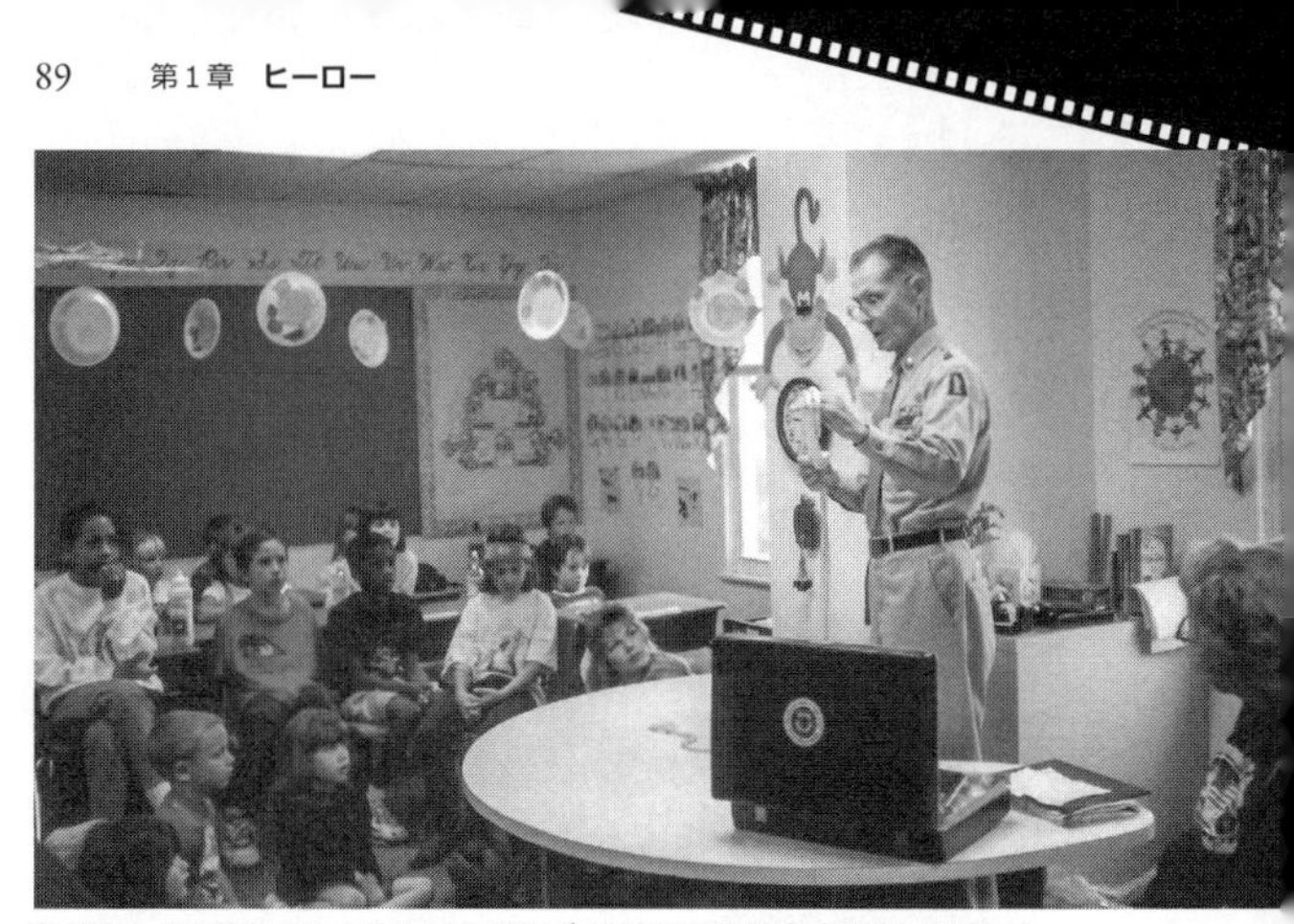

戦後はケガや病気のため思うように働けず、講演活動や教会の仕事に従事した

勲章としては最高位の名誉勲章（メダル・オブ・オナー）を授与され、「良心的兵役拒否者」として史上初めての受章者となった。が、戦後は戦場で負った傷や病気に苦しめられ、かつての家具職人の仕事を断念。レイテ島で感染した結核が発症し、長い闘病の末、2006年、アラバマ州の自宅にて87歳で亡くなった。

メル・ギブソン監督が日本人、特に沖縄の地元の人たちを慮り、映画には米軍が戦った相手兵士の様子や、戦地の姿は必要最小限しか出てこない。しかし、舞台となった「前田高地の戦い」では、一般の日本人も巻き込まれ大きな犠牲を余儀なくされた。米軍が行った空からのナパーム弾攻撃によって地元・浦添村の住民の44・6％に当たる4千人以上の住民が死亡、村の23％が一家全滅という悲惨な統計が残っている。

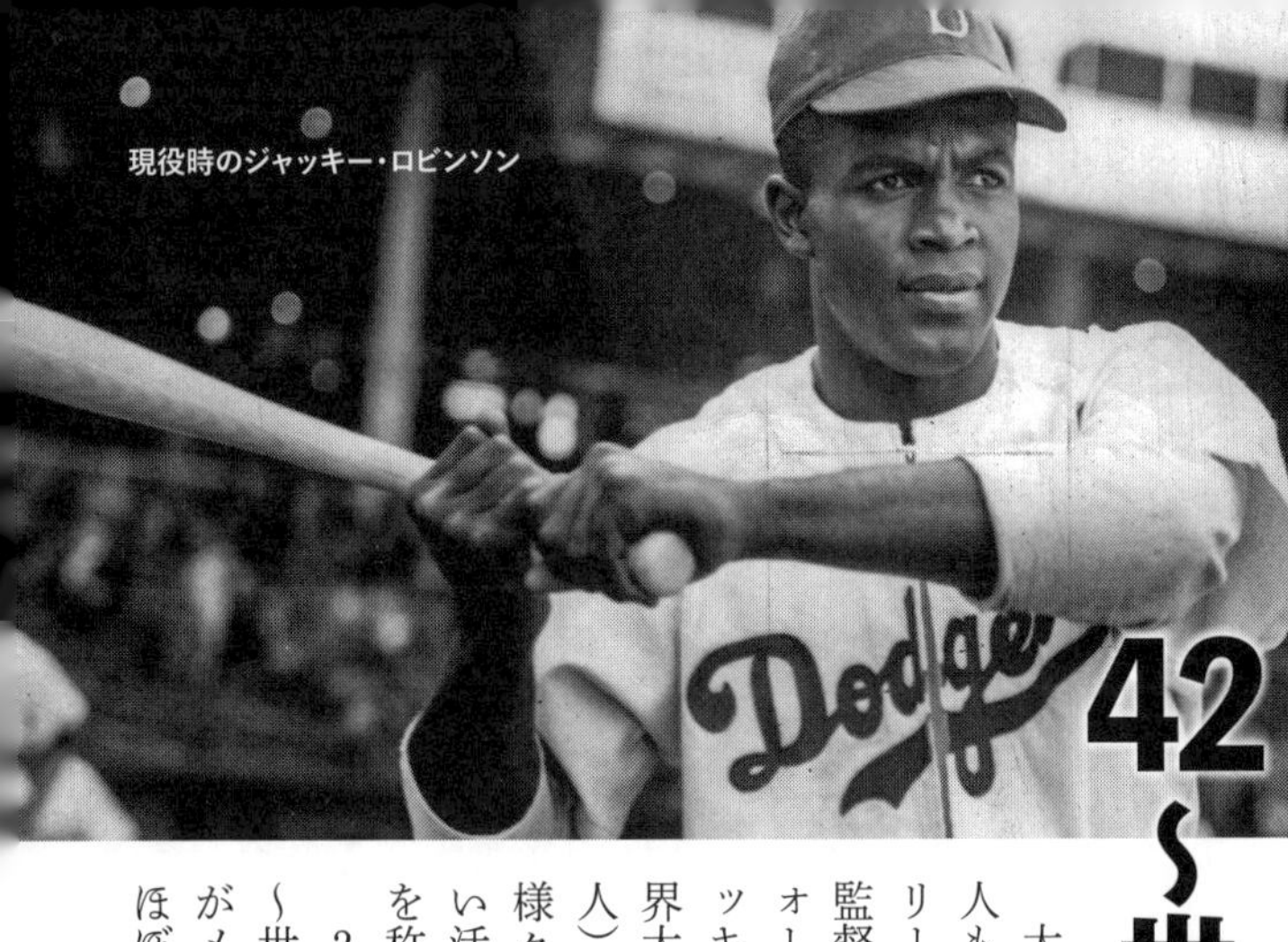

現役時のジャッキー・ロビンソン

42～世界を変えた男～

戦後初の黒人メジャーリーガー ジャッキー・ロビンソンが残した遺産

FILMS

大谷翔平、ダルビッシュ有など日本人も数多く在籍するMLB（メジャーリーグベースボール）の全試合で、選手、監督、コーチが背番号「42」のユニフォーム姿でプレイする日がある。ジャッキー・ロビンソン・デー。第二次世界大戦後、黒人（アフリカ系アメリカ人）として初めてメジャーデビュー、様々な偏見や差別と闘いながら華々しい活躍を遂げたロビンソン選手の功績を称える特別な1日だ。

2013年公開のアメリカ映画「42～世界を変えた男～」は、ロビンソンがメジャーデビューするまでの経緯を、ほぼ史実どおりに描いた人間ドラマである。ロビンソンの勇気ある挑戦は野球界にとどまらず、後の公民権運動の布石となり、黒人社会全体に大きな変革をもたらした。

1940年代、アメリカでは公然と人種隔離が行われていた。レストラン、バスの座席、公衆トイレまで、白人と黒人は全て別。野球もまた然りで、MLBは白人の選手のみ。黒人にはニグロリーグしか活躍の場がなかった。

この、当時当たり前とされていた球界システムの変革に乗り出したのが、映画でハリソン・フォード演じるブルックリン・ドジャース（現ロサンゼルス・ドジャース）会長兼GM（ゼネラルマネージャー）のブランチ・リッキー（1881年生）だ。彼は、ニューヨーク・ブルックリンの黒人人口の多さを見越した経営者としてのマーケティング戦略と、差別撤廃を意識する自身の人権感覚から、ニグロリーグの選手をメジャーにデビューさせようと考えた。

リッキーGMが掲げた条件は、野球選手としてのスキルはもちろん、1884年にMLBでプレイしたモーゼス・フリート・ウォーカー以来の黒人メジャーリーガーになることでその身に降りかかってくるであろう嫌が

42 ～世界を変えた男～

2013／アメリカ
監督：ブライアン・ヘルゲランド
アフリカ系アメリカ人として戦後初のメジャーリーガーとなったジャッキー・ロビンソンの半生を、GMブランチ・リッキーとの交流を軸に描いた人間ドラマ。

信念を持ってロビンソンをドジャースに招き入れたGMのブランチ・リッキー本人（右）。写真は契約の際に撮られた1枚

ロビンソンを演じたチャドウィック・ボーズマン（左。2020年8月、大腸がんにより43歳で死去）とリッキーGM役のハリソン・フォード。映画「42〜世界を変えた男〜」より

らせやプレッシャーに耐えうる精神力を持った人物。リッキーは1943年から2年間全米にスカウトを送り、数多の候補者からジャッキー・ロビンソンに白羽の矢を立てる。ちなみに、このときロビンソンを推薦したのは、2004年にシアトル・マリナーズのイチローに抜かれるまでシーズン257安打のMLB記録を84年間保持、現役引退後スカウトに転身していたジョージ・シスラーである。

ニグロリーグの花形選手として活躍していたロビンソンが、ドジャース傘下のモントリオール・ロイヤルズに入団したのは1945年8月、26歳のとき。契約の際、リッキーとロビンソンの間で「どんなことがあってもやり返さない」という約束が交わされたのは、劇中で描かれるとおりだ。

翌1946年のシーズン、ロビンソンは打率3割4分9厘、113打点のリーグ1位の

成績を挙げ、翌年4月10日、ドジャースに昇格する。が、MLBのオーナー会議ではドジャースを除く全15球団がロビンソンのメジャーでのプレイに反対し、フィラデルフィア・フィリーズはロビンソンが出場するならドジャースとの対戦を拒否すると通告。ドジャース所属選手の多くも入団拒否の嘆願書に署名していた。

対しリッキーは事を首謀した選手を事務所に呼び、もし嘆願書を破棄しなければ解雇する旨を伝えるなど毅然とした態度で臨む。また、監督のレオ・ドローチャーも「自分は選手の肌が黄色であろうと黒であろうと構わない。自分はこのチームの監督である。優秀な選手であれば使う。もし自分に反対する者がいたら、チームを出ていってほしい」と語り、実際にチームを移籍する選手もいたそうだ。

1947年4月15日、ドジャース本拠地エベッツ・フィールドで行われたシーズン開幕戦でロビンソンはメジャーデビューを果たす。この日、球場を訪れた観客は約2万7千人。そのうち半数以上の約1万4千人はロビンソン目当ての黒人だった。

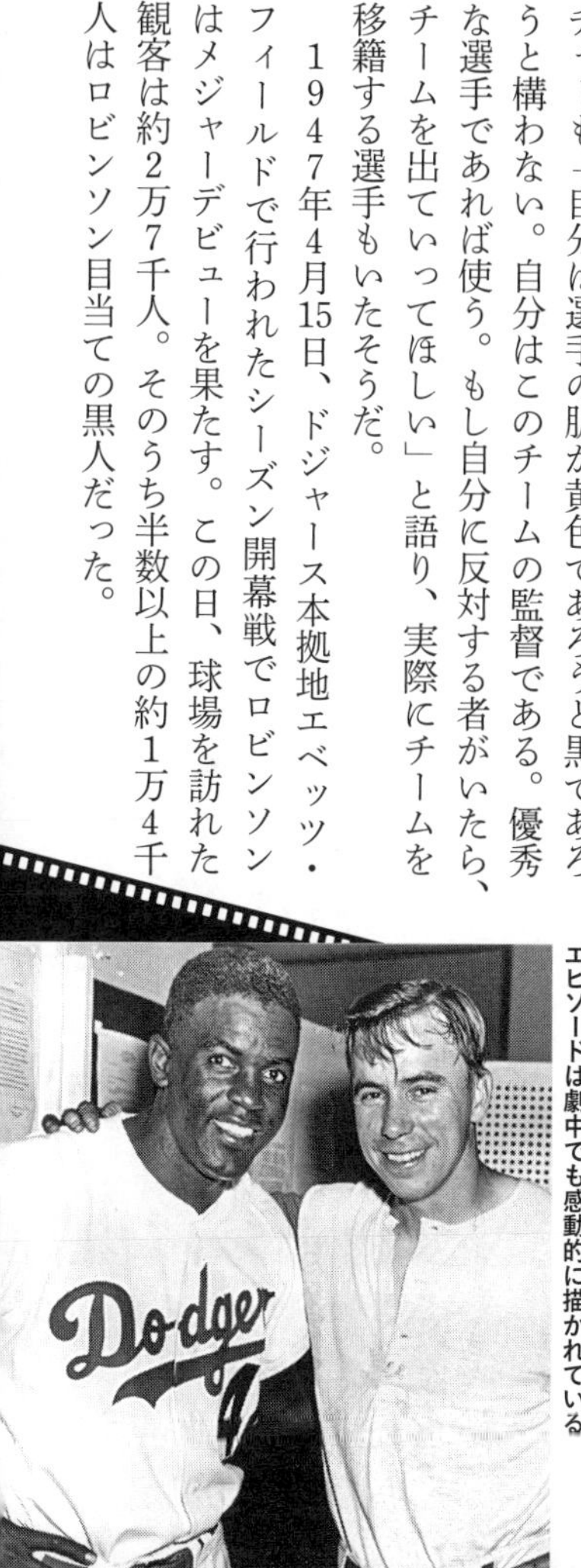

激しい非難にさらされながらもじっと耐え抜くロビンソンに、ドジャースのチームメイトもしだいに心を許していくようになるが、中でもチームキャプテンのピー・ウィー・リースは最も良き理解者だった（右が本人）。遠征先での試合中、ロビンソンと肩を組み批判を封じ込めたエピソードは劇中でも感動的に描かれている

デビュー1年目、ロビンソンには想像以上の試練が待っていた。観客からグラウンドに黒い犬を放り込まれたり、敵チームや観客から「ジャングルで仲間が待ってるぞ」と野次られるなど容赦ない攻撃を受ける（特に人種隔離が浸透していた南部での試合が酷かった）。が、彼はリッキーとの約束を守り通し、1947年シーズンを打率2割9分7厘、12本塁打、48打点、29盗塁でチームの優勝に貢献、同年より制定された新人王を受賞するのだ。

以後、彼はメジャーで通算10年間プレイする。その間、ずっと沈黙を貫き通したわけではない。もともとロビンソンは気性の荒い人物。最初の2シーズンこそ大人しくしていたものの、3年目からは「俺に激しくぶつかってくるなら容赦なくやり返す」など、挑発的な言葉を口にするようになる。その言動はしばしば批判の対象となったが、ロビンソンは実績でそれを封じ込めた。10年間の通算打率3割1分1厘（首位打者1回）、MVP1回、盗塁王2回、オールスター出場6回。1955年はヤンキースを破り、ドジャース球団史上初のワールドシリーズ制覇にも貢献している（もっとも個人記録は打率2割5分6厘、8本塁打、36打点と自己最低の成績で、翌1956年のシーズン終了後に引退）。

人種差別撤廃にいち早く乗り出した野球界の期待に見事応えたロビンソン。このパイオニアの活躍があったからこそ、後のハンク・アーロン（通算本塁打755本）もバリー・

キング牧師、マルコムXにも多大な影響を

ボンズ（同762本。MLB歴代記録1位）も存在しえたし、バスケットボール（NBA）やアメリカンフットボール（NFL）など他スポーツでの黒人選手起用が始まった。

さらに重要なのは、ロビンソンの存在・活躍が、公民権運動に携わる多くの人々に勇気を与えたという事実。穏健派のキング牧師も過激派のマルコムXもロビンソンのファンで、彼から影響を受けているのは有名な話だ。

野球史はもちろん、黒人の歴史にも大きな功績を残したロビンソンは1972年6月、彼のメジャーリーグ入り25周年を記念した式典のため、ロサンゼルスのドジャー・スタジアムを訪れた。引退後に発症した糖尿病が進行し、右目はほぼ失明状態。歩くこともままならなかったそうだ。ロビンソンが心臓発作で息を引き取るのは、その4ヶ月後の10月24日。53年間の短き生涯だった。

引退から6年後の1962年1月、野球殿堂入り。写真はロビンソンを挟んで妻のレイチェル(右)とリッキー元GM

2004年、MLBはロビンソンがデビューした4月15日を「ジャッキー・ロビンソン・デー」と制定。以後、毎年この日は、選手、スタッフ全員が背番号42(全球団で永久欠番)のついたユニフォームを着用することを義務づけた

ハーヴェイ・ミルク本人。ゲイ・コミュニティのみならず
マイノリティ社会全体のシンボル的存在だった

ミルク

ゲイ社会の殉教者 ハーヴェイ・ミルク その生と死

名優ショーン・ペンが2008年度のアカデミー主演男優賞に輝いた「ミルク」は、1970年代、自らゲイであることを公表してサンフランシスコの市会議員となったハーヴェイ・ミルクの半生を、ほぼ史実どおりに描いた作品である。社会的弱者のために尽力した彼の政治家活動は、同僚議員が放った銃弾により在職2年足らずで終わりを迎える。

映画公開でその名を広く知られることになったハーヴェイ・ミルクは1930年、ニューヨークで生まれた。大学卒業後に入隊した米国海軍を名誉除隊し、その後ウォール街で証券アナリストに。1960年代はブロードウェイの芝居制作に関わる傍ら、社会デモにも数多く参加した。ちなみに、自分がゲイであることは14歳で認識していたという。

1972年、映画にも良きパートナーとして登場する恋人スコット・スミスとサンフランシスコに移り住み、ゲイタウンとして有名だったカストロ地区にカメラ屋をオープンさせる。同性愛者への差別が当たり前だったこの時代、ミルクはゲイの社会的地位確立・向上のため、持ち前の社交性、行動力で地元コミュニティのリーダーとなり市役所の交渉事などを全て担当。しだいにゲイタウンで頭角を現していく。

初めてサンフランシスコの市議選挙に立候補したのは1973年。自らゲイであることを公表しての出馬だったが落選。1975年の選挙でも勝利は得られなかったものの、年々支持者が増え、1977年、3度目の出馬でようやく初当選を果たす。ミルクの政治家としての使命は社会的不平等の改革で、同性愛者はもちろん、黒人やアジア人、高齢者、障害者、下級労働者などマイノリティな存在を支援し

ミルク

2008／アメリカ
監督：ガス・ヴァン・サント
ゲイであることを公表した人物として初めてアメリカの大都市の公職に選ばれたハーヴェイ・ミルク（享年48）の晩年8年を描いた伝記映画。ショーン・ペンがアカデミー主演男優賞に輝いた他、脚本賞も受賞。

た。中でも尽力したのが、1人の州上院議員が提出した「子供を守るため、同性愛の教師を自由に解雇できる」という条例案に対する反対闘争だ。劇中、この議員とミルクのテレビ公開討論会のシーンがあるが、ここでミルクが「世の中は異性愛者で溢れ、同性愛者は蔑まれている。なのになぜ私は同性愛者になったのか。もし教師が社会の手本となる存在なら、街は聖職者で溢れかえっているはずではないか」と熱弁をふるい会場を沸かしたのは、事実のとおりである。

結局、条例案はカリフォルニア州の住民投票で否決。ミルクは、沸き返るカストロ地区の人々と勝利の美酒に酔いしれたが、その命は約半月後、無残にも奪われることになる。

恋人スコット（左）とサンフランシスコのゲイタウンにカメラ屋をオープンさせた当時の1枚

映画でミルクが自分の言葉をテープに録音する場面がたびたび出てくるが、彼は以前から暗殺の危険を察知しており、自らの半生や活動を音声テープに残していた。

死の予感は１９７８年11月27日、的中する。ミルクと同じ選挙で市議に当選したダン・ホワイトなる人物が、市庁舎内で市長とミルクを銃で撃ち殺したのだ。

　ホワイトは、前記の条例が否決された4日後に市議を辞任していた。正義感ばかりが強い融通の利かない頭でっかちな人物で、市議会の空気になじめず重圧に潰されていたが、支持者の助言で数日後には辞任を撤回。市長もいったんは復帰を認めるものの、市の法務官は撤回不可能の判断を下し、彼の望みは絶たれる。犯行はその恨みによるものだった。

　が、なぜミルクまでも殺されたのかは謎である。後のホワイトの供述によ

1978年11月7日、人権無視の条例案を否決に持ち込み雄叫びを上げるミルク。暗殺事件はこの20日後に起きた

犯人は5年で釈放後、自殺

ミルクと市長を銃殺したダン・ホワイト元市議（左）。写真は警察に拘束されたときの様子。ホワイトは5年で釈放され、その1年後の1985年、妻の家のガレージで自ら車の排気ガスを吸い込み命を絶った

れば、彼とミルクは以前からよく話をする間柄で、この日、市長を殺した後、市庁舎のミルクの部屋を訪ねたところ、ミルクが薄笑いを浮かべながら「残念だったね」と口にしたため、頭に血が上り思わず引き金を引いたのだという。

何とも身勝手極まりない言い分だが、裁判で下された判決は懲役7年8月の禁固刑。当日、ホワイトが極めて深刻な鬱状態にあったとする弁護側の主張が認められ、刑が大幅に軽減されたのだ。このあまりに不当な評決にゲイ・コミュニティは怒り狂い、市庁

舎周辺で暴動が勃発。１６０人以上の負傷者を出す。弁護側が意図的に、陪審員から〝同性愛に賛成的な人々〟を排除していたことも大きな怒りを買った。

いずれにせよ、ミルクの命は戻らない。死後、ミルクはゲイ・コミュニティとゲイの権利運動の殉教者とみなされ、通りや学校などにその名が刻まれ、１９９９年「タイム誌が選ぶ20世紀の英雄・象徴的人物１００人」の１人に選出された。

軽すぎる判決に人々の怒りが爆発。騒ぎは後に「ホワイト・ナイトの暴動」と呼ばれた

ソハ役ロベルト・ヴィエツキーヴィッチ（右）の演技が高く評価された。
映画「ソハの地下水道」より

ソハの地下水道

FILMS

元銀行強盗の下水道労働者レオポルド・ソハが戦時下でユダヤ人を匿い続けた理由

第二次世界大戦下、我が身の危険を顧みずユダヤ人をホロコーストから救った人物といえば、映画「シンドラーのリスト」のオスカー・シンドラーや、日本人の杉原千畝（すぎはらちうね）がよく知られているが、2011年の映画「ソハの地下水道」で取り上げられたレオポルド・ソハもその1人。本作は、ナチスの迫害から逃れ生き延びようと地下水道へ身を潜めたユダヤ人グループのため、わずかな見返りで食糧を運び、命がけで彼らを守り続けた実在の下水道労働者ソハの姿を描いた傑作である。

1909年、ソハは映画の舞台となったポーランドのルヴフ（現在のウクライナ・リヴィウ）という町で生まれた。家庭は貧しく、幼少期から路上暮らしを余儀なくされ、10歳を迎える頃にはすでに盗みで食いつなぐ日々。成長するにつれ悪事はエスカレートし、銀行強盗で新聞に顔と名前が載ったこともあったという。

やがてマグダレナという女性と結婚し女の子の父親になると、下水道労働者としてルヴフの町の下に広がる下水道の定期的な整備点検の仕事に就く。

ナチス・ドイツがポーランドに侵攻した1939年以降、町の外へ通じるこの下水道はユダヤ人にとって貴重な脱出路の役割を担っていた。が、出口にたどり着いたところで待ち構えていたドイツ兵にことごとく撃ち殺されてしまう。そこで、一部のユダヤ人たちは下水道を「逃げ道」ではなく「隠れ場所」と考えた。地上にもはやナチスの監視から逃れられる場所は残っていなかった。

1943年、ソハはパトロール中、下水道でユダヤ人たちに出くわす。アパートの一室

ソハの地下水道

2011／ポーランド・ドイツ・カナダ
監督：アニエスカ・ホランド
第二次世界大戦時、ナチス・ドイツが支配するポーランドでユダヤ人を地下水道に匿ったレオポルド・ソハの実話を映画化。英雄の出てこない「シンドラーのリスト」とも評される。

から縦穴を掘り地下へと降りてきた人々だった。彼らをドイツ軍に売れば金になるが、狡猾なソハは地下に匿ってやる代わりに、より多くの金を得ようと考える。

ソハと主だって交渉したのは、イグナツィ・チジェ（劇中ではヒゲル）という元資産家だった。前金を差し出し、家族とここにいるごく少数の仲間が生き延びるために力を貸してほしいと懇願。ソハは妻マグダレナにも協力を仰ぎ、毎日受け取る金の中から食糧を調達し、地下に届ける。

しかし、噂を聞きつけた他のユダヤ人が押しかけ、最初に避難場所として見繕った所はたちまち１００人以上に。そこで、もともと約束していたメンバーと、彼らに選ばれたメンバーとを合わせた21人が、ソハの支援を受ける代わりに別の場所に移動することとなる。人数を絞っても、極限状態での生活は変わらない。しだいに彼らの間で不協和音が響き、地上へ逃げ出そうとする者が出始めた。が、その大半は川の流れに巻き込まれるか、ドイツ兵に捕らえられて銃殺。地下に安全な場所を確保した時点でユダヤ人は10人余りになっていた。

ドイツ軍の目を欺き、ユダヤ人を匿うのは並大抵のことではなかった。見つかれば処刑

レオポルド・ソハ本人

上／地下水道に身を隠したのは、ポーランド内の収容所としては三番目に大きかった「ルヴフ・ゲットー」から逃げてきたユダヤ人も多かった。下／映画は、暗闇のなか臭気漂う地下水道の劣悪な環境を見事に再現している。映画「ソハの地下水道」より

は間違いなし。ソハは極度の精神的な重圧に押しつぶされそうになりながら、それでも彼らを支え続ける。

真冬にストーブを使った熱でそこだけ地表の温度が上がった際は、訝しむ町の人々に対し地下のガス管のせいだと嘘をつき、ユダヤ人たちの資金が底をつけば、自らのわずかな蓄えから食糧を用意した。

ソハは自分でも気づかぬうち、ユダヤ人たちを守り抜くことに己の使命を見出していたようだ。犯罪に染まった過去を恥じ、彼らを救うことができれば自分の過ちも許されるのではないか。それは己の命を賭しても変わらない強固な信念になっていた。

下水道での生活は14ヶ月続き、1944年7月、ソビエト軍がドイツ軍を退けると、ようやくユダヤ人たちが地上に上がるときが訪れる。生き延びたのはわずか10人だった。

その後、第二次世界大戦が終わっても、民族が複雑に入り乱れるこの地になかなか平穏は訪れなかった。ソビエトの影響下にあるウクライナ領となったルヴフでは、ポーランド人にとっても生きづらく、ソハは西の国境付近まで逃げるように引っ越した。生き残ったユダヤ人たちも、それぞれの家族がばらばらに安全な地域を目指して西へ向かった。

劇中、地下生活が数ヶ月に及び、鬱状態に陥った女の子に、ソハがマンホールを開け地上の景色を見せてやるシーン（102ページ参照）があるが、彼女はソハの庇護によって生き延びたチジェ一家の長女クリスティーナで、戦後、家族とともにルヴフを離れ名前を

ソハと地上を覗いた少女クリスティーナは現在も存命

生きて地下水道を出たチジェー一家。左から長男パヴェル（1976年、交通事故により39歳で死去）、父親イグナツィ（1975年死去）、長女クリスティーナ（2021年6月現在、米ニューヨーク州で存命）、母親パウリナ（2001年死去）

変えて生活し、１９５６年にイスラエルへ亡命。その後、歯科医となり別のユダヤ人男性生存者と結婚し、両親、弟とともにアメリカに移住。２００８年、回想録『緑のセーターの少女：ホロコーストの影の生活』を出版した。

そして、物語の主人公ソハは１９４６年５月、暴走するソビエト軍のトラックから愛娘（まなむすめ）を守り36歳の若さで死亡。その葬儀には多くのユダヤ人が駆けつけたという。

１９７８年、ヤド・ヴァシェム（ホロコーストの犠牲者たちを追悼するためのイスラエルの国立記念館）は、ナチス・ドイツによるユダヤ人絶滅政策から自らの生命の危険を冒してまでユダヤ人を守った非ユダヤ人の人々を表彰する「諸国民の中の正義の人」の称号を、ソハと妻のマグダレナに贈っている。

A TRUE STORY FROM THE MAJOR MOTION PICTURE *IN DARKNESS*
A SONY PICTURES CLASSICS RELEASE
THE GIRL IN THE GREEN SWEATER
A LIFE IN HOLOCAUST'S SHADOW
KRYSTYNA CHIGER WITH DANIEL PAISNER

クリスティーナが２００８年に出版した回想録『緑のセーターの少女：ホロコーストの影の生活』。写真は映画公開時に合わせ作られた表紙改訂版

カポネ摘発に執念を燃やしていた20代後半のエリオット・ネス本人

アンタッチャブル

“アル・カポネ逮捕の立役者”捜査官エリオット・ネスの偽りのヒーロー像

アメリカ禁酒法時代の１９２０年代後半、酒の密造・密売で巨万の富を築き上げたマフィアの大ボス、アル・カポネ。この暗黒街の帝王を逮捕に追い込んだとされるのが、当時の財務省執行官、エリオット・ネスだ。彼が率いる捜査チームは、カポネからの賄賂に一切、手を付けなかったことから「アンタッチャブル」（手出しできない奴ら）と呼ばれ、ケビン・コスナーが主役を演じた同名の映画でも、ネスは正義感と行動力に溢れたスーパーヒーローとして扱われている。

しかし、映画で描かれたネスは、その実像とは大きくかけ離れている。ネスの活躍は、晩年多額の借金に苦しんだ彼が、自叙伝をドラマチックに仕上げるためライターに捏造させたフィクションなのだ。

映画「アンタッチャブル」は、ネスをリーダーとした捜査チームがカポネ逮捕のために尽力したという以外、大半が創作と言っていい。

ネスがシカゴ大学で犯罪学の修士を取り財務省に入った１９２７年、カポネはシカゴで絶対的な権力を手にしていた。一般市民はもちろん、警察、判事、議員、市長までもが賄

アンタッチャブル

1987／アメリカ　監督：ブライアン・デ・パルマ
禁酒法時代のシカゴを舞台に、暗黒街の顔役、アル・カポネを逮捕しようとする、アメリカ財務省捜査官たちのチーム「アンタッチャブル」の闘いの日々を描く。主人公ネスを助ける老警官役のショーン・コネリーが1987年度のアカデミー助演男優賞を受賞。

劇中で活躍するアンタッチャブルのメンバー。
右から2人目がネスを演じたケビン・コスナー。映画「アンタッチャブル」より

略によって牛耳られていたのだ。

連邦政府はカポネを〝国家の敵No.1〟と位置づけ、大統領の命令を受けた財務長官アンドリュー・メロンがカポネ摘発の任に就く。メロンは、所得税法違反と禁酒法違反の2つのルートでカポネを挙げようと考え、禁酒法チームの捜査主任にネスを任命する。入省したての26歳の新人が大役に抜擢されたのは、もちろんネス本人が優秀だったこともあるが、もともとメロンは脱税での摘発が本命で、その捜査をカポネに気づかれないよう、清廉潔白で目立ちたがり屋のネスを囮（おとり）に使ったというのが真相らしい。
期待どおり、ネスは全力で職務をこなす。賄賂は受け取らず、電話盗聴で得た情報からカポネ傘下の酒造所を摘発、新聞に大きく取り上げられる（ネス自身がマスコミにリークしたらしい）。が、映画のように銃撃戦を交わしたり、仲間が殺されたという事実は一切ない。捜査メンバーも劇中ではネスを含めて4人だが、実際は財務省が任命した11人の役人だった。

一方、脱税チームは3年間ひたすら帳簿と格闘し、ついにカジノの帳簿係を逮捕。彼に裁判での証言を約束させたうえで、1931年6月、カポネを起訴する（映画では、脱税での立件もネスが主導しているが、事実ではない）。自分が追いかけていた禁酒法違反容

右がアル・カポネ本人。劇中ではロバート・デ・ニーロが演じた

疑での立件を見送られたネスはひどく落胆したが、それでも5週間、法廷での審理を見守った。ちなみに、ネスが生のカポネを目にしたのはこのときが初めてだ。

判決は懲役11年。脱税班の地道な努力が実った結果である。が、なぜかメロンは記者会見で〝ネスのお手柄〟と絶賛。全米の新聞が賄賂を拒絶してカポネと闘った「アンタッチャブル」の記事を掲載した。メロンは他のギャングもカポネと同様、脱税での立件を考えており、捜査の詳細を隠すため、ここでもネスを囮に使ったようだ。

いずれにしろ、ネスは〝カポネ逮捕の立役者〟として時の人となり、その後、酒類取締局の首席捜査官に就任。禁酒法廃止後はクリーブランドの公共治安本部長の任に就くが、１９４２年に飲酒運転による当て逃げ事故を起こしたことで、職を辞任。晩年は警備会社の会長職に就いていた。ちなみに、映画でのネスは妻子ある人物に描かれているが、現実に彼が家族を持ったのはカポネが逮捕されて以降の話。その後、2度の離婚を経験している。

１９５６年、仕事を失い借金に追われる暮らしを余儀なくされていたネスは、金の返済のため、UPI通信のスポーツライターに本を書かせる。暗黒街の顔役、アル・カポネを摘発したヒーロー捜査官という、世間に広まった偽りの自伝である。果たして『ザ・アンタッチャブル』と名付けられた彼の自伝はベストセラーとなるのだが、ネスは本の現物を見ることなく、出版直前の１９５７年5月、心臓発作でこの世を去った。享年54。

借金返済のため、自叙伝をドラマチックに捏造

カポネが世を去った1947年当時のエリオット・ネス。クリーブランド市長選に立候補したが、落選。生涯を通じて重度のアルコール依存症だったため、世間の支持を得ることができなかったと言われている

ビューティフル・マインド

ジョン・ナッシュ本人

映画とはまるで違う ノーベル賞受賞の天才数学者 ジョン・ナッシュの複雑怪奇な素顔

ラッセル・クロウ主演の「ビューティフル・マインド」は、精神病に侵された実在の数学者ジョン・ナッシュ（1928年生）が、献身的な妻に支えられノーベル賞を受賞するまでを描いた愛と感動の物語だ。

映画は絶賛されアカデミー賞の4部門に輝いたが、その一方で、内容と事実があまりに異なるとして様々な批判が噴出した。本物のナッシュは傲慢で冷酷な反ユダヤ主義者で、さらにはバイセクシャルだった。そんな彼の一面は劇中に一切出てこない。

大学時代のルームメイトとの友情、国防総省に依頼された極秘任務など、映画は前半、ナッシュの幻覚で占められている。本作の大きなキーワードとなる「統合失調症」。いったいなぜ、ナッシュはこの病気にかかったのか。

幼い頃から頭脳明晰で、1948年に名門プリンストン大学の博士課程に進学。ナッシュはここで、後にノーベル賞受賞の対象となる応用数学の一分野「ゲーム理論」の研究に没頭する。ナッシュが天才であることは間違いないが、そのことを本人がいちばん鼻にかけていた。他人に対しては傲慢な態度を取るのが常で、ひとたびライ

ビューティフル・マインド

2001／アメリカ
監督：ロン・ハワード
1994年、ノーベル経済学賞を受賞した数学者ジョン・ナッシュの半生を描く。アカデミー賞では作品賞、監督賞、助演女優賞、脚色賞を受賞。

ナッシュを演じたラッセル・クロウ(左)。妻役のジェニファー・コネリーはアカデミー助演女優賞を受賞。映画「ビューティフル・マインド」より

バルの研究員が現れると、相手に「ユダヤ小僧」と差別用語を並べた嫌がらせの手紙を送りつけたこともあったという。

私生活においては、マサチューセッツ工科大学（以下ＭＩＴ）の教員だった１９５３年、当時の恋人女性に子供を産ませたが、自分の教え子アリシアと付き合うために彼女を捨て、子供の扶養義務も一切放棄した。女性に奥手で純情な男として描かれる劇中のナッシュからは想像もできない冷酷ぶりだ。

その一方、彼は男性も性の対象とするバイセクシャルだった。ＭＩＴの構内では恋人男性とキスする姿が毎日のように目撃され、１９５０年代半ばにはサンタモニカの公衆トイレで性器を出して男を誘ったことで、警察に逮捕されている。統合失調症の

罹患は、この一件がキッカケと言われるが、映画はこうしたナッシュのダークな部分には全く触れていない。

１９５７年にアリシアと結婚。１９５９年には男の子を授かる。しかしこの頃、数学界最大の難問と言われるリーマン予想の証明に専心し、その困難さによるストレスが、さらに彼の精神を蝕んでいく。妄想、奇妙な言動。周囲が混乱するなか、同年4月、ついに病院の検診で正式に統合失調症の診断が下る。研究者として絶頂期にあった30歳のときだった。

この後、ナッシュはＭＩＴの職員を退職し、ヨーロッパとアメリカへ放浪の旅に出る。栄光から絶望への転落だった。そんな彼を受け入れたのが母校プリンストン大学

新婚時代に撮られた
若きナッシュと、妻アリシア本人

だ。人間として大きな問題を抱えながらも秀でた才能を持つ彼に、講師のポストをあてがったのだ。

１９６０年、こうしてナッシュは数学の研究者として復職を果たすが、病状は一向に改善せず、その後、10年間にわたり入退院を繰り返す。この間、劇中では妻アリシアが献身的に彼を支えていることになっているが、実際は１９６３年に離婚。原因はナッシュが愛人男性と浮気したという、呆れかえるものだった。

アリシアと別れた後は7年間、実の母親や妹に面倒を看てもらいながら大学に通っていたが、回復の兆しが見え始めた１９７０年、アリシアが夫ではなく同居人としてナッシュを引き取り、再び闘病生活を支えるようになる（2人は２００１年に再婚）。その後、症状は年を追うごとに改善し、１９８０年代後半には、問題なく日常生活を送れるまでに快復した。

そして映画のラストで描かれる１９９４年のノーベル賞受賞。これは、ラインハルト・ゼルテン、ジョン・ハーサニとともにゲーム理論に関して大きな功績を残したとしてノーベル経済学賞を受けたものだが、過去の病気が理由でナッシュに対する表彰には反対意見も多く、通常は全会一致が原則の委員会において、ぎりぎりの投票結果で受賞が決まったという。

ノーベル賞受賞後、ナッシュは多くの講演会をこなしつつプリンストン大学で数学の研

“愛人男性”との浮気が原因で妻アリシアと離婚するも、7年後に再び同居生活を始め映画公開の2001年に再婚

究を続け、2015年5月には「リーマン多様体の埋め込み問題に関する功績」によりアーベル賞を受賞した。が、オスロで行われた授賞式からの帰路、妻と乗っていたタクシーが事故を起こし、夫婦共々車外に投げ出され死亡。ナッシュは86歳、アリシアは82歳だった。

1994年、ストックホルムで開催されたノーベル賞の授賞式に出席したナッシュとアリシア。2015年、交通事故により夫婦ともに死去

イミテーション・ゲーム

エニグマと天才数学者の秘密

アラン・チューリング本人。エニグマ解読以外にも、コンピュータ誕生の礎となる仮想計算機を開発したことでも知られる

第二次世界大戦を終結に導いた英雄 アラン・チューリングの あまりに哀れな末路

アラン・チューリング。2014年のアメリカ映画「イミテーション・ゲーム」でその名を全世界で知られることになった彼は、第二次世界大戦時、ナチス・ドイツの暗号機〝エニグマ〟の解読に成功、連合国を勝利に導き、結果的に1千万人以上の命を救い、戦争終結を2年早めたと言われる世界の英雄である。しかし、この功績は、国家の機密事項として一切なきものとされたばかりか、戦後、チューリングは同性愛者として逮捕され、わずか41歳で自ら命を絶った。生きている間、決して世間から認められることなく絶望の中で死を選んだ天才の末路は、あまりに悲劇的である。

1912年、英ロンドンで生まれたチューリングは、幼少期から数学に人並み外れた才能を発揮。1926年、地元でも有名なパブリックスクール（私立の中等教育学校）に入る。ここで彼は親友のクリストファー・マルコムに恋をする。自分が同性愛者であることは、幼い頃から自覚していた。が、クリストファーは最終学期中の1930年、18歳で死亡する。牛結核症が原因だった。1935年、ケンブリッジ大学を優秀な成績で卒業後、特別研究員に。1939年、第

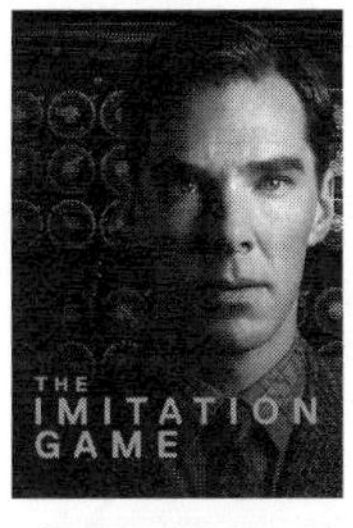

イミテーション・ゲーム
エニグマと天才数学者の秘密

2014／アメリカ
監督：モルテン・ティルドゥム
第二次世界大戦時、ナチス・ドイツが世界に誇った暗号機“エニグマ”の解読に成功し、連合国に勝利をもたらした実在の数学者アラン・チューリングの人生を描いた人間ドラマ。

15歳のチューリング（右）と、彼が恋したクリストファー

二次世界大戦が始まると、その類い稀な才能を買われ、ブレッチリー・パークにある政府暗号学校でエニグマの解読に従事。見事にミッションを果たす。このシーン、映画では、ドイツの暗号文の最後が毎回「ハイル・ヒトラー」で終わることに気づいたことが解読の突破口になったとしてドラマチックに描かれる。が、実際は「天気」という単語を何度も繰り返すエニグマの運用ミスと、チューリングが開発した〝機械的弱点を突いて初期設定を逆算する装置〟を組み合わせ、解読に成功したという。

政府は、この事実を機密扱いとする。ドイツに知られ、エニグマの設定を変えられたら元も子もない。が、イギリスがその後1970年代までエニグマ解読成功を隠し通したのは、映画では描かれない別の理由がある。

劇中でキーラ・ナイトレイ（左）が演じた、チューリングの同僚で元婚約者のジョーン・クラーク。2人の交流はチューリングの死のときまで続いた

第二次世界大戦が終わると、東西冷戦の時代が始まった。当然、暗号解読技術はトップシークレットだ。さらに、あろうことか、イギリス政府は旧植民地の英連邦の国々に「絶対に解読できない暗号作成装置」とエニグマを配っていた。チューリングの業績を公表できるはずがなかったのである。ちなみに、秘匿を強いられたのはチューリングだけではなく、ブレッチリーに勤めていた全員が対象で、彼らは戦後「戦時中はどこかに逃げていた卑怯者」扱いされ、職を失った人も多数いたという。

戦後、チューリングはマンチェスター大学に招かれ、数学科の助教授として教鞭を執る。が、その暮らしは決して穏やかなものではなかった。これも劇中では描かれないが、政府は、彼を危険視していた。暗号解読の天才がソ連に誘拐されでもしたら一大事である。チューリングは、常に監視されていた。

そして、映画の冒頭でも描かれる泥棒騒ぎが起きる。１９５２年1月、チューリングはマンチェスターの映画館で出会った19歳の青年マレーと一夜を共にする。まもなく、チューリングの自宅に泥棒が入り、彼は警察に通報。その捜査過程で、泥棒の手引きをしたマレーとチューリングが同性愛の関係にあることが発覚する。信じがたいが、当時のイギリスでは同性愛は違法だった。逮捕されたチューリングは裁判で有罪となり、入獄か、化学的去勢を条件とした保護観察かを迫られ、後者を選択。当時、性欲を抑えると考えられていた女性ホルモン注射の投与を受け入れる。

チューリングが、青酸カリが塗られたリンゴをかじって自殺するのは、それから2年後の１９５４年6月7日。その死は、新聞でごく小さな扱いで報じられただけだった。

２０１３年12月、英国政府はチューリングに〝恩赦〟を与え、キャメロン首相が彼の業績を讃える声明を発表した。墓に眠るチューリングがこれを知ったら何を思うのだろう。

戦後、チューリングは
功績を讃えられるどころか
「戦時中はどこかに
逃げていた卑怯者」扱いに

チューリング役のベネディクト・カンバーバッチ。
映画「イミテーション・ゲーム／エグニマと天才数学者の秘密」より　

映画「ザ・ウォーク」より

第2章 挑戦

バート・マンロー本人

世界最速のインディアン

62歳でオートバイ史上
最速記録を更新した
伝説のライダー、バート・マンロー

アンソニー・ホプキンス主演の「世界最速のインディアン」は、60歳を越えてからオートバイの世界最速記録を次々に塗り替えた実在のライダー、バート・マンローの挑戦を描いた人間ドラマだ。マンローの決してブレることのないその生き様は、夢を追い求める大切さを雄弁に語っている。

劇中では「1960年代」としか示されないが、本作は、マンローが62歳の1962年、故郷ニュージーランドから北米に旅立ち、モータースポーツの世界大会で新記録を達成するまでを描いている。映画が多くの時間を割く、マンローがロサンゼルスから大会現地に到着する間に起こる出来事はほぼ脚色。彼の半生はほとんど描かれていない。

バート・マンローは1899年、ニュージーランドの片田舎に双子で生まれた。双子の1人は出生と同時に死亡、彼も2歳まで生きられないだろうと医師から告げられたという。初めてオートバイを購入したのが16歳のとき。地元のレースに出場して速度記録を塗り替え、21歳で生涯のパートナー、インディアン社のバイク「スカウト」（一般には「インディアン」と呼ばれる）に出会う。その後、27歳で結婚してオーストラリアに移住。子

世界最速のインディアン

2005／ニュージーランド・アメリカ
監督：ロジャー・ドナルドソン
モータースポーツの世界で伝説のライダーとして知られる、バート・マンローの記録への挑戦を描く感動作。

マンローを演じたアンソニー・ホプキンス。映画「世界最速のインディアン」より

供4人を授かるが、仕事もせずにバイクレースに明け暮れる生活に妻が愛想を尽かし、子供を連れ家を出ていってしまう。それでもマンローのバイク熱は冷めるどころかより積極的となり、シドニーやメルボルンのロードレースに参加。数々の新記録を打ち立てる一方、愛車の改造にも精を出す。周囲はそんな一途な男を憎めず、援助の手を差し伸べたという。

バイク漬けの日々が46年ほど経過した1962年、マンローは長年の夢に挑戦することを決意する。毎年8月、米ソルトレークシティの大平原で開催される「ボンネビル・スピードウィーク」。賞金こそ出ないが、モータースポーツの世界大会の中でも名高いこのレースに出場し、世界最速記録を出すべく動き出したのだ。

すでに60歳を越え、年金暮らしの身。狭心

1960年代、世界最速タイムを競う「ボンネビル・スピードウィーク」で、マンローはスーパースターだった

症と前立腺も患っていた。が、やるなら今しかないと覚悟を決め、ガールフレンド（劇中に登場する郵便局勤務の女性）の助言で家を抵当に入れ渡航資金を調達する。バイク改造に必要なパーツを買う金はなく、全て手作り。あまりに無謀なチャレンジに周囲の誰もが呆れかえるなか、マンローだけが本気だった。

確固たる意志をあざ笑うかのように、ソルトレーク到着後、マンローの前に様々な壁が立ちはだかる。劇中でも描かれるとおり、1ヶ月前に出場登録しなければならなかったことをマンローは知らなかった。これは主催者側の厚意で認められたものの、今度は大会の技術スタッフが、安全テストで出場資格なしと宣告してきた。半世紀近く前に製造されたマシン、でたらめな改造、62歳という年齢、持病の狭心症等々。主催者にとっては、これでレース中に事故でも起こされたら堪ったものではない。映画では、挑戦をあきらめるよう説得するスタッフに対し、マンローが完璧なテスト走行を見せることで出場を認めさせるが、実際は違う。40年以上かけてスピードを追究、長年望み続けたレースに参加するため地球の裏側からやってきたオイボレの情熱に、最終的に主催者側が折れたのだ。

そして本番。愛車「インディアン」は自力で発車できないため、数人のスタッフが両脇から押してのスタートとなった。観客はその姿を見て冷笑したが、マンローがどんどんスピードを上げ、アナウンスで記録が放送されると皆が度肝を抜かれる。850ccのエンジンで時速288キロ。当時、このクラスでの世界最速スピードだった。

以後、マンローは毎年のように記録を塗り替えていくが、特筆すべきは1967年、1000cc以下のクラスで挑んだ大会である。スタートは順調だった。が、走力が上がるにつれマシンの後ろ半分がぐらつく現象が発生。均衡を保つため体を起こしたマンローに強風が当たり、ゴーグルを引き剥がした。マンローは全く前が見えていなかったのだが、スピードは世界最速の331キロ。この記録は半世紀以上たった現在も破られていない。

マンローがこの世を去ったのは、それから11年後の、1978年1月（享年78）。アメリカ・モーターサイクリスト協会はその功績を讃え、2006年、マンローを栄誉の殿堂入りとした。

自力発車できない「インディアン」は、毎回、数人で押してエンジンをスタートさせていた

1000ccクラスの世界記録は未だ破られず！

パッドマン 5億人の女性を救った男

変態呼ばわりされながら、安価で衛生的なナプキン開発に尽力したインド人男性 ムルガナンダムの功績

FILMS

主人公を演じたアクシャイ・クマール。映画「パッドマン 5億人の女性を救った男」より

「パッドマン 5億人の女性を救った男」は、安価で衛生的な生理用ナプキンの開発に人生を捧げたインド人男性の実話を映画化したヒューマンドラマだ。妻を思う気持ちから立ち上げた事業で、奥さんだけでなく貧しいインド人女性5億人の生活を大きく変えることとなった男の半生は非常に興味深い。

映画の主人公ラクシュミのモデルは1961年、インドでも最も開発が遅れた南端タミルナードゥ州に生まれたアルナーチャラム・ムルガナ

ンダムである。

幼少期、手織りの織工だった父を交通事故で亡くし、貧困生活のなかで14歳から工作機械のオペレーターやヤムイモの販売、溶接工など様々な職に従事。1998年、37歳で妻シャンティと結婚した。

ほどなく彼は、妻が人目につかないように汚い布を洗濯し干している姿を見かける。事情を聞いても明確な返事はない。ムルガナンダムは察する。妻は、それを生理用ナプキンの代用品にしているのだ、と。映画の舞台になっている1998年当時、インドの人口は約10億人。そのうち女性はおよそ半数の5億人として、市販の生理用品を使用するのは都市部に住むわずか1割だった。値段が高く、大半の女性には手が出なかったのだ。そこで彼女らが使うのが不衛生な布や、新聞、葉っぱ。それさえ入手できず、灰や泥を使って凌ぐ人もいるというから驚きだ。

インド人の約8割が信仰しているヒンズー教には、古代から「不浄（ふじょう）」という概念が存在する。洗っても決してきれいにならないと、生理中の女性は不浄とみなされ小屋などに監禁されてしまう。映画でも生理になったシャンティ（劇中の役名はガヤトリ）が夜間だけ

パッドマン
5億人の女性を救った男

2018／インド
監督：R・バールキ
インドで、安全で安価な生理用品の普及に奔走し、“パッドマン”と呼ばれたアルナーチャラム・ムルガナンダムの実話を映画化。

“パッドマン”ことアルナーチャラム・ムルガナンダム本人（左）。
女性が持っているのが、彼が開発した機械により製造された生理用ナプキン

屋外のベンチに追いやられていたが、この「チャウパディ」なる風習が21世紀の現在もまかり通っているという。

ムルガナンダムは、妻が不衛生な布を使っているのを知ってショックを受ける。それが原因で感染症や深刻な婦人科系の病気に罹り、命を落としてしまう女性が少なくないことを知っていたからだ。妻の身を案じた彼は友人に借金し、高級品のナプキンを購入して妻に渡す。が、彼女は憤慨する。どうしてこんな高いものを買ってきたの？ なんで男のあなたがそんなことに口を出すの？

妻の言い分も理解はできた。実際、生理のたび借金するわけにはいかない。しかし、細菌が繁殖したボロ布を使えば、いつ病気になってしまうかわからないのも事実。もともと好奇心旺盛で手先が器用なムルガナンダムは、それなら自分で作ればいいのではないかと思いつく。

ムルガナンダムは、まず買ってきたナプキンを分解。中が木綿状の繊維でできているのを知ると、さっそく知り合いから清

潔な木綿を手に入れ、自作のナプキンを作製。妻に試してみてほしいと手渡した。

最初は渋っていたシャンティだったが、夫の熱意に押されて試作品を使ったところ、ただの木綿を折り畳んだだけのナプキンは、経血があっけなく通過してしまう。翌朝、着ていた服が汚れ、家族に隠れて洗濯しなくてはならなくなったシャンティは、もう余計なことはしてくれるなと夫に懇願する。

それでも、妻に安全なナプキンを使ってほしいというムルガナンダムの思いは揺らがない。時には自らの股にあてがい動物の膀胱に血を詰め漏れないか実験し、またあるときは白いズボンを真っ赤に染めて聖なる川に飛び込んだこともあった。親戚の女性たちから拒絶され、地元の医科大学の女子に彼の試作品を無料で配布した劇中エピソードも本当の話だ。しかし、奮闘する彼を村人は変態呼ばわりし、ついには母親も家を出て、最愛の妻も実家に帰ってしまう。インドでは、生

右／ムルガナンダムが生理用ナプキンの製造に身を投じたのは、最愛の妻のためだった。映画「パッドマン 5億人の女性を救った男」より
左／実際のムルガナンダム夫妻

理は口にしてはいけない禁忌（きんき）。まして男性が生理用品を研究するなど、ありえないことだったのである。

村人たちはムルガナンダムが悪霊に取り憑かれてしまったと信じ込んで鎖で木に繋ごうとまでした。そこで、彼は追放されるように村を離れ、全ての所有物を売却して資金を調達。アメリカのメーカーからの情報で、市販のナプキンに使われているのが松の樹皮の木材パルプに由来するセルロース繊維だと突き止めたのは、村を出てから2年後のことだった。

ムルガナンダムはさらに4年の月日をかけ低コストの機械を考案。通常、ナプキン製造機を輸入すれば50万ドル（現在の日本円で約５千５００万円）かかるところを、たった９１０ドル、日本円にして10万円足らずで清潔で安心なナプキン製造に成功する。

２００６年、科学技術省管轄の財団で賞を受賞し資金を得たムルガナンダムは会社を設立。複数の企業から提案される商業化のオファーを拒否し、女性の自助グループやＮＧＯに機械を提供した。実はムルガナンダムの製造装置は単純な作りで、少しの訓練で誰でも１台で１日１千５００個のナプキンを作ることが可能だった。この機械により、女性たちは自分で作った商品を使うだけでなく、雇用が生まれ、自活の道が開ける。

現在、ムルガナンダムのナプキン製造機はインドの４千５００の村で稼働。加え、アジアやアフリカなど19ヶ国、さらには化学薬品なしで作られる製品を求めるアメリカやドイ

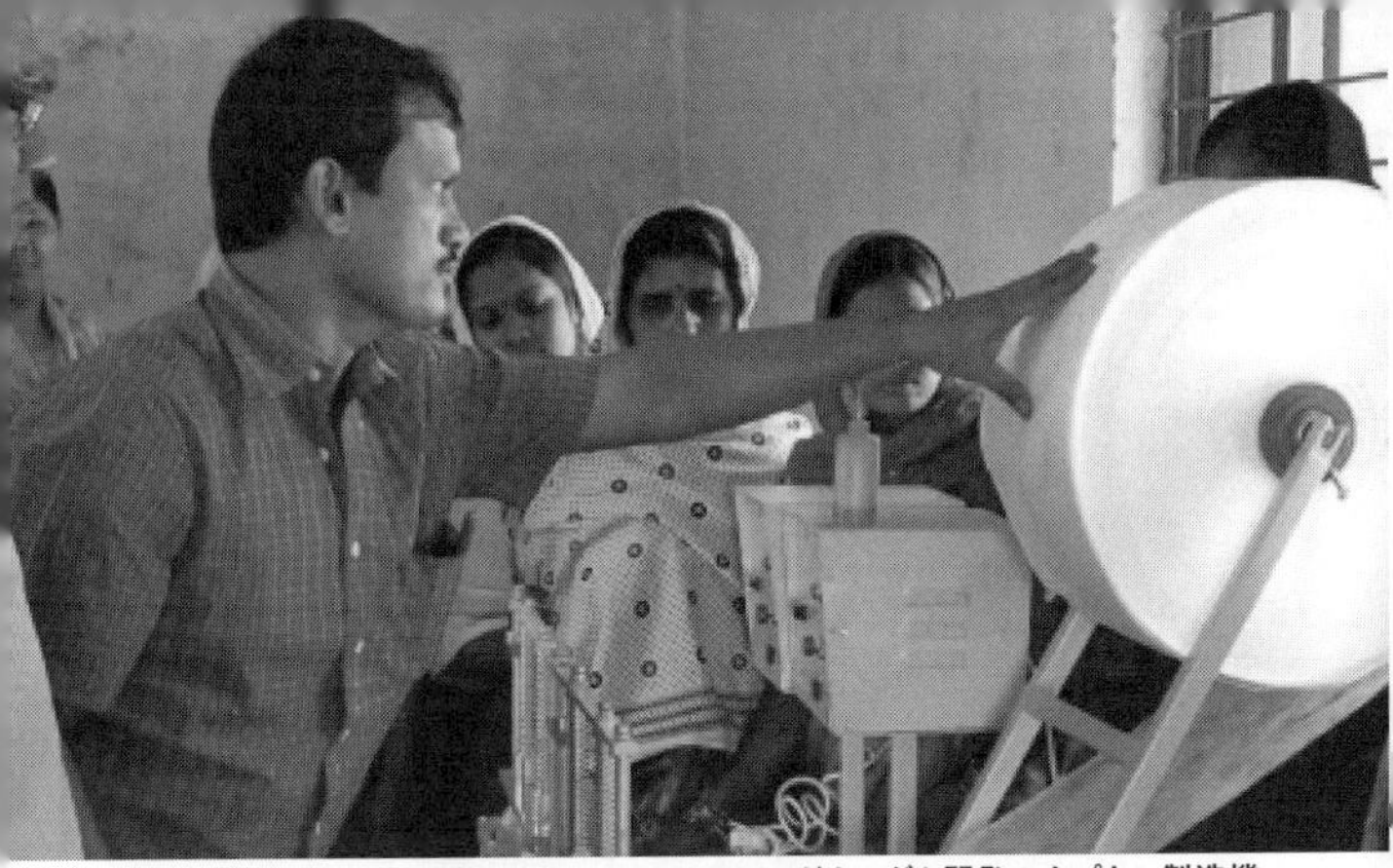

ムルガナンダム開発のナプキン製造機はわずかな訓練で誰でも操作が可能。中央の男性がムルガナンダム

ナプキンの使用率が5年間で24%から74%に上昇

ツでも使われているという。

ムルガナンダムの活動のお陰か、少女を対象にしたインド政府の2007年の調査では、生理用ナプキンを使用しているのは24%だったが、2012年には74%にまで上昇。彼の功績は世界的に認められ、2014年に米『TIME』誌の「世界で最も影響力のある100人」に選ばれ、さらに2016年、インド政府から「パドマ・シュリー勲章」を授与された。

2016年、顕著な社会貢献に対しインド政府より「パドマ・シュリー勲章」が授与された

ライトスタッフ

孤高のパイロット チャック・イェーガーと、「マーキュリー・セブン」の誇り高き挑戦

1983年の映画「ライトスタッフ」は、人類史上初めて音速の壁を破った実在の米空軍パイロット、チャック・イェーガーの孤独な闘いと、NASA（アメリカ航空宇宙局）のマーキュリー計画に宇宙飛行士として選ばれた7人の男たちの挑戦を描いたヒューマン・アドベンチャーの傑作だ。

歴史にその名を刻む彼らの足跡は映画のタイトルどおり、「ライトスタッフ」＝「正しい資質（の持ち主）」だからこそ為しえた偉業である。

映画は1947年10月14日、サム・シェパード扮する米空軍のテストパイロット、チャック・イェーガー（当時24歳）が水平飛行でマッハ1・06を記

空軍パイロットとしてマッハの世界に挑み続けたチャック・イェーガー本人

録し、人類史上初めて音速の壁を破ったシーンから始まる。これは、NACA（NASAの前身機関）の高速飛行計画に基づき実施されたもので、イェーガーが通算50回目で達成した偉業だった。

その後イェーガーは6年にわたって最高速度記録を塗り替えるが、前人未踏のマッハ2は同僚のスコット・クロスフィールドが1953年11月、先に突破。しかし、翌12月、イェーガーはマッハ2・44を記録、再び世界一を取り戻す。ちなみに、この記録達成直後、機体がきりもみ状態で急降下、あわや墜落という事態になったものの、高度8千800メートルで立て直すことに成功したのは劇中で描かれたとおりだ。

第二次世界大戦後から1950年代中盤、イェーガーはまさに米空軍の英雄だった。しかし、1957年10月4日、ソ連が人類初の人工衛星「スプートニク1号」の打ち上げに成功した（いわゆるスプートニク・ショック）ことで、時代は宇宙への挑戦に様変わりしていく。

冷戦下、アメリカは国家の威信にかけてもソ連に後れを取ることは許されなかった。1958年7月、NASAが設立され、有人宇宙飛行を主目

ライトスタッフ

1983／アメリカ　監督：フィリップ・カウフマン
1979年に出版された同名ノンフィクション小説が原作。孤高の挑戦を続ける戦闘機パイロットと、重圧に耐えながら国家の任務を遂行する宇宙飛行士7人の姿が、対比する形で描かれる。第56回アカデミー賞において作曲賞、編集賞、音響編集賞、録音賞の4部門を受賞。

厳しい選抜試験をクリアしアメリカ初の宇宙飛行士に抜擢された「マーキュリー・セブン」の面々。左からガス・グリソム、アラン・シェパード、スコット・カーペンター、ウォルター・シラー、ディーク・スレイトン（メンバー選抜後に病気が見つかり、マーキュリー計画では唯一、宇宙飛行に参加していない）、ジョン・グレン、ゴードン・クーパー

的とした国家プロジェクト「マーキュリー計画」が始動。映画も、ここからアメリカ初の宇宙飛行士7人の物語へと移行していく。

当初、NASAは、ブランコの曲芸師や車のレーサーなど、柔軟で体力のある者から宇宙飛行士を選出する予定だった。が、アイゼンハワー大統領の指示により、大学を卒業した米海軍・空軍のパイロットの中から採用することを決定。イェーガーは名実ともにナンバー1パイロットだったが、大卒資格がなかったため対象外となった（もとより、本人が志望しなかった）。

候補者69人の中から、体位変換台、ウォーキングマシン、氷水に足を長時間浸すなど様々な試験を経て、1959年4月、NASAは宇宙飛行士7人を選出する。メンバーは海軍出身3人、空軍出身3人、海兵隊出身1人。全米から熱狂をもって迎えられた30代の精鋭たちは、メディアから「マーキュリー・セブン」の愛称で呼ばれる。

2年間の厳しい訓練、チンパンジーを乗せたマーキュリー2号の打ち上げ成功を経て、いよいよ有人飛行という矢先の1961年4月12日、NASAに衝撃が走る。ソ連のユーリ・ガガーリン（同27歳）が人類初の有人宇宙飛行を成し遂げたのだ。

またもやソ連に先を越されたアメリカだが、3週間後の1961年5月5日、アラン・シェパードが有人機マーキュリー3号でアメリカ初の宇宙飛行を成功させ、以後1963年5月15日にマーキュリー9号で地球を22周したゴードン・クーパーまで、マーキュリー・セブンの面々は次々と宇宙へ旅立っていく。

映画では、2番目の飛行士で、着水に失敗したガス・グリソムのエピソードが印象的に描かれているが、これは後に彼がアポロ1号の火災事故（本書68ページ参照）で

イェーガーを演じたサム・シェパード（左）と、テクニカルアドバイザーとして制作に参加したイェーガー本人

宇宙服姿のマーキュリー・セブン。後列左からシェパード、グリソム、クーパー。前列左からシラー、スレイトン、グレン、カーペンター（1959年4月9日撮影）

メンバーの多くがアポロ計画にも参加

死亡したことに対する制作陣の敬意の表れと言われている。

こうした宇宙計画とは無縁の存在だったイェーガーは１９６２年、ＮＡＳＡと空軍のパイロットを養成する学校の校長に就任。そしてクーパーの宇宙飛行から７ヶ月後の１９６３年12月、改めて高度記録達成に挑む。映画でも劇的に描かれているようにイェーガーはこのチャレンジでトラブルに見舞われ、機を墜落させたものの、無事に生還を果たした。

彼はその後、ベトナム戦争に従軍し、１９７５年にノートン空軍基地を退役したものの、空軍およびＮＡＳＡのテストパイロットとアドバイザーは続け、映画「ライトスタッフ」にはテクニカルアドバイザーとして制作に参加し、自身もカメオ出演している（２０２０年12月、97歳で死去）。

また、マーキュリー計画はクーパーの成功の後、12号まで予定されていたが、月への着陸到達を目指す「アポロ計画」、その準備段階である「ジェミニ計画」への移行により途中で打ち切りとなった。

アメリカで最初に有人宇宙飛行を成し遂げたシェパードはその後、アポロ計画に参加。１９７１年２月、アポロ14号に船長として搭乗し、月面に降り立った５人目の人類となった。このとき彼は47歳。月面を歩いた人類としては最高齢だった（１９９８年７月に74歳で死去）。

また、マーキュリー・セブンで最後に宇宙を飛行したクーパーはジェミニ計画に参加し、１９６５年８月21日、１９０時間55分の間に地球を１２０周する飛行記録を樹立。空軍大佐を退役し、２００４年10月、心臓発作により77歳でこの世を去った。

マーキュリー計画、最後の有人宇宙飛行を成功させたゴードン・クーパーを若き日のデニス・クエイドが演じ、地球を周回する姿が感動的に描かれている。映画「ライトスタッフ」より

アタック・ナンバーハーフ

「サトリーレック」がタイ国民にもたらしたLGBTへの意識改革

2000年公開のタイ映画「アタック・ナンバーハーフ」は、実力はありながら「トランスジェンダー」（性同一性障害）であることを理由にチームに入れない男子バレーボール選手が「おなべ」（男性的な出で立ちの女性同性愛者）の監督の指導のもと、最強チームを結成。全国大会を次々勝ち進み、ついには優勝を勝ち取る、笑いあり涙ありのスポ根ムービーだ。

まるで漫画のようなこの作品、1996年のタイ国体で

劇中でトランスジェンダーの選手を演じたキャストたち。映画「アタック・ナンバーハーフ」より

優勝した男子バレーボールチームの実話が物語の基になっている。

タイはニューハーフが多い国として有名だ。首都バンコクの繁華街を歩けば、それらしき人たちを数多く見かけ、ニューハーフの世界大会まで開催されている。傍から見れば、タイはLGBT（レズ、ゲイ、バイセクシャル、トランスジェンダー）に寛容で、彼らの市民権も確立しているように思える。

ところが、実際の国民意識としては〝カトゥーイ〟と呼ばれるLGBTに対する差別意識が根強く残っている。給与面でも男＞女＞LGBTと明確に区別されており、ゲイやトランスジェンダーが高い給料を望むなら、性転換手術を受けてニューハーフになるのが手っ取り早いという。

給与面に加え、徴兵制もニューハーフが多いことに関係している。タイでは、21歳になった男性国民を対象にくじ引きで徴兵制が実施され、〝当たり〟を引いた者は2年間の軍役に就かなければならないのだ。が、ニューハーフになってしまえば軍の風紀を乱すとして徴兵制を免除されるケースが少なくないため、わざと性転換手術を受け兵役を逃れる人もいるという。

アタック・ナンバーハーフ

2000／タイ　監督：ヨンユット・トンコントーン
タイに実在したLGBTのバレーボールチーム「サトリーレック」（＝鋼鉄の淑女）が、差別や偏見を乗り越えて国体で優勝するまでを描いたスポ根ムービー。邦題は浦野千賀子の漫画『アタックNo.1』からとったもの。

実際の「サトリーレック」のメンバー

1996年、タイ北部ランパーン県の男子バレーボール代表チームから1人の選手が外された。彼がトランスジェンダーだったのがその理由である。ランパーン県など田舎の地域では、LGBTに対する偏見がことさらに強かった。

しかし、代表チームにおなべの新監督が就任したことで事態は変わる。監督は改めて選手選考を実施。その結果、前出の選手をはじめ、実力がありながら表に出られないキャバレーのショーガール、軍人やゲイらトランスジェンダーの5人と、ただ1人のストレートな男子で代表チームが編成されることになったのだ。

彼らは県大会を次々と勝ち進み、国体への出場権を獲得する。「サトリーレック」（タイ語＝鋼鉄の淑女）としてチームを取り上げるメディア。当初は冷ややかな視線を向けていたタイ国民も、しだいに彼らに声援を送るようになっていく。

　それでも、ゲイやトランスジェンダーが代表になるのは許せないとスポーツ界の幹部たちは横やりを入れてきたが、最終的に彼らはチームワークで難関を突破。見事、優勝を勝ち取るのである。

　映画は、このサトリーレックの活躍をテレビで見たヨンユット・トンコントーン監督自らの発案で、ほぼ事実に即したシナリオを作成、撮影が始まった。

　選手役には、ショーガールの役以外、ストレートの俳優がキャスティングされたため、実際の選手たちが俳優陣にバ

実際の大会の様子。
選手の活躍は会場を驚喜させた

大会後、テレビのワイドショー番組に出演した
おなべの監督（右）と選手

実際の選手がキャストに演技指導

レーボールと普段の立ち振る舞いを3ヶ月にわたって教え込んだ。

その成果は映画を観ればよくわかる。劇中、選手役の俳優たちは必要以上にチャラチャラくねくねした仕草をする。一見、過剰演出とも取れるが、エンドロールに登場する本物のサトリーレックの選手たちの映像で、それが大袈裟ではないことがわかる。映画の選手たちと、実際の彼らの立ち振る舞いは瓜二つなのだ。

聞くところによれば、公開にこぎつけるまでにも政治的な邪魔が入ったという。が、2000年3月に封切られるとタイの映画史上2位の

3億円を上回る興収を記録し、ベルリン、トロント国際映画祭では、低予算ながらLGBTを正面から描いた作品として高く評価された。

この成功がタイ国民に多大なる影響を及ぼす。バンコクの繁華街では、選手たちの出で立ちを真似て女装した「サトリーレック族」が闊歩し、あらゆるメディアを巻き込んでLGBTについて賛否両論が話し合われるなど、社会現象にまで発展。かくして「アタック・ナンバーハーフ」は、国民の意識を変えた革命的作品となったのである。

映画公開の2年後の2002年、チーム結成以前に遡った各メンバーの出会いなどを描いた「アタック・ナンバーハーフ2 全員集合！」（上）、さらに2014年、シリーズ第3弾として「アタック・ナンバーハーフ・デラックス」が制作・公開されている

オールド・ルーキー

35歳でメジャーデビューを果たしたジム・モリス投手の伝説

高校教師で野球部の監督を務めていた男が大リーグの入団テストを受け、見事に合格。35歳にしてメジャーデビューを成し遂げる——。映画「オールド・ルーキー」は、これが創作ならハナで笑われてもおかしくないベタなサクセス・ストーリーである。しかし、劇中の内容は全て実話。ジム・モリス投手の伝説は今も燦然と輝いている。

デビルレイズ（現レイズ）でリリーフ投手として活躍したジム・モリス本人

1964年1月、米テキサス州生まれのモリスは、中学時代から野球に非凡な才能を発揮し、地元ブラウンウッド高校では投打の主軸として活躍。卒業時の

1982年、ニューヨーク・ヤンキースからドラフト指名を受ける。ただし指名順位は466番目と低く、条件は契約金なしの月数百ドルの支給のみ。彼はその誘いを断り、いったん野球名門校レンジャー・ジュニア・カレッジ（短期大学）へのスポーツ入学を選択したが、翌1983年1月の追加ドラフト1巡目でミルウォーキー・ブルワーズから指名を受け、3万5千ドルで契約を交わす。

しかし、度重なる故障で1A（日本のプロ野球で言えば4軍相当）から昇格できないまま1987年に解雇。翌1988年にシカゴ・ホワイトソックスと契約するも1ヶ月でクビになってしまう。

引退後は未成年犯罪者のための矯正施設などで働き、ここで友人の紹介により妻ローリーと知り合い結婚。大学の入学課で働いていた彼女の勧めで大学に入り直し、32歳で学士号を取得する。

2人の子供に恵まれながらもかつかつの暮らしを余儀なくされていた1997年、モリスは、求人案内を介して、テキサス州のレーガン郡高校に理科の教員兼野球部のヘッドコーチ（監督）として採用される。年俸は3万2千ドル。ようやく得た安定した暮らしだった。

オールド・ルーキー

2002／アメリカ
監督：ジョン・リー・ハンコック
メジャーリーグ史上最年長の35歳でデビューしたジム・モリス投手の実話を基にした人間ドラマ。モリス自身が引退後に著した『The Rookie』が原作。

地元テキサスの高校の野球部監督として、チームを強豪校に成長させたのは劇中で描かれるとおり。右がモリスを演じたデニス・クエイド。映画「オールド・ルーキー」より

映画が始まるのは、3人目の子供が生まれてまもない1999年だ。2年間で55人にまで増えた野球部は、当初弱小だったもののモリスの指導により徐々に成績を上げ始める。

打撃練習のため、たびたび投手役を買って出ていたモリスは、その豪腕で生徒を驚愕させていた。こんな速い球を投げられるのに、なぜメジャーに行かないんだ？　チームが地区優勝をしたら、メジャーリーグのトライアウト（入団テスト）を受けたらどう？

生徒の提案をモリスは冗談と思いつつ承諾した。果たして、チームは本当に地区優勝してしまう。州のトーナメントこそ1回戦で敗退したものの、生徒との約束は守らねばならない。

同年6月、モリスはメジャーリーグ数チームによる合同トライアウトに臨む。が、映画でも描かれているように「（お前の）子供が受けに来たのか？」と

スタッフに訝しがられ、事情を話しても、70人近くの有望な若者が真剣な腕試しを行う場で、そんな〝遊び〟に付き合っている余裕はないとテスト自体を断られる始末だった。

モリスの頭には、生徒との約束を守ることしかなかった。規定の30球を投げればさっさと帰る。失笑を買うのは覚悟の上だった。

何とかマウンドに上がることを許された彼は渾身の力でキャッチャーミットめがけてボールを投げる。3球で周囲が青ざめた。スピードガンが158キロを示したのだ。モリスがそれ以前に記録した最速は145キロ。なぜ10数年を経て10キロ以上も球速が増したのかは、本人にもわからないという。

いずれにしろ、このピッチングが評価され、モリスはタンパベイ・デビルレイズ（現レイズ）と契約を交わす。安定した教職の道を捨てることに妻は当初猛反対したが、最後は夫の意志を尊重した。

2Aからスタートしたモリス第2のプロ人生はとんとん拍子に進み、3Aを経て入団からわずか3ヶ月後の同年9月1日、メジャーへ昇格を果たす。初登板は9月18日。彼の地元テキサスを本拠地とするレンジャーズとの一戦だった。試合は8回裏を迎え1対6の劣勢。2死走者無しの場面で、モリスはマウンドに上がる。球場には妻と子供3人も観戦に訪れていた。

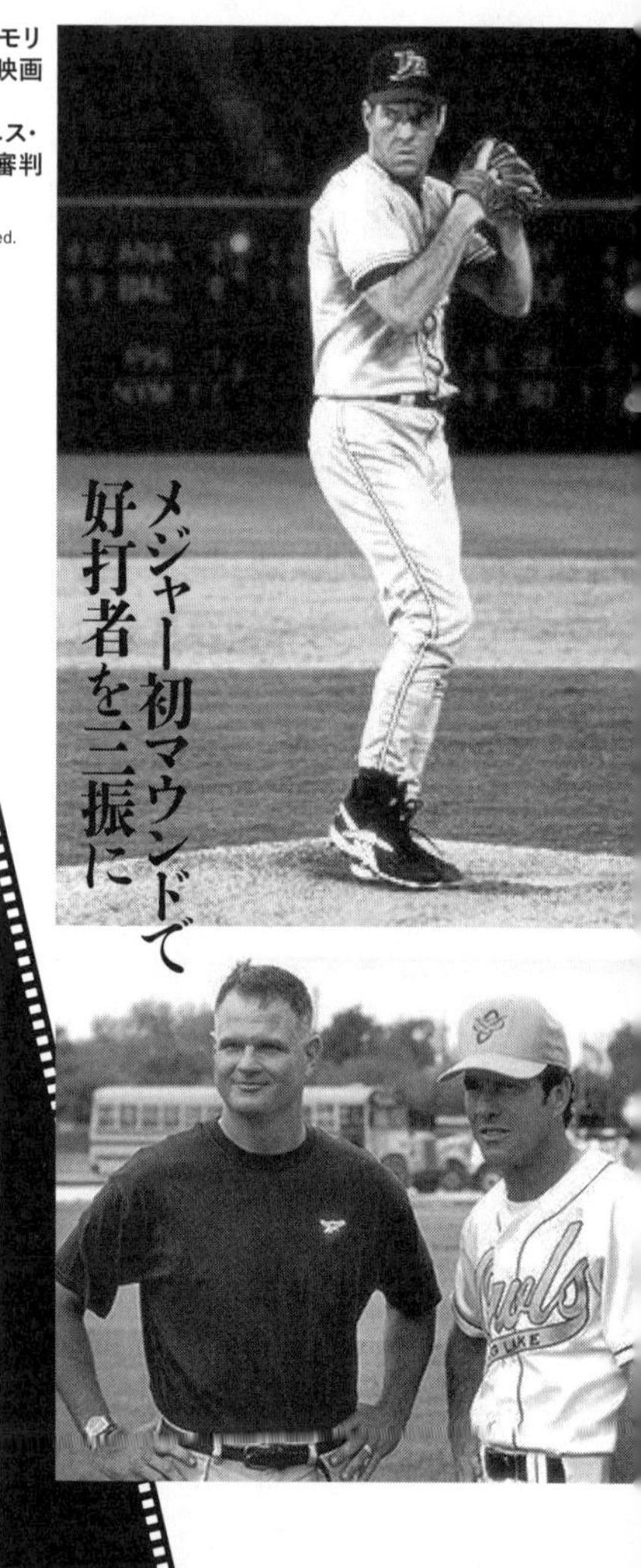

メジャー初マウンドで好打者を三振に

上／主演のデニス・クエイドは、モリスと同じ左利き、テキサス出身。映画「オールド・ルーキー」より
下／モリス(左)と、彼を演じたデニス・クエイド。映画にはモリス本人も審判役としてカメオ出演している

バッターはオールスターゲームにも出場経験のあるロイス・クレイトン（映画では撮影時ホワイトソックスに在籍していたクレイトン本人が演じている）。モリスはこの好打者を見事に三振に切って取り（劇中では3球三振だが、実際は2球空振りの後、ファウルを挟み、4球目空振り）、敵地ながら場内は大喝采に包まれる。

最年長ルーキーが最高のデビューを果たしたところで映画は終わる

が、モリスはその後、ワンポイントリリーフを中心に通算21試合に登板。最後の登板は2000年5月9日のヤンキース戦で、3対3で迎えた延長10回裏1死満塁のピンチに、ポール・オニール（オールスターに5回出場経験を持つ好打者）に押し出し四球を与え、サヨナラ負けを喫している。

2000年のシーズン終了後、デビルレイズを解雇され同年12月、ロサンゼルス・ドジャースとマイナー契約を結ぶものの、翌年の春季キャンプで結果が出せずそのまま引退。2年間のメジャーでの投球回数は15。奪三振13。防御率4・80。勝ち負け試合ともにゼロだった。

その後、モリスは故郷のテキサス州に戻り、自分の体験を著した『ザ・ルーキー』を出版、また講演会で全米を回る傍ら、貿易学校の教師としても活躍している。プライベートでは最初の妻と離婚し別の女性と再婚。現在は妻と、新たに生まれた子供と一緒に同州サン・アントニオで暮らしているそうだ。

現在は地元テキサスを拠点に、精力的に講演会を開催

カノ 1931 海の向こうの甲子園

日本統治下の台湾代表、嘉義農林が成し遂げた甲子園準優勝の快挙

甲子園出場を果たした嘉義農林学校野球部のメンバー。ユニフォームに「KANO」の通称が

1931年（昭和6年）8月、阪神甲子園球場で開催された第17回全国中等学校優勝野球大会（現・全国高等学校野球選手権大会）に嘉義農林学校（通称カノ＝嘉農。現・国立嘉義大学）が初出場した。同校は日本統治下にあった台湾の公立中学で、部員は民族混成。大会前は単なる弱小チームのひとつとしか見られていなかったが、見事に下馬評を覆し準優勝を果たす。

2014年の台湾映画「カノ 1931 海の向こうの甲子

園」は、台湾で今も語り継がれるこの実話を映画化した1本だ。

毎年、春と夏に開催される高校野球の全国大会。春は前年秋の地方大会で優秀な成績を収めた学校からの選抜、夏は47都道府県の予選で優勝を果たした高校が甲子園の土を踏む。

現在では知る人も少ないが、太平洋戦争が始まる前年の1940年まで、甲子園には日本統治下の朝鮮、満州、台湾からも代表チームが送られていた。台湾代表が甲子園にデビューしたのは1923年（大正12年）第9回夏の大会。嘉義農林は1928年の野球部創部以来、甲子園出場校を決める台湾全島野球大会に出場していたが、1勝すらあげたことがなかった。そんな弱小チームに監督として招かれたのが、映画で永瀬正敏が演じる近藤兵太郎（ひょうたろう）（1888年生）である。

劇中に詳しい説明はないが、松山商（愛媛）野球部の主将を務めた近藤は、卒業後、同校の監督に就任。1919年、初の甲子園出場でベスト8に導いた。が、両親、姉、長女の相次ぐ死にショックを受け、心機一転、台湾へ渡り嘉義商工学校の簿記教諭となる。渡台後も松山商の監督は続け、6年連続で甲子園出場。しかし、1925年の四国予選で高松商に大敗した

カノ　1931 海の向こうの甲子園

2014／台湾　監督：馬志翔
日本統治下の1931年、台湾代表として全国中等学校優勝野球大会に出場し、準優勝の快挙を果たした嘉義農林学校の実話を映画化。

監督の近藤兵太郎本人(右)と演じた永瀬正敏。映画「カノ 1931 海の向こうの甲子園」より

ことで監督を辞任、嘉義商工の簿記教諭に専念していた。

近藤の内地での活躍を耳にした嘉義農林に口説かれ、同校野球部のコーチとして選手を指導し始めたのが1929年。スパルタ式訓練でチームを鍛え上げ、1931年、監督に着任する。

当時、台湾では野球は日本のスポーツと思われており、同国の強豪チームは大半が日本人選手で編成されていた。が、近藤は民族関係なく実力ある者がレギュラーになるべきという信念のもと、守備の上手い日本人3人、打撃に強い漢人（族）2人、走りに長けた蕃人（族。先住民族）4人でチームを編成。1931年夏の台湾全島野球大会に挑む。

嘉義農林は誰も予想しなかった快進撃を続ける。大黒柱はキャプテンでエースの4番バッター、呉明捷。呉は台中一中戦でノーヒットノーランを達成、決勝では日本人のみの強豪、台北商を打ち負かし、甲子園への切符を手にする。創部わずか3年での快挙だった。

迎えた本番、第17回全国中等学校優勝野球大会（1931

年8月13日開幕。全22校参加）でも嘉義農林の勢いは止まらない。大敗すると思われていた初戦の神奈川商工戦をエース呉の快投で3対0の完封勝ち。準々決勝の北海道代表・札幌商戦では一転、打線が爆発し19対7の大差で勝利する。ちなみに、この準々決勝で嘉義農林に滅多打ちにされ自らマウンドを降りた札幌商の錠者博美（じょうしゃひろみ）投手は映画の冒頭（1944年）、フィリピン出征途中に台湾に立ち寄る大日本帝国陸軍の大尉として描かれているが、

連投の疲労でエースが四死球を連発

嘉義農林の主将、エースで4番の呉明捷。ダイナミックな投球フォームから繰り出す速球で並み居る強打者を抑えた

決勝の相手、中京商のエース吉田正男（右）。通算6度の甲子園出場で史上最多となる23勝（3敗）を記録した（優勝3回）。高校卒業後は社会人野球で活躍。1996年、82歳でこの世を去った

実際には中国大陸に出征しており台湾に足を運んだ事実はない。

嘉義農林は準決勝で小倉工（福岡）を10対2で破り、ついに決勝へ駒を進める。連日、甲子園を埋め尽くす5万5千人の観衆は驚愕し、台湾にも生中継されたラジオの実況に嘉義市民は狂喜乱舞した。

8月21日、決勝。相手は同年選抜大会の準優勝校、中京商（愛知。現・中京大学）だ。果たして、嘉義農林の夢はここで潰える。呉投手が連投の疲労で指の爪を剥がす大怪我を負い四死球、暴投を連発。3回と4回にそれぞれ2点を与え、片や打線は、中京商のエース吉田正男の球に全く手が出ず、0対4の完封負け（劇中、最後の打者は4番の呉明捷だが、実際は9番ライトの福島又男（ふくしままたお））。それでも、ひたむきなプレイで試合をあきらめなかった嘉義農林に観衆は惜しみない拍手を送り、帰国後は嘉義市民が熱狂のもと選手を出迎えたという。

チームを率いた近藤兵太郎はその後も嘉義農林の監督を続け4度にわたり甲子園に導き（1935年夏の大会準々決勝では母校・松山商と対戦し、延長戦の末4対5で惜敗）、終戦翌年の1946年に日本に帰国。新田高等学校（愛媛）の初代野球部監督、愛媛大学野球部監督などを務め、1966年5月、77歳でこの世を去った。

エース呉明捷は嘉義農林卒業後、早稲田大学に進学。1塁手に転向し、1936年には東京六大学野球でホームラン王（タイ記録）、首位打者に輝いた。戦後は台湾に戻らず毎

準優勝旗を手に帰路につく嘉義農林ナイン

日新聞社に就職し文化部記者として活躍、１９８３年、71歳で病死した（国籍は生涯、台湾＝中華民国のままだった）。

　また、中京商との決勝戦で最後の打者となった福島又男は2年後、１９３３年の夏の大会にも出場（初戦敗退）、卒業後は台南州庁に勤務したが、太平洋戦争で召集され南太平洋で戦死。札幌商の錠者博美は戦後、ソ連によりシベリアに抑留され、イルクーツク近郊のマリタ収容所で亡くなった。

　嘉義農林と中京商による決勝戦から85年後の２０１６年8月、両校の流れを汲む国立嘉義大学と中京大学の硬式野球部が国際親善試合を実施。以来、両チームは毎年互いの国を行き来し、試合を通じて交流を深めている。

ビリーブ 未来への大逆転

主人公ルースを演じたフェリシティ・ジョーンズ。
映画「ビリーブ 未来への大逆転」より ©2018 STORYTELLER DISTRIBUTION CO., LLC.

米最高裁女性判事 ルース・ギンズバーグが挑んだ性差別との闘い

ルース（・ベーダー）・ギンズバーグ。アメリカでは「ＲＢＧ」の愛称で、正義のために闘うスーパーヒーローとして敬愛された連邦最高裁最高齢の女性判事だ。２０１８年公開の「ビリーブ　未来への大逆転」は彼女が弁護士だった１９７０年代、性差別の不当性を訴える画期的な裁判に挑んだ実話を描いた社会派ヒューマンドラマである。

ルースは１９３３年、ニューヨーク・ブルックリンのユダヤ人家庭に生まれた。幼少期から学業優秀で、高校卒業後に進学したコーネル大学で1学年上のマーティン・ギンズバーグと知り合い結婚、1955年、長女ジェーンを出産した。翌1956年秋、夫マーティンとともに名門ハーバード大学ロースクール（法科大学院）に進学。この年の新入生約500人のうち女性はわずか9人だった。

劇中のとおり、ハーバードでは教授が質問し学生が答える授業スタイルが採られていたが、教授が指名するのは男子学生のみ。女子学生は徹底的に無視され、教授たちは「君たち女性は男性が座るはずの席に着いた」と言い放った。

男女差別が公然とまかり通っていたこの時代、マーティンは性の平等をモットーとし、家事や育児を妻と分担する良き夫だった。しかし、スクール3年次で精巣がんを患い、ルースは夫と娘の世話を一手に引き受けつつ、勉学にも専念する多忙な日々を送る。

1958年、病が寛解（かんかい）したマーティンはハーバードを卒業後、ニューヨークの法律事務所に就職。それに伴い、ルースも娘を連れニューヨークに転居し、コロンビア大学ロースクールに移籍。翌1959年、同校を首席で卒業する。

当然ながら、彼女も夫と同様、法曹界で職に就

ビリーブ 未来への大逆転

2018／アメリカ
監督：ミミ・レダー
1970年代のアメリカで男女平等裁判に挑み、後に最高裁判事となった女性ルース・ギンズバーグの半生を描く。

くことを希望した。が、成績優秀者の一般的な勤務先だった連邦高等裁判所や法律事務所は、女性であることを理由にルースの採用をことごとく拒否。この経験が彼女を生涯、性差別と闘わせるきっかけとなる。

ロースクール卒業後、ルースは地区裁判所判事の書記職などを経て、1963年、ラトガース大学ロースクール初の女性教授職に就くと同時に、アメリカ自由人権協会に参加し、女性の権利向上に尽力。そして、アメリカで女性解放運動が盛んになっていた1970年、初の訴訟に関わることになる。映画の主軸として描かれる「モリッツ裁判」だ。

1968年、チャールズ・モリッツなる男性が働きながら病気の母親を世話するため介

上／ハーバード大学ロースクールに入学した1956年当時のルース本人。約500人の新入生のうち女性は9人だけだった。下／新婚当初のギンズバーグ夫妻。夫マーティン（左）は生涯、妻ルースの良き理解者で心の支えとなった

護人を雇った。モリッツは経費を少しでも軽減すべく、内国歳入庁（日本の国税庁に相当）に所得税の控除を求めたが、同庁は彼が独身であることを理由に請求を拒否する。当時の税法の条文には「介護に関する所得控除は、女性、妻と死別した男性、離婚した男性、妻が障害を抱えている男性、妻が入院している男性に限られる」と記されていたのだ。

納得できないモリッツは税務裁判所に訴えを起こしたが、結果は敗訴（1970年10月）。ルースは、モリッツが判決を不服として控訴した裁判の原告代理人となる。劇中のとおり、これは税法を得意としていた夫マーティンが所属事務所を経由してルースに持ちかけた案件で、妻がかねてより性差別に深い関心を寄せているのを知ってのことだった。

ルースは夫を共同代理人として裁判に挑み、口頭弁論で主張した。モリッツが未婚男性であるというだけで控除を受けられないのは、「何人に対しても法の平等な保護を拒んではならない」と定めた合衆国憲法修正第14条に違反する。今まで100年にわたる男女差別を是とした判決は負の遺

ルース（左）と子供たち。長女ジェーン（後ろ。1955年生）は母親と同じハーバード大学ロースクールを卒業後、コロンビア大学ロースクールの教授に。長男ジェームズ（1965年生）はシカゴ大学在学中にクラシックのレーベルを立ち上げ、レコード会社の社長に

産で、未来の裁判のために、男女差別を認めた前例として残していくための判決を下すべきである、と。

　性差別を憲法違反とする前例のない彼女の主張が判事たちに響き、結果として全員一致で税務裁判所の判決を棄却。モリッツに税控除を認めると同時に、性別や婚姻歴に関係なく扶養家族の介護費用を控除するよう法を改定する（1971年。被告の内国歳入庁は上訴したが、1973年、最高裁はこれを却下し判決確定）。

性差別に関する訴訟の原告代理人として活躍していた1970年代当時のルース

　映画は歴史的な裁判に勝訴したところで終わるが、ルースはその後、米空軍に入隊した既婚女性が、女性という理由で住宅手当を与えられないことを訴えた裁判（1973年）、妻が妊娠中に死亡し、生まれてきた子供を育てていた父親が自治体にひとり親手当を申請したところ、受給資格は母親のみという規定により受給を拒否されたことに対する訴訟（1975年）など、1970年代に性差別に関わる裁判6件の原告代理人となり、5件で勝利を収めた。

　こうした功績を認められ、1980年、ルースは当時の大統領ジミー・カーターの指名で、コロンビア特別区巡回区連邦控訴裁判所判事に就任。妻の仕事を重視した夫マーティンもニューヨークからワシントンD.C.に移り、ジョージタウン大学ローセンターで教鞭を執るようになる。

1993年、ビル・クリントン大統領から指名を受け連邦最高裁判事に（女性としてはサンドラ・オコナー判事に次いで2人目）。着任3年後の1996年、バージニア州立軍事学校（男子校）への入学を拒否された女性がバージニア州を訴えた裁判で、女性の主張を認める最高裁判決を下し、2006年には、同僚男性より賃金が4割少ないことを不当と訴えた女性職員に男性と同じ額の給与を支払うよう命じるなど、男女平等を支持する数々の訴訟に関わる。

ルースは連邦最高裁判事在任のまま、2020年9月、膵臓がんによる合併症で死去。彼女の良き理解者だった夫マーティンはその10年前の2010年6月、78歳でこの世を去っている。

2020年9月、87歳で永眠

晩年のルース。リベラル派法律家の重鎮として大きな影響力を持っていた

1974年8月7日朝、ツインタワーの間にかけたワイヤーの上を歩くフィリップ・プティ本人

ザ・ウォーク

WTCのツインタワーを命綱なしで渡った大道芸人フィリップ・プティの華麗なる犯罪

FILMS

2001年9月11日、アメリカ同時多発テロの標的となったニューヨーク・マンハッタンのワールドトレードセンター（以下WTC）。世界のビジネスの中心的役割を担っていた超高層オフィスビルは、ハイジャック機2機の激突により南棟、北棟ともに無残に崩壊した。

事件が起きる27年前の1974年、WTCのツインタワーの間にワイヤーを張り、綱渡りを成功させたフランス人男性がいる。フィリップ・プティ（1949年生）。地上411メートルの高さを命綱なしで自由に歩く彼の姿はニューヨーク市民の度肝を抜いた。映画「ザ・ウォーク」は、プティと仲間が、この〝犯罪〟を達成するまでの過程を描いた冒険ドラマである。

映画は１９７３年、フランス・パリで大道芸人として活動していたプティ（演：ジョセフ・ゴードン＝レヴィット）が、歯医者の待合室にあった雑誌にＷＴＣ建設中の記事を見つけ、ここで綱渡りすることを夢見るシーンから始まる。が、実際にプティがＷＴＣの存在を知ったのは１９６８年、18歳のとき。歯医者の待合室の新聞で読んだＷＴＣ建設の記事に驚き、将来の具体的な目標を定める。

当時、彼は駆け出しの大道芸人だった。幼い頃からあらゆる物に上って人々から遠ざかろうとする変わり者で、呆れた両親は16歳で息子を勘当。プティは単身パリに出て、一輪車やジャグリングを人々に披露し日銭を稼ぐとともに、独学で綱渡りを学んでいた。

最初に彼が綱渡り師として注目されるのは１９７１年6月26日。パリのノートルダム大聖堂に無許可で侵入。聖堂内で壮大な儀式が行われている最中、建物最上階の2つの尖塔（高さ42・3メートル）の間にワイヤーをかけ、その上を歩きジャグリングをしてみせた。直後にプティは不法侵入罪で逮捕されるが、地上から彼を見た市民は拍手喝采を送る。

プティは命綱なしの綱渡りにこだわり、その行

ザ・ウォーク

2015／アメリカ　監督：ロバート・ゼメキス
米ニューヨークのワールドトレードセンターで命がけの綱渡りを敢行したフィリップ・プティの実話を「バック・トゥ・ザ・フューチャー」「フォレスト・ガンプ／一期一会」などで知られるロバート・ゼメキス監督が3Dで映像化。

1974年撮影のワールドトレードセンター。110階建て、高さ411メートル。北棟、南棟の間の距離は約42メートル

為を犯罪と捉える一方、自身を芸術家・詩人と鼓舞していた。そんな彼に魅了されたのが、プティが呼ぶところの「共犯者」たち。最初の共犯者は恋人のアニー・アリックス。２人目が幼馴染でカメラマンのジャン＝ルイ。その他、友人のジャン・フランソワなどが共犯者となり、プティの手助けをする。

劇中には出てこないが、プティは１９７３年６月、オーストラリア・シドニーのハーバー・ブリッジ（高さ１３４メートル）北側の鉄塔での綱渡りも成功させている。ＷＴＣへの挑戦は間近に迫っていた。

１９７４年１月、プティは初めてニューヨークへ渡り、ＷＴＣを直で見る。この時点でＷＴＣは開業していたが高層階や屋上はまだ工事中で、ミッション敢行は自ずと工事が終わるまでに限られた。

プティは何度もＷＴＣに通い、建物を徹底的に観察する。屋上へ上がるエレベーターの数と種類。警備員の動き。ワイヤーの設営法、風速、揺れの度合い。このとき彼の心強い共犯者となったのが、バリー・グリーンハウスなるアメリカ人男性だ。彼は当時、ニューヨーク州保健局の調査部で課長補佐を務めていた人物で、その事務所はWTC南棟の83階にあった。グリーンハウスは以前、パリでプティの大道芸を見たことがあり、建物視察中のプティを偶然目撃し声をかける。プティにとってはWTC内部の人間は願ってもない存在。計画を話し、彼を強引に味方につけ、以降、工事の進捗状況、警備体制などの情報をもらうばかりか、彼から身分証を借り受け偽造、架空の配送業者のIDで建物を出入りする。

プティが工事現場で誤って太い釘が出た板を踏み、松葉杖をつきながら建物を視察した劇中のエピソードも本当の話だ。ケガを負っていることで警備の目が緩くなるのをいいことに、彼は治った後もしばらく松葉杖をつき続けた。その他、映画では描かれないが、ヘリを飛ばしWTC屋上の空中写真を撮ったり、フランスの建築雑誌の記者と偽り協力者の

恋人アニーを背負い綱渡りの練習中のプティ(上)。下は劇中の再現シーン。映画「ザ・ウォーク」より

プティの協力者たち。右から幼馴染のカメラマンで北棟からワイヤーをかける矢を射ったジャン＝ルイ、プティとともに南棟に上ったジャン・フランソワ、WTC南棟82階に勤務し警備情報などを流したバリー・グリーンハウス

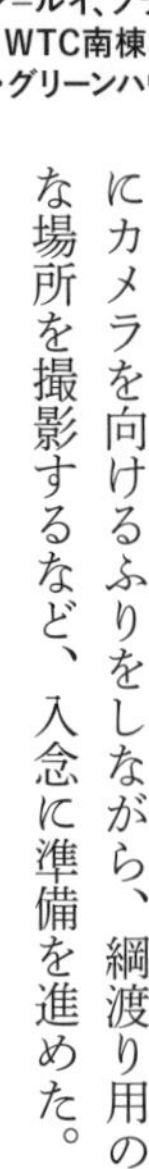

アメリカ人カメラマンとともに屋上工事の様子を取材、作業員にカメラを向けるふりをしながら、綱渡り用の器具が設置可能な場所を撮影するなど、入念に準備を進めた。

そしていよいよ決行のときが訪れる。1974年8月6日夕方、配送業者を装ったプティとフランソワがヘルメットに作業着姿で、必要な道具を乗せた車で南棟に侵入。北棟にはビジネスマンになりすましたジャン＝ルイとアメリカ人協力者アフン・アルバートが潜入した。

当初の計画では、グリーンハウスの事務所がある82階まで貨物用エレベーターで上り、そこから階段で屋上に荷物を運搬。暗くなった頃を見計らい設営に入る予定だった。が、エレベーター係が「何階へ？」と尋ねたことでプティは「104階に」と返答。屋上に近いに越したことはないのだが、104階で荷ほどきを始めた瞬間、警備員が出現。プティとフランソワはとっさにフロア隅の防水シートに隠れ、そのまま時間をやり過ごすことになる。

23時。警備員が去ったのを確認し、2人はシートを脱出。道具を手に屋上へ上る。北棟屋上にはすでにジャン＝ルイが待機していた。

問題は南棟、北棟の間にいかにしてワイヤーをかけるか。両タワーの距離は約42メートル。当初はラジコン機でワイヤーを運ぶ、ワイヤーをつけた球を投げるなどの案が出たが、どれも現実的ではなく、最終的に弓矢で釣り糸を飛ばし、その先についたワイヤーを手繰り寄せる方法が採用された。

暗闇の中、腕の上げ下げを合図に北棟のジャン＝ルイが矢を飛ばす。南棟のプティは裸になり釣り糸が体に触れるのを確認し、そこから大急ぎでワイヤーの設営に入る。

準備が完了したのは、貨物用エレベーターが動き始めた直後の翌7日午前7時過ぎ。プティは、南棟屋上からバランス棒を持ちワイヤーの上を歩き出した。地上で、数日前にニューヨークに来ていたアニーが上空を見上げて叫ぶ。

「みんな見て。綱渡りよ、あの上を渡っているの！」

マンハッタンの人々が驚愕したとき、すでにツインタワーの屋上には警察が駆けつけていた。が、プティは挑発するかのように、彼らの目の前で踵を返し、8回にわたり北棟、南棟の間を行き来したばかりか、時にはワイヤーの上で寝そべったり、下を見ながらうやうやしくお辞儀までしてみせた。

このとき、現場の屋上にいた警察官は証言している。

「私が目撃したのは綱渡りじゃない。綱ダンスだ。タワーの間の中程で我々を見て彼は笑みを浮かべた。あまりにも楽しそうだった。個人的には一生

グリーンハウスの身分証を借り偽造したプティのID。これを提示することで怪しまれずビルに入館できた

に一度のすごいものを見た」

ワイヤーの上で舞うこと45分間。プティはついに南棟の屋上に戻り、そのまま警察に逮捕・勾留される。罪状は不法侵入罪と治安紊乱罪だった。

対して、ニューヨーク市民はプティの〝華麗なる犯罪〟に快哉を叫び、新聞・テレビも彼をヒーロー扱いした。こうした世論に押され、検察当局はプティに提案する。セントラルパークの子供たちに無料で綱渡りを披露したらお咎めなしにする、と。

映画は、偉業を成し遂げたプティにＷＴＣの展望台への永久無料入場証が授与されたことを告げて終わる。が、現実はほろ苦い結末を迎えている。映画の終盤で、フランスへ帰るアニーとアメリカに残るプティの別れのシーンが描かれる。劇中で具体的に語られないものの、アニーは悟っていた。プティはヒーロー。完全に別世界の人間になってしまったのだ、と。

それを彼女に確信させた、映画では描かれない出来事がある。検察との取引を承諾したプティが裁判所を出たところ、１人の女性が彼に

上／ワイヤーの上で寝そべるプティ。左／上空を見上げ驚愕するマンハッタンの人々。グリーンハウス、アニーの姿も

近寄り抱きついて言ったそうだ。

「私をあなたの第1号にして」

メディアの報道で、プティにはグルーピーとでも言うべき女性が数多く現れ、プティは実際に彼女らと性的関係を持った。そして、そのことを隠すためアニーに対し「取材が殺到していて、そちらに帰れない」と言い張ったそうだ。

プティに別れを告げたのはアニーばかりではない。無罪同様の処分で終わったプティに対し、協力者のフランソワは国外永久追放に。ジャン＝ルイもフランスに帰国し、以降彼らの関係は疎遠になってしまったという。

その後、プティはフランスに戻ることなくニューヨークで暮らし、1980年代から1990年代にかけ、アメリカ国内のイベントに呼ばれ綱渡りを披露。2008年、自身を主人公にしたドキュメンタリー映画「マン・オン・ワイヤー」で積極的にインタビューに応じ、本作「ザ・ウォーク」では、主演を務めたジョセフ・ゴードン＝レヴィットを直々に指導した。

逮捕時のプティ。達成感に包まれた笑顔で記者の問いかけに応じた

グルーピーの女性たちと体の関係を

ストレイト・ストーリー

主人公を演じたリチャード・ファーンズワース。映画公開翌年の2000年10月6日、長年患っていたがんの苦しみから逃れるように、自宅においてショットガンで自殺した。享年80。映画「ストレイト・ストーリー」より

１９９９年に公開された「ストレイト・ストーリー」は、米アイオワ州に住む老人が、時速8キロの芝刈り機に乗ってウィスコンシン州で暮らす病気の兄に会いに行くロードムービーである。

本作は１９９４年8月25日付の『ニューヨーク・タイムズ』紙に掲載された実話を基に映画化された

10年間音信不通の兄に会うために時速8キロの芝刈り機で往復770キロの旅に出たアルヴィン爺さんの挑戦

もので、監督のデヴィッド・リンチは事実を再現するため、老人が実際にたどった行程を訪れ脚本を書き上げた。

物語の主人公は、1920年にモンタナ州で生まれたアルヴィン・ストレイトなる男性である。若いときは牧場、大工、石炭鉱山などで働き、妻と7人の子供（五男二女）を養育。また、海兵隊の一等兵として第二次世界大戦と朝鮮戦争に出兵していた。

1994年、73歳になったアルヴィンは妻に先立たれ、アイオワ州の小さな田舎町ローレンスで農作業をしながら娘のローズ（演：シシー・スペイセク）と2人、社会保障の年金をもらいのんびり暮らしていた。視力が弱いため運転免許は持てず、足腰も弱く杖をつかないと歩けない有様。また長年の喫煙癖により肺気腫の恐れもあったが、いくら娘に勧められても、アルヴィンは頑なに医者の診察を拒否していた。

そんなある日、アルヴィンのもとに思わぬ知らせが飛び込む。隣州ウィスコンシン南西部の町マウント・ザイオンに住む兄、ヘンリー（劇中の役名はライル）が脳卒中で倒れたというのだ。

7歳年上の兄とは、10年前に酒を飲みながらつ

ストレイト・ストーリー

1999／アメリカ　監督：デヴィッド・リンチ

米アイオワ州の田舎町に住む老人が、時速8キロの芝刈り機に乗ってウィスコンシン州で暮らす病気で倒れた兄に会いに行く姿を描いたロードムービー。1994年に『ニューヨーク・タイムズ』紙に掲載された実話を基にしている。

本物のアルヴィン・ストレイト（右）。
芝刈り機も実際に旅で使ったもの（1996年撮影）

まらぬことで喧嘩別れをしていたアルヴィンはこの一件で酒を断ったものの、以来、一切連絡を取っていなかった。

しかし、10年の時が流れ、アルヴィンは兄に会って和解したいと切に願うようになる。兄の家までは約240マイル（約385キロ）。車なら、ミシシッピ川を越え1日で着く距離である。当然のように、娘のローズが運転を申し出た。が、アルヴィンはあくまで自力で行くことにこだわった。頑固な性格ゆえ、公共の輸送機関を全く信用していなかった。

そこで、彼が考えたのが、普段乗っている自分の芝刈り機を交通手段にすることだった。芝刈り機は時速8キロ。背もたれのない座席に、丸いハンドルが付いただけの簡素なもの。あまりに無謀と、娘や友人たちは大反対したものの、アルヴィンは聞く耳を持たず、溶接機を使い、芝刈り機と農作業用の長さ10フィートのトレーラーを接続。そこにガソリンや食品、衣類にキャンプ用品などを詰め込み、自宅をスタートする。

しかし、無理な連続運転のせいで〝愛車〟の芝刈り機は出発後、すぐに故障。自宅に戻ることを余儀なくされたが、旅をあきらめたわけではない。アルヴィンはなけなしの金をはたいて知人から1966年式のジョンディア社の芝刈り機を購入、再度、後ろにトレーラーを繋ぎ、自宅を出る。1994年7月5日のことだ。

最初の3日間は順調だったが、4日目にしてアクシデントが起こる。下り坂に入ったとき、トレーラーの重みで芝刈り機が暴走。エンジンが故障し修理代として約250ドルを費やす羽目になった。他にもトラブルが重なり所持金が底をついた

トウモロコシや麦の畑が延々と続くアメリカの田舎の風景のなか、芝刈り機は進んでいった。映画「ストレイト・ストーリー」より

ため、半分の道のりが過ぎた辺りで、アルヴィンは次の社会保障の金が振り込まれるまで、キャンプ生活を強いられる。

その後も雨が降れば農場の小屋の下で、時には旅先で出会った人の家に泊めてもらうこともあった。が、芝刈り機で進む姿を見て、「車で送っていくよ」と声をかけてくる人の誘いは頑なに断り続けたという。

10年ぶりに再会した兄ヘンリー（左）とアルヴィン

自宅を出て6週間後、兄に再会

自宅を出て6週間後の8月15日、アルヴィンはようやく兄ヘンリーが住む家までたどり着く。兄は弟が自宅に向かっていることなど全く知らなかった。一方、弟は兄が脳卒中で動けないのではないか、と案じていた。

果たして、大声で兄の名を呼ぶ弟の声に、ヘンリーは歩行補助器で家の中から出てきた。この後、映画は夜空の下、２人がベンチに座り、長年のわだかまりが消えたと感じさせるシーンで終わる。

劇中では描かれないが、その後、アルヴィンは１ヶ月間、兄の家に滞在したのち、帰途につく。兄は車で帰るよう説得、金の援助を申し出たが、頑固なアルヴィンは再び単身で芝刈り機に乗り、娘の待つアイオワへと戻っていく。

この兄弟の再会のニュースは、『ニューヨーク・タイムズ』紙に紹介されたことで全米に広まった。アルヴィンは一躍有名人となり、「レイトショー」や「トゥナイト」といった有名テレビ番組から出演依頼が舞い込む。が、彼は、自分は注目されるような人間ではないと、オファーを全て断っている。

アルヴィンは１９９６年11月９日、76歳で心臓病により この世を去った。その葬儀には、長い旅を共にした芝刈り機も参列したという。

アルヴィンが眠る墓。現在も「アイオワ州で最も有名な人物の一人」として語り継がれている

オリ・マキの人生で最も幸せな日

1962年8月17日、世界フェザー級タイトルマッチを闘うオリ・マキ(左)と王者デビー・ムーア

映画では一切語られない挑戦者オリ・マキと王者デビー・ムーアの真逆の運命

FILMS

2016年、第69回カンヌ国際映画祭「ある視点」部門でグランプリを受賞したフィンランド映画「オリ・マキの人生で最も幸せな日」は、実在のフィンランド人ボクサー、オリ・マキと、彼が恋に落ちた女性ライヤを巡るラブ・ロマンスだ。

「ロッキー」「レイジング・ブル」などボクシング映画の名作で描かれる猛練習や迫力のファイトシーンは一切なく、主軸は1人の男が願う好きな女との幸福。しかし、オリ・

マキは今もフィンランド国民の記憶に刻まれる偉大なボクサーで、彼が世界タイトルマッチを闘ったデビー・ムーアも、その後、数奇な運命をたどっている。

本作で、主人公オリ・マキや対戦相手の世界王者デビー・ムーアなど、主要人物のプロフィールは一切説明されていない。

オリ・マキは１９３６年、フィンランドの田舎町コッコラで生まれ育った。ボクサーデビューは１９５８年。翌年、スイスのルツェルンで開催されたヨーロッパ選手権のジュニアウェルター級（63・５キロ以下）で優勝し、１９６０年、プロに転向する。

ここで彼のマネージャーとなったのが元ヨーロッパ王者のエリス・アスク（１９２６年生）だ。マキはアスクの指導のもと、めきめきと実力をつけ、プロデビュー後の10試合で８勝１敗１分の好成績を記録。１９６２年、当時の世界フェザー級王者だったデビー・ムーアとのチャンピオンベルトを懸けた大一番に臨むことになる。

ムーア（１９３３年、米ケンタッキー州生）は１９５３年にプロデビューし、６年後の１９５９

オリ・マキの人生で最も幸せな日

2016／フィンランド　監督：ユホ・クオスマネン
フィンランド初のボクシング世界戦に挑む実在のボクサー、オリ・マキと恋人ライヤを巡るロマンス映画。全編モノクロで撮られた映像がリアリズムと美しさを醸し出している。日本公開は2020年1月。

右／主人公オリ・マキを演じたヤルコ・ラハティ（左）とマネージャーのエリス・アスク役のエーロ・ミロノフ（右）。左／マキの恋人ライヤに扮したオーナ・アイロラ。映画「オリ・マキの人生で最も幸せな日」より　

年3月、フェザー級王者ホーガン・バッセイにTKOで勝利しベルトを奪取。以後4度の防衛に成功していた（その中の2回は日本人ボクサー高山一夫との試合で、いずれも判定勝ち）。

マキにとって、ムーアとの試合はあまりに無謀だった。キャリアも実力も桁違いで、しかも本番までに体重を57キロ以下に落とさなければならない。しょせん勝てる相手ではなかった。

しかし、フィンランド人ボクサーとして初めて世界王者にチャレンジするという主催者側の興行的な目論見もあったのだろう。1962年8月17日、フィンランドのヘルシンキ・オリンピックスタジアムで試合は実現する。

劇中で描かれるとおり、マキは当日の計量をクリアした後、奇妙な行動を取る。友人の結婚式で知り合い、恋仲となっていた女性ライヤに渡す婚約指輪を買いに行ったのだ。世界戦を前にしたボ

クサーがなぜ？　当然の疑問に本作を企画、監督したユホ・クオスマネンは「周囲の思惑や常識にとらわれない部分が人間オリ・マキの魅力であり、映画を作るきっかけにもなった」と語っている。

フィンランドで初めて開催されるボクシングの世界タイトルマッチに集まった2万3千463人の観客は、試合が始まってほどなく悲鳴をあげることになる。2ラウンドでマキがムーアのハードパンチを食らい、あっさりKO負けしてしまったのだ。

映画はこの後、マキとライヤのデートシーンを描き、結婚を予感させて終わる。実際に2人はこの試合後に夫婦となり、家庭を築く。2人の子供も授かり、それはまさにマキが願っていた幸福だった。

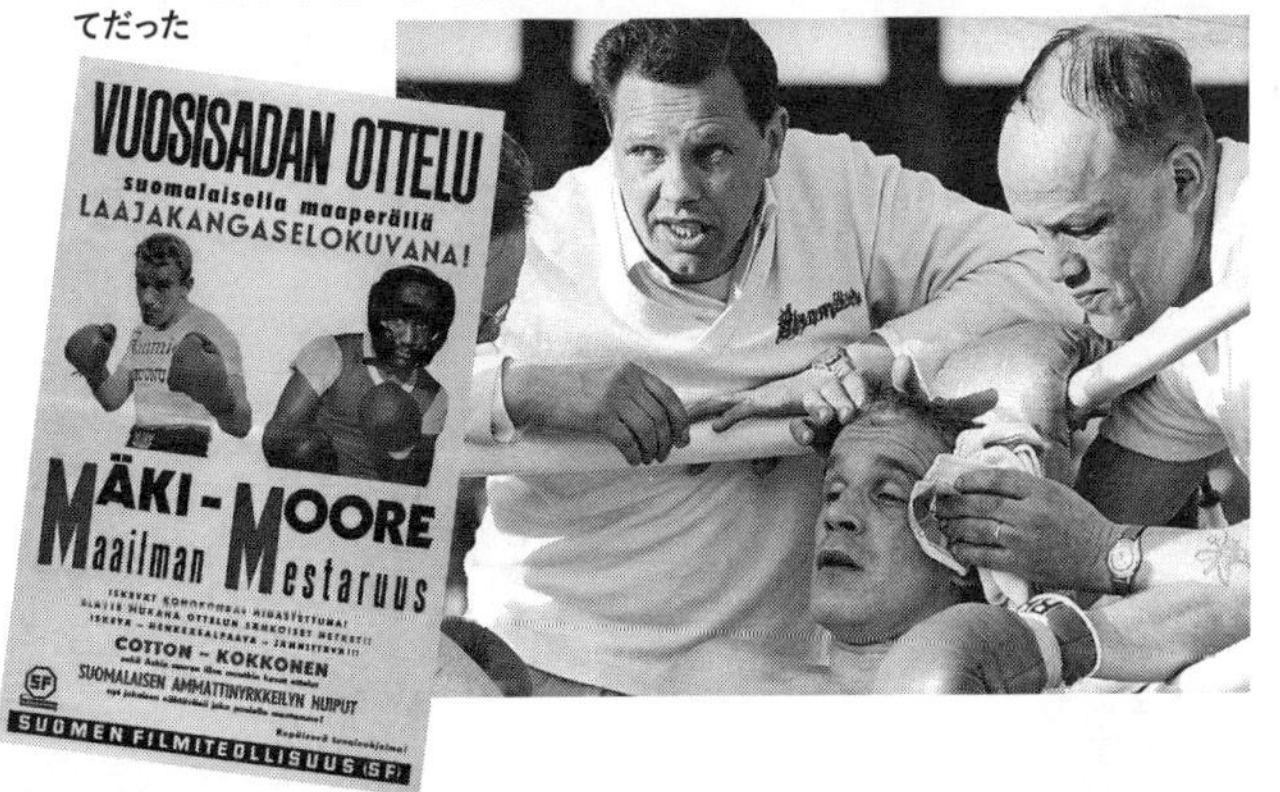

右／1ラウンド終了時の様子。ダメージを受け座り込むオリ・マキ（中央）とマネージャーのエリス・アスク（左）本人。アスクは2003年3月、76歳で死去。 左／試合のポスター。フィンランド人が世界王者に挑戦するのも、フィンランドで世界戦が行われるのも初めてだった

1963年3月21日、シュガー・ラモス（右）がムーアに挑んだWBA・WBC世界フェザー級タイトルマッチ。試合はTKOでラモスが勝利し、ムーアはそのダメージで2日後に死亡した

ムーアは6度目の防衛戦でTKO負けした2日後に死亡

しかし、マキのボクシング生活はまだ終わらず、世界戦から1年半後の1964年2月14日、欧州スーパーライト級の王座につき、1967年2月まで3年間ベルトを守り続ける。ボクサーとしてのピークはこの頃だった。引退したのは1973年8月。通算成績28勝14敗8分。現役リタイア後は、コーチ、マネージャーとして活躍し、1991年、ボクシング界から身を引いた。

一方、マキを相手に5度目のベルト防衛を果たしたムーアは1963年3月21日、米ロサンゼルスのドジャー・スタジアムで行われた6度目の防衛戦でシュガー・ラモスと対戦し、10回終了時TKO負けで王座から陥落。この試合でのダメージが原因で2日後の3月23日に息を引き取る。
29歳での若すぎる死は世界に衝撃を与え、後に漫画『あしたのジョー』で力石徹が死亡するシーンで引用され、また、当時人気を誇ったフォーク歌手のボブ・ディランがこの試合を題材とした「Who Killed Davey Moore?（誰がデビー・ムーアを殺したの?）」という曲を発表、コンサートのレパートリーにするほどだった。

愛する女性に求婚し、世界戦を闘った1962年8月17日をその後も「人生で最も幸せな日」と言い続けたマキと、翌年の防衛戦後に命を落としたムーアの人生はあまりに異なる。

しかし、映画の企画が持ち込まれた2011年当時、マキは重いアルツハイマー型認知症を患い闘病生活を強いられていた。2016年の作品完成時には妻ライヤと公の場に顔を見せたものの、それから3年後の2019年4月6日、老人ホームで亡くなる。享年82だった。

晩年のオリ・マキ（左）と妻ライヤ

映画「暁に祈れ」より ©2017

第3章 不屈

義足を付け「マスター・ダイバー」として活躍していた
1971年当時のカール・ブラシア本人(左)

ザ・ダイバー

黒人で初めて“マスター・ダイバー”の称号を得た不屈の男、カール・ブラシア

映画「ザ・ダイバー」は、米海軍で黒人として初めて潜水士の最高位〝マスター・ダイバー〟となった伝説の男、カール・ブラシアの実話を基に作られたヒューマンドラマだ。陰湿な人種差別にめげず、さらには事故で片脚を失った後も義足で現役に復帰したブラシアの生き様は、まさに不屈と呼ぶにふさわしい。

1931年、ケンタッキー州の貧しい小作農の家に生まれたブラシアが米海軍に入隊したのは1948年、17歳のときだ。当時、米軍では人種差別が当然のようにまかり通っていた。将官の間では「黒人を通常の軍務に就かせると、全体のレベルが大幅に低下する」という全く根拠のない考えが蔓延し、黒人に与えられる仕事はコックか雑用係が大半だった。しかし、ずば抜けて泳ぎが上手く根性も据わっていたブラシアは、上官に認められ入隊数年で甲板部へ異動。時を同じくして勃発した朝鮮戦争のさなか、転落した戦闘機を救出する「ダイバー」の活動を見て、自分もその道を目指すようになる。

米海軍のダイバー（潜水士）とは、軍艦がダメージを受けた際、沈没しないよう応急処置をしたり、沈んだ船からの人命救助を行うプロフェッシ

ザ・ダイバー

2000／アメリカ　監督：ジョージ・ティルマン・ジュニア
アフリカ系アメリカ人で初めて「マスター・ダイバー」の称号を与えられた米海軍の海難救助潜水士カール・ブラシアの半生を描く。鬼教官役のロバート・デ・ニーロの熱演も見もの。

1954年、潜水学校入学時。20人強いた生徒の中で
黒人はブラシアだけ（上段右から2番目）

ョナルだ。が、黒人がダイバーになるにはあまりに壁が厚く、米海軍では第二次世界大戦中に2人存在したのみ。しかも、通常は海軍の潜水学校で訓練し試験に合格しないと資格を得られないのだが、前記した軍隊の根深い人種差別主義から、それまで入学を許された黒人は1人もいなかった。

それでも、ブラシアは嘆願書を何十通と送り、1954年、ようやく入学を許される。そこで待っていたのはやはりひどい人種差別だった。

映画では、特訓の名のもとブラシアを罵倒しイジメ抜くロバート・デ・ニーロ扮する教官が重要な役割を果たすが、この人物は架空の設定である。ただ、唯一の黒人生徒であったブラシアが周囲から容赦のない差別を受けたことは劇中に描かれるとおりで、彼の寝台には「ニガー、今日こそおまえを海に沈めてやる」などと、心ないメモが貼られていたという。こうした過酷な環境をブラシアは耐え抜き、見事、試験に合格。海軍ダイバーの資格を得る。1955年、24歳のときだった。

その後10年にわたり、魚雷の撤去や墜落機の救助など一線の海軍ダイバーとして活躍するブラシアだが、転機は突然やってくる。1966年1月17日、水素爆弾を搭載した米空軍爆撃機が空中給油に失敗しスペインの地中海側海岸に墜落。乗組員4人が死亡する大事故が起きた。4個の水爆のうち3個は海岸で発見されたものの1個は海底に。米海軍けこの探索に2ヶ月を費やす（映画のようにブラシア1人が水爆探索に従事したわけではない）。

悲劇は水爆の引き上げ中に起きる。劇中のとおり、爆弾をけん引するロープがちぎれ、鉄パイプがブラシアの左足を直撃したのだ。果たして、ブラシアは大量出血を伴う重傷を負う。ダイバー生命は絶たれたも同然だった。が、彼は現場復帰を強く願う。劇中ではデ・ニーロ扮する教官に激励され、自ら下肢切断を申し出たように描かれているが、実際は感染症と壊死で切断手術はやむを得ない状態だったようだ。

リハビリの様子

片脚を切断するも義足を付け37歳で現場復帰

1967年3月に退院すると、1年以上、義足での訓練を行い、普通にランニングできるまでに回復する。それでも復職の願いはなかなか聞き入れられなかったものの、ブラシアの現役ダイバーへの強いこだわりが通り、1968年、復帰テストが実施されることになる。

とはいっても、劇中のように、ドラマチックなデモンストレーション（公聴会の場で130キロの潜水服を着て12歩進めば合格）はなく、実際にはランニング・テストや重りを付けてのラダー昇降、重量挙げなどが行われた。結果、ブラシアは完全復帰を許されると同時に、2年後には潜水士の最高クラス「マスター・ダイバー」の称号を獲得する。1970年、39歳のときだ。彼はその後9年間にわたり現役のダイバーとして活躍し、1979年、「最先任上級兵曹長」として退役。2006年7月、心臓疾患のためこの世を去った。

なお、映画で描かれるブラシアと妻子の関係はフィクションで、実際は潜水学校入学前の1952年に結婚、4人の子供を授かったものの1978年に離婚。その後2度再婚している。

映画撮影時にはアドバイザーとして協力。
右はブラシア役のキューバ・グッディング・ジュニア

レイジング・ブル

1949年、世界ミドル級のチャンピオンベルトを手にしたジェイク・ラモッタ本人

ボクシング界の異端児
ジェイク・ラモッタの
栄光と自滅

FILMS

「レイジング・ブル」は、主演のロバート・デ・ニーロが撮影時、体重を27キロ増減させ、いわゆる〝デ・ニーロ・アプローチ〟の完成形とも言える役作りで挑んだボクシング映画の傑作である。描かれるのは、その強烈でアグレッシブな試合ぶりから「レイジング・ブル」（怒れる雄牛）と呼ばれた実在のボクサー、ジェイク・ラモッタの波瀾万丈の半生だ。デ・ニーロ自らハリウッドに企画を持ち込むまでに惚れさせたラモッタとはどんな人物だったのだろうか。

ジェイク・ラモッタは1922年、米ニューヨーク・ブロンクスの貧しい家庭に生まれた。幼少期から喧嘩に明け暮れていたが、16歳のとき、路上の乱闘で彼を補導した警官の勧めでボクシングを覚えると、たちまち頭角を現す。

プロデビューは1941年、19歳のとき。体を低くしてボディ打ちを繰り返し、相手にいくら殴られても決して倒れないファイトスタイルで勝ちを重ね、1943年には、デビュー以来40戦無敗を続けていた拳聖、シュガー・レイ・ロビンソンにも初めて土をつけた。

しかし、ラモッタは王座とは無縁のボクサーだった。トレーナーやマネージャーを一切付けず、

レイジング・ブル

1980／アメリカ　監督：マーティン・スコセッシ
スコセッシとロバート・デ・ニーロが「ミーン・ストリート」「タクシードライバー」「ニューヨーク・ニューヨーク」に続きタッグを組んだ作品。デ・ニーロが1980年度のアカデミー最優秀主演男優賞に輝いた。

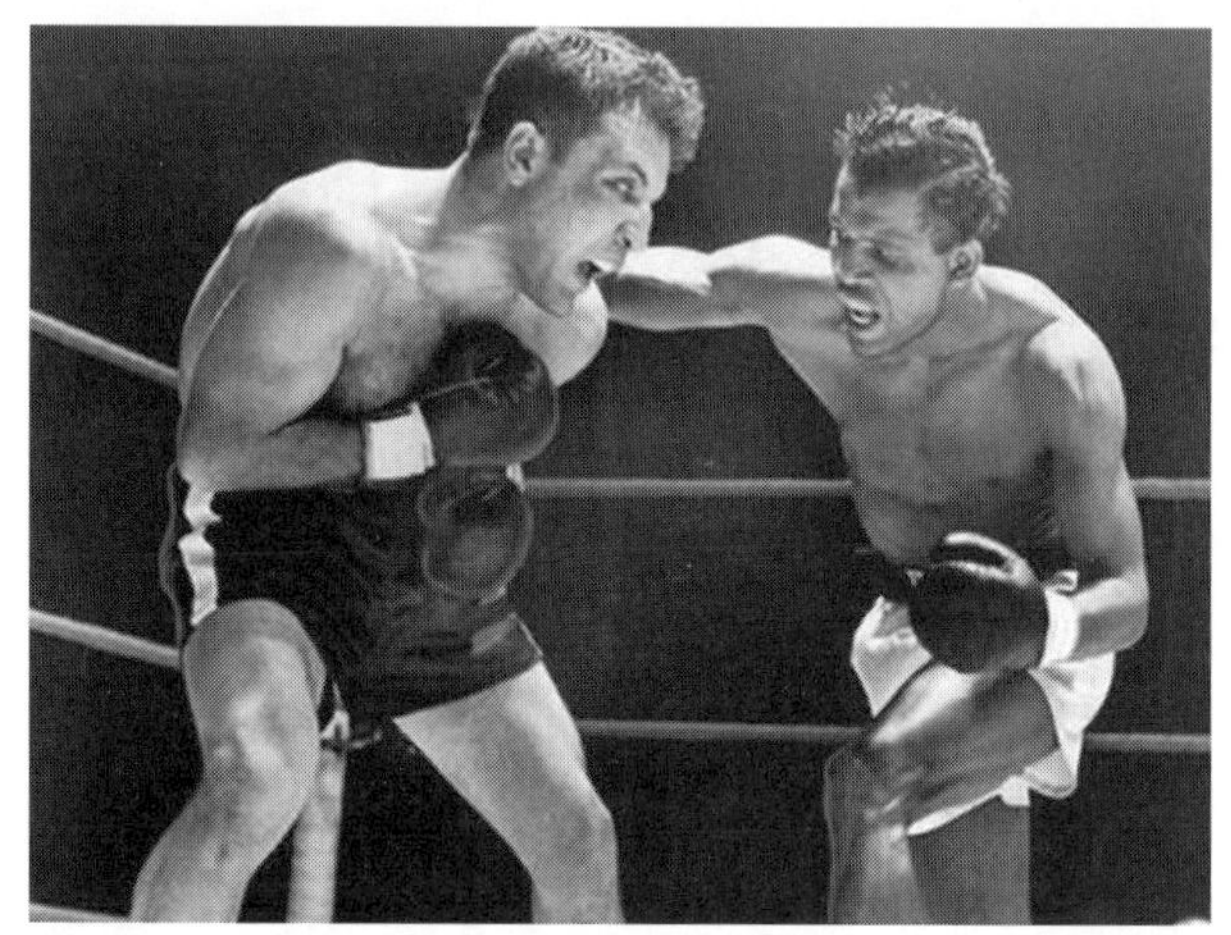

ボクシング史に燦然と輝く元世界ミドル級&ウェルター級王者、シュガー・レイ・ロビンソン（右）とは計6試合を戦い、ラモッタの1勝5敗。両者は引退後も親交があり、ラモッタが5度目の結婚の際、ロビンソンが付添人を務めている

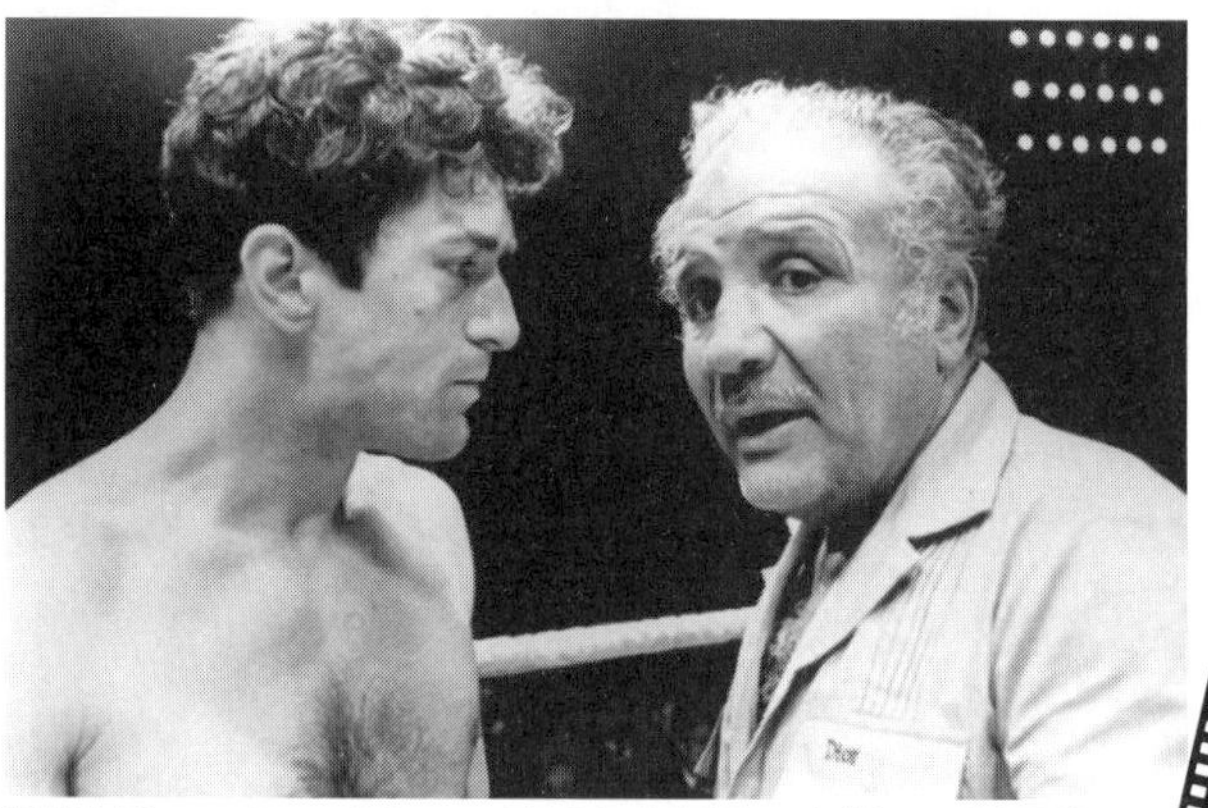

撮影時、デ・ニーロにファイトシーンのアドバイスをするラモッタ（右） このとき58歳

練習も対戦相手選びも全て自力。他人を信用しない彼の性格に依るものだったが、結果、タイトルマッチに挑む機会も巡ってこなかった。ちなみに、劇中ではジョー・ペシ演じるラモッタの弟がマーネジャーの役割を担っているが、実際は兄の雑用係に過ぎない。

当時、ボクシングはマフィアが仕切る賭けの対象で、ラモッタの試合は受けが良かった。勝ち負けが予想しにくい激しい試合が常で、ラウンドごとに客が賭け金を継ぎ足すからだ。

そんなラモッタに、1947年11月、マフィアが声をかける。近い将来、王座戦に出してやるから、八百長試合を演じろ——。タイトルに挑戦できないまま20代後半になり焦っていたラモッタはこれを呑み、言われたとおりわざとTKO負けを食らう。

試合は、格下の相手にラモッタが不自然な負け方をしたことで疑惑が持ち上がり、以後彼は7ヶ月の出場停止に。しかし、タイトル挑戦の夢は叶い、1949年6月、世界ミドル級王者マルセル・セルダンをTKOで敗り、27歳で念願のチャンピオンベルトを獲得する。

ちなみに、このときラモッタはマフィアから試合出場料として2万ドルを要求され、これを素直に支払っている。しかし、自分の試合に自ら1万ドルを賭け、さらに勝利したことでのファイトマネーで、差し引き1万6千ドルを手にしたという。ラモッタはその後、2回防衛を果たし、3度目でロビンソンにTKO負けし王座陥落。1954年、現役を引退した。

映画「レイジング・ブル」は、こうしたラモッタのボクサーとしての足跡を追いながら、主軸は彼のエキセントリックで凶暴な人間性に置かれている。特にフォーカスされるのが、2番目の妻ビッキーに対する嫉妬である。

1945年、ラモッタが23歳のときに15歳の彼女と知り合い一目惚れ。1947年に前妻と別れて再婚、二男一女をもうけるが、その生活は疑心暗鬼にさいなまれていた。左の写真を見てもわかるようにビッキーはハリウッド女優にも見間違う美女。劇中で描かれるとおり彼女が男性と話しているだけで浮気を疑い、試合遠征時には弟にその行動を監視させていたという。

一方、ラモッタは引退後、ナイトクラブの経営に乗りだし、日々大酒を飲み若い女に手を出す。結果、1957年にビッキーと離婚。その後の暮らしは堕ちに堕ちていく。ナイトクラブに16歳の少女を雇い入れたことで捕まり半年間監獄にぶちこまれ、店は閉鎖。その後はショーパブで自虐的なトークや歌で糊口をしのぐ毎日。生活は困窮し、金欲しさにチャンピオンベルトを売り（映画のとおりベルトを壊し、石だけを売った）、5千ドルの謝礼で雑誌に過去の八百長を告白したこともある。

こうしたどん底の暮らしを送りながらも女にはモテて、ビッキーと離婚後4度再婚。1970年に自伝を発表し、これがデ・ニーロ主演で映画化されると、たちまち有名人に。さらには1986年、回想録の続編を出版した。

転んでもタダでは起きないラモッタは、2017年9月、95歳でこの世を去った。

美人妻ビッキーと離婚後
4度再婚

ラモッタ(右)の2番目の妻、ビッキー・セイラー。2人の親交は離婚後も続き、
映画「レイジング・ブル」公開時には2人で鑑賞している。ビッキーは2005年、75歳で死去

ブロコビッチ本人。現在、環境活動家として精力的に活躍中

エリン・ブロコビッチ

大手企業から史上最高額の和解金を勝ち取ったシングルマザーの笑えないその後

ジュリア・ロバーツがアカデミー最優秀主演女優賞を受賞した２０００年のアメリカ映画「エリン・ブロコビッチ」。タイトルにその名を使われた実在の女性が、地域住民に多大な健康被害をもたらしていた大手企業を相手に訴訟を起こし、３億３千万ドルというアメリカ史上最高額の和解金を勝ち取った、信じられない実話をドラマ化した作品である。ブロコビッチは一躍〝時の人〟となるが、劇中では描かれないその後の人生は、笑い事では済まされないものだった。

映画は１９８９年、ブロコビッチが仕事の面接に落ちた後、追突事故に遭うシーンから始まる。このとき彼女は29歳で妊娠中。他に２人の子供を抱える、貧乏なシングルマザーだった（劇中では、すでに３人の子供がいることになっている）。この不運な冒頭シーンが表すとおり、それまで彼女が歩んだ人生は、平凡にはほど遠いものだった。

ブロコビッチは１９６０年生まれ。21歳でカンザス州立大学卒業後、Ｋマートで働きつつ電気設計技師の勉学に勤しむ。しかし、仕事はすぐに辞め、お金のため美人コンテストに参加するようになり、１９８１年には〝ミス・パシフィック・コ

エリン・ブロコビッチ

2000／アメリカ　監督：スティーブン・ソダーバーグ
正式な法律教育を受けていないにもかかわらず、大手企業を相手取って訴訟を起こし、高額和解金を勝ち取った実在のシングルマザーの半生を描く。主演のジュリア・ロバーツはオスカー他、数々の賞に輝いた。

ースト〃に選出されている。

22歳で結婚し2人の子供を授かったものの、24歳のときパニック障害を発症し、2年後、離婚。子供を引き取り秘書の仕事に就くと、28歳で職場の上司と再婚して豊胸手術を受ける（映画でもジュリア・ロバーツがやたら巨乳を強調している）。が、これが原因で拒食症に苦しみ、セラピーに通うようになる。そして29歳で2度目の離婚。改名手続きに必要な675ドルが捻出できず、夫の姓、ブロコビッチのままでいることに。その後、第3子の妊娠が発覚し、前記した事故で頚椎椎間板ヘルニアに悩まされる。

まさに踏んだり蹴ったりだが、転機は31歳。求人広告で見つけた法律事務所に就職しから、人生が大きく変わり始める。ブロコビッチはミニスカートに胸が大きく開いたスーツという大胆な格好で職場に通う。他のスタッフから白い目で見られ、事務所の代表で弁護士のエドワード・L・マスリーもその存在を訝しく感じていた。が、彼女は人一倍正義感の強い女性だった。電話番と雑用係をこなしながら仕事を覚え、そのうちアメリカ西海岸を拠点とする大手電力・ガス会社PG&E社の汚染問題に行き当たる。同社は人体に有害な六価クロムによる水質汚染の事実を隠蔽しようとしていた。彼女は32歳の頃からこの案件に没頭し、隠蔽の裏付け証拠を集めるのとともに原因不明の病気に苦しんでいた地域住民600人を説得。1993年、所長のマスリーと一緒にPG&E社を訴え、史上稀にみる3億3千万ドルの和解金を勝ち取る。ブロコビッチ36歳のときだ。

元恋人&旦那から金をせびられ子供2人は薬物依存。本人もボートの飲酒運転で逮捕

豊胸手術でバストを強調していたブロコビッチ（上）の姿は、劇中のジュリア・ロバーツが再現している

映画「エリン・ブロコビッチ」より

ブロコビッチの上司、マスリー弁護士役アルバート・フィニー（右）の演技も高く評価され、全米映画俳優組合賞助演男優賞に輝いた。映画「エリン・ブロコビッチ」より

映画は、マスリーがブロコビッチに2億円のボーナス小切手を手渡すところで終わる。まさに痛快極まりない話だが、生々しいドラマはここからだ。映画に彼女の3人の子供の面倒を見てくれる気のいい恋人ジョージが出てくるが（実際は報酬をもらいベビーシッターを請け負っていた）、彼はブロコビッチに大金が入るとわかるや彼女に付きまとい金を要求、最終的には法的に決着をつけなければならないほどのトラブルに発展している（同様に2番目の元夫からも金をせびられた）。

また、突然知名度が上がり家を空ける機会が多くなったことが原因で長男と長女は10代で薬物依存症に陥り、高額の治療費を払いながら通院するハメとなった。ボーナスで購入したマイホームもカビだらけで、建て直しが必要なほど荒れまくっていた。

プライベートでは3度目の結婚をした男性と〝理解しがたい不和〟が原因で2012年に離婚。元夫から配偶者扶養費の支払いを求められたり、2013年6月にはボートの飲酒運転で逮捕されたりと世間を騒がせた。もっとも、仕事面では、環境・薬害訴訟を専門とする消費者保護団体の代表として一線で活躍中である。

ちなみに、映画の最後に「PG&E社は地下水の汚染を防ぐために貯水池を全て防水加工することを決定した」とのテロップが出るが、2000年代後半から再び広範囲で六価クロムが検出されており、ブロコビッチが調査に乗り出しているという。

マスリー本人（左）は映画公開5年後の2005年、糖尿病による合併症で73歳で死去

トランボ ハリウッドに最も嫌われた男

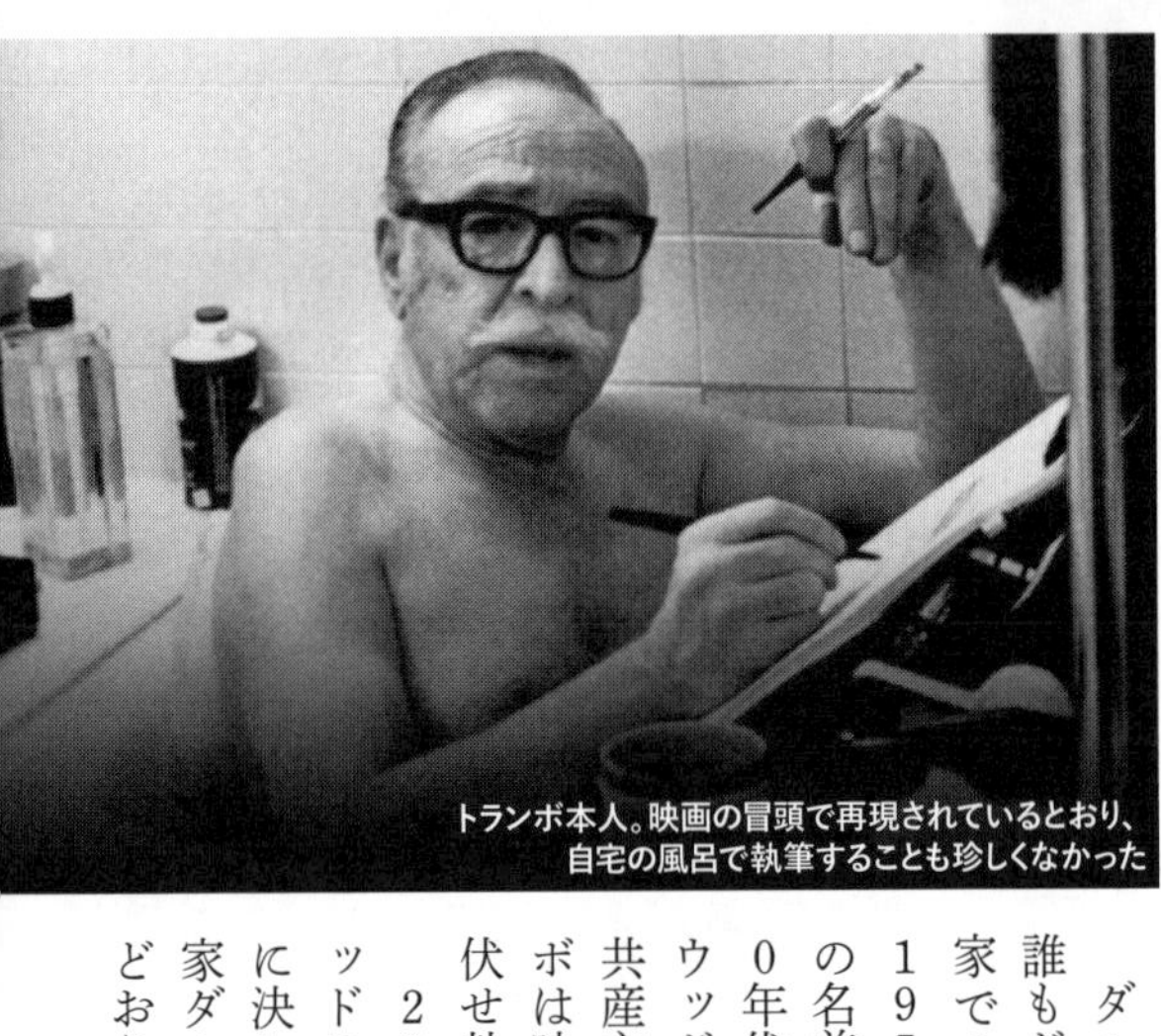
トランボ本人。映画の冒頭で再現されているとおり、自宅の風呂で執筆することも珍しくなかった

ダルトン・トランボ。映画ファンなら誰もが知る名作「ローマの休日」の脚本家である。が、この作品が公開された1953年、エンドロールには別の人物の名前がクレジットされていた。1940年代後半から1950年代半ばのハリウッドに吹き荒れた「赤狩り」により、共産主義者のレッテルを貼られたトランボは映画界から追放状態にあり、実名を伏せ執筆活動に従事していたのだ。

2015年公開の「トランボ　ハリウッドに最も嫌われた男」は、不当な扱いに決して屈せず、己の信念を貫いた脚本家ダルトン・トランボの半生をほぼ史実どおりに描いた伝記ドラマの傑作である。

「赤狩り」に屈しなかった脚本家ダルトン・トランボの気骨と信念の生涯

トランボは1905年、米コロラド州に生まれた。高校時代から地元日刊紙のアシスタント記者として働くなど才能を開花させていたが、進学したコロラド大学在学中に父が病に倒れ中途退学。実家に戻り、その後8年間、パン工場で働き家計を支えながら小説家を目指し、独自に執筆活動を続けていた。

映画界と繋がりができるのは20代後半。酒の密売をしていた自身の経験を書いた記事が雑誌に掲載されたことで映画評論家、編集者として職を得た後、知人の紹介でワーナー・ブラザースの脚本部へ。1936年に映画「ロードギャング」でデビューを飾り、1940年の「恋愛手帖」ではアカデミー脚色賞にノミネートされるなど着実にキャリアを重ね、本作「トランボ〜」の物語が始まる1947年当時、ハリウッドの売れっ子脚本家の1人になっていた。

映画では描かれないが、生涯添い遂げる妻クレオ（1916年生）と結婚したのが1938年。ドライブイン・レストランで水の入ったグラスを器用に扱うクレオ（劇中、彼女を演じたダイアン・レインがジャグリングを披露するシーンがある）を見たトランボの一目惚れで、後に夫妻は長女ニコラ（1939年生）、長男クリストファー（1940年生）、次女メリ

トランボ ハリウッドに最も嫌われた男

2015／アメリカ　監督：ジェイ・ローチ
「ローマの休日」「黒い牡牛」「パピヨン」など数々の名作を生んだ希代の脚本家ダルトン・トランボの波瀾万丈な人生を、テレビシリーズ「ブレイキング・バッド」で知られるブライアン・クランストン主演で描いた伝記ドラマ。

ッサ（1945年生）を授かる。

脚本家として活躍する一方、トランボは自身の思想信条から1943年にアメリカ共産党に入党したが、第二次世界大戦後の米ソ冷戦下、ハリウッドに共産主義者と同調者を排除する赤狩り旋風が巻き起こり、立場が危うくなる。

赤狩りを主導した下院非米活動委員会は共産主義に加担していると思われる映画スタッフ・俳優のブラックリストを作り、1947年10月、第1回聴聞会を実施。ハリウッド映画界の著名人19人を召喚する。トランボもその1人だった。

聴聞会で、トランボは「あなたは共産党員か、あるいはかつてそうだったか、イエスかノーで答えよ」の問いかけに「これはアメリカの強制収容所の始まりだ」と証言を拒否する。同じく証言を拒んだ者が9人おり、トランボを含む脚本家10人は後に「ハリウッド・テン」と呼ばれ、法廷侮辱罪で禁固刑の実刑判決を言い渡されることとなる。

このとき、赤狩りを猛烈にバックアップしたのが、劇中にも登場する「アメリカの理想を守るための映画同盟」に所属していた大物俳優のジョン・ウェインだ。また、後に大統領となる俳優のロナルド・レ

トランボの3人の子供。左から長女ニコラ、次女メリッサ、長男クリストファー。ニコラは心理療法士、メリッサは写真家に。クリストファーは父と同じく脚本家の道に進み、2011年1月、父と同じ70歳で死去した

ーガンも共産主義者を容赦なく攻撃した。

もう1人、赤狩りに大きく影響力を持った女性がいる。ヘッダ・ホッパー。31歳で女優デビューしたものの端役ばかりで、50歳でゴシップライターに転身して大成功。当時、新聞や雑誌に多くのコラムを連載し、3千500万人の読者を持っていたハリウッドの陰の女帝で、劇中で描かれるように、彼女は大物プロデューサーにトランボを起用しないよう直に提言した。

この赤狩りにより、1954年までに約1万人の映画人が仕事を干され、約250人が国外に脱出した。有名なところでは喜劇王チャールズ・チャップリン。1947年の「殺人狂時代」が左翼的な作品として何度も召喚命令を受け、1952年、ロンドンでの「ライムライト」のプレミアのために向かう船の途中、アメリカ政府当局から事実上の国外追放処分となり、スイスへの亡命を余儀なくされた。

また、1952年の名作「真昼の決闘」の脚本家カール・フォアマンは共産党員だったため、ジョン・ウェインら右派の大物から同

1947年10月、妻クレオと非米活動委員会の聴聞会に出席したトランボ。上が実際の写真。下が劇中の再現シーン（左ブライアン・クランストン、右ダイアン・レイン）。映画「トランボ　ハリウッドに最も嫌われた男」より

右／赤狩りを支持し、トランボ排除に動いた大物ゴシップライターのヘッダ・ホッパー。1966年、80歳で死去。 左／1950年、投獄の決定に抗議し、我が身の自由を訴えるハリウッド・テンのメンバーとその家族。左から4人目、眼鏡の男性がトランボ。この場面も劇中で再現されている

作のアカデミー賞受賞を妨害されイギリスに亡命。その後デヴィッド・リーン監督作「戦場にかける橋」（1957）でアカデミー脚色賞を受賞したが、公開当時は赤狩りによって名前をクレジットされていない（後年に復活）。

トランボは、1年の禁固刑を受け1950年6月、ケンタッキー州アッシュランドの刑務所に投獄された。劇中では服役期間を終え出所したことになっているが、実際は模範囚として2ヶ月減刑され、1951年から家族とともにメキシコに滞在。執筆活動を再開する。

トランボはしたたかだった。ハリウッド・テンの1人である自分を起用する映画会社がないことを承知のうえ、当時、怪奇ものやアクションなどのB級映画を中心に制作していたキング・ブラザーズ社（フランクとモーリーの兄弟が経営）に売り込み、偽名かつ格安のギャラで同社の作品の脚本を約30本書き上げる。全ては生活のためだった。

一方で、メジャー映画会社への売り込みも忘れず、194

0年代半ばに書き上げていた「ローマの休日」を脚本家の友人イアン・マクレラン・ハンターの名を借りて、1953年、パラマウント社で映画化。同年のアカデミー賞でオードリー・ヘプバーンが主演女優賞を受賞した他、原案賞（1956年を最後に廃止）を獲得した。もちろん、世間は本当の作者がトランボであることなど全く知らなかった。

翌1954年、トランボはアメリカに戻り、2年後の1956年、またもオスカーに輝く。キング・ブラザーズ社制作の「黒い牡牛」。母を亡くしたばかりの貧しいメキシコ農村の少年と、同じく母牛を失った闘牛用の子牛との絆を描いたこの作品で同年のアカデミー原案賞を受賞したのだ。このときトランボが使った偽名「ロバート・リッチ」はキング兄弟の親戚の名で、授賞式では「ロバート・リッチは妻の出産のため、やむをえず欠席した」とだけ告げられた。

作中に説明はないが、2つの作品にはトランボの意思が込められていると言われる。「ローマの休日」で有名な、グレゴリー・ペック扮する新聞記者とヘプバーン演じるアン王女が「真実の口」に手を突っ込むシーン。あの場面は、トランボがかつて聴聞会で「真実を述べろ」と言われ拒否した自身の経験の投影であり、「黒い牡牛」のクライマックスで闘牛場の観客が大合唱するシーンも、そこで歌われた「インドゥルド（闘牛界で『恩赦』の意）」なる曲で、自身の不遇を訴えたのだという。

こうした作品に表れる〝トランボらしさ〟と、秀逸な物語から、ハリウッドではトランボが偽名を使い脚本を書いているとの噂が流れる。対し、本人は肯定も否定もしなかったが、1959年、テレビのインタビューで自分がロバート・リッチであることを正式に認める。赤狩りへ抗議し、ハリウッド・テンのメンバーの仕事復帰を促すのが目的だった。

その後、トランボは赤狩りに異を唱えていたスター俳優カーク・ダグラスの指名で「スパルタカス」（1960／監督：スタンリー・キューブリック）の脚本にサム・ジャクソン名義で参加（後に実名公開）。同年、オットー・プレミンジャー監督作「栄光への脱出」の脚本を実名で手がけ完全復活を果たす。両作ともに興行的に大ヒットを収めたことも、トランボの実力を改めて知らしめる結果となった。

1953年、トランボが友人の名前で脚本を執筆、アカデミー原案賞を受賞した「ローマの休日」。写真は新聞記者役グレゴリー・ペック（右）と王女役オードリー・ヘプバーンが「真実の口」に手を入れる有名なシーン

本作はトランボが1970年3月、全米脚本家組合の功労賞を受けた際、赤狩りに遭った自身と、支えてくれた家族への思いを口にする感動的なスピーチで終わる。そしてエンドロールのクレジットで彼が1975年に「黒い牡牛」のオスカーを受け取り、翌1976年に70歳で死去したこと（遺作は1973年公開の「パピヨン」）、また妻のクレオが1993年、「ローマの休日」のオスカーをトランボに代わって授与され、2009年、99

歳でこの世を去ったことが示される。

ただ、不可解なのは、トランボの唯一の監督作品である「ジョニーは戦場へ行った」について劇中では一切触れられない点だ。同作は、ナチス・ドイツがポーランドに侵攻した1939年にトランボが執筆した反戦小説である。長年、映画化を希望していたが、第一次世界大戦で両手、両足、耳、眼、口を失いながらも病院のベッドで生き続ける兵士を主人公に据えた重い内容から制作資金が集まらず、最終的にトランボが身銭を切り、自らメガホンを執った。公開されたのはベトナム戦争中の1971年。脚本家として著名になる前の34歳で書き上げ、65歳で正面から反戦と死の尊厳をスクリーンに叩きつけたこの作品がトランボの原点であり、渾身の一作であることは間違いない。

65歳で渾身の初監督作「ジョニーは戦場へ行った」を発表

1939年にトランボが執筆し、32年後の1971年に自身で監督した反戦映画の傑作「ジョニーは戦場へ行った」。同年のカンヌ国際映画祭審査員特別グランプリに輝いた

1975年、ロバート・リッチの偽名でアカデミー原案賞を受賞した「黒い牡牛」(1956)のオスカー像を受け取るトランボ。右は当時アカデミー会長だったウォルター・ミリッシュ

暁(あかつき)に祈れ

タイの刑務所で地獄を体験したイギリス人ボクサー、ビリー・ムーアの絶望と再生

FILMS

2018年公開の「暁に祈れ」は、犯罪と不正が渦巻くタイの刑務所でムエタイを武器にのし上がった実在のイギリス人ボクサー、ビリー・ムーアの壮絶な体験と魂の再生を描いた1本だ。映画は本物の刑務所で撮影され、役者も主要キャスト以外、全て本当の元囚人。リアリティを極限まで高めたその描写は、観る者を容赦なく圧倒する。

主人公ビリー・ムーアを演じたジョー・コール。映画「暁に祈れ」より

本作は説明的な描写をほとんど排除しており、主人公ムーア（演：ジョー・コール）のプロフィールについても映画を観ただけでは一切わからない。ムーアは1972年、イギリス・バーミンガムに生まれた。家庭は貧しく

住まいは公営住宅。さらに父親がアルコール依存症で、息子に対し日常的に暴力を働いた。そんな荒んだ環境から逃げるようにムーアは10代からボクシングに打ち込む一方、悪事にも手を染め、強盗、ヘロイン摂取、危険運転などで何度も逮捕され、刑務所を出入りしていた。

人生をリセットすべく以前訪れたことのあるタイに渡ったのは2005年。新天地で英語を教えたり、闇ボクシングのファイトマネーなどで生計を立てる。また、スタントマンとして、タイを舞台にしたシルベスター・スタローン主演の「ランボー」シリーズ第4作「ランボー／最後の戦場」（公開は2008年）にも出演を果たした。

しかし、昔覚えた薬物の快感は断ち難く、やがてヘロインやヤーバー（タイの麻薬）に手を出し、2007年、警察に逮捕される。直接の容疑は違法薬物の所持と、盗品の携帯電話数十台と50枚以上のSIMカードを所持していたことだった（映画はこの辺りから始まる）。

懲役3年の有罪判決を受け収監されたチェンマイ中央刑務所は、映画で描かれるとおり「地獄」と呼ぶにふさわしい最悪の場所だった。ムーアが

暁に祈れ

2018／アメリカ・イギリス・フランス・中国
監督：ジャン＝ステファーヌ・ソヴェール
汚職や暴力が蔓延するタイの過酷な刑務所を舞台に、ムエタイで生きる光を見出していく実在のイギリス人ボクサー、ビリー・ムーアの体験を映像化。

入ったのは70～80人が詰め込まれた不衛生な雑居房で、囚人は体だけでなく顔にまでびっしりとタトゥーが入った強面（こわもて）ばかり。刑務所内では看守への賄賂、賭博、薬物摂取、囚人間でのレイプ、リンチ、さらには殺人までもが当然のようにまかり通っており、ムーアの後の証言によれば、入所後の1週間で、シートに覆われた25もの死体が運び出されるのを目撃したそうだ。

また、映画で描かれるとおり刑務所には「レディボーイ」と呼ばれるトランスジェンダーの受刑者も収容されており、彼らは男性の囚人から犯されるのを避けるため別の房に入り、主に施設内の物品販売所で働いていた。劇中では、ムーアがそんなレディボーイの1人と心を通わせ肉体関係を結ぶことになっているが、これは完全なフィクション。レディボーイたちは一切、男性受刑者を寄せ付けなかった。

自身も頻繁に暴力騒動に巻き込まれる生き地獄のような生活のストレスから、ムーアはまたもドラッグに依存していく。そこで出会ったのが、刑務所内でチームが組まれていたムエタイである。

劇中では、格子越しに見かけたトレーニング中の選手を見て自らチームへの参加を懇願

10代後半のムーア本人。ボクシングに打ち込む一方、犯罪にも手を染めていた

しているが、実際は、普段から暴行の標的になっていたムーアを見かねた1人の看守の推薦によるもので、彼は「ここで死にたくなければ何かを変える必要がある」とムーアに説いたそうだ。

ムエタイチームに入ると囚人からの暴力はなくなり、ムーアは日々トレーニングに励むようになる。ちなみに、劇中で彼のコーチ役を演じていたのは、1996年のアトランタ五輪ボクシングフェザー級でタイ初の金メダルを獲得したソムラック・カムシンで、彼が〝くわえタバコ〟のまま指導するのは、カムシン本人がヘビースモーカーだったことを反映している。

薬物依存のムーアには、トレーニングを続けると内臓が破裂し、失血死する可能性があった。が、彼は危険を顧みず練習を積み実力をつけ、やがて他の刑務所のボクサーとの試合に出場するようになる。これは、タイの矯正局が主催していた慈善イベントで、囚人がファイトマネーを稼ぎ、減刑も可能にするものだった。

映画は、ムーアが刑務所ムエタイチームの全国大会に初の外国人選手として出場した試合をクライマックスシーン

映画「ランボー／最後の戦場」にスタントマンとして出演した際、主演のシルベスター・スタローンと撮った記念写真

撮影はタイ中部のナコーンパトム刑務所で行われた。囚人たちのリーダーを演じたパンヤ・イムアンパイ(右)は強盗罪で実際に8年服役していた元囚人で、顔のタトゥーも入獄中に入れた本物

として描く。が、これは事実に即しておらず、該当するのはタイの刑務所で最強と呼ばれたボンという名の選手との一戦で、試合はムエタイではなく純粋なボクシングによる戦いだった。

ムーアがノックアウトで勝利したものの試合終了後に吐血し、病院に救急搬送され、手術を経て病院を脱出、そのまま逃亡を図ったところを思いなおし、刑務所に戻ったのは劇中で描かれるとおりだ。

映画は、刑期を務め釈放となったムーアが、迎えに来た父親（ビリー・ムーア本人が演じている）と再会するシーンで幕を閉じる。が、事実は違う。

ムーアはムエタイの試合に勝利したことによる減刑はなく、チェンマイ中央刑務所からバンコクのク

刑務所内のムエタイチームのコーチに扮したソムラック・カムシンは、アトランタ五輪でタイに初の金メダルをもたらした元ボクサー

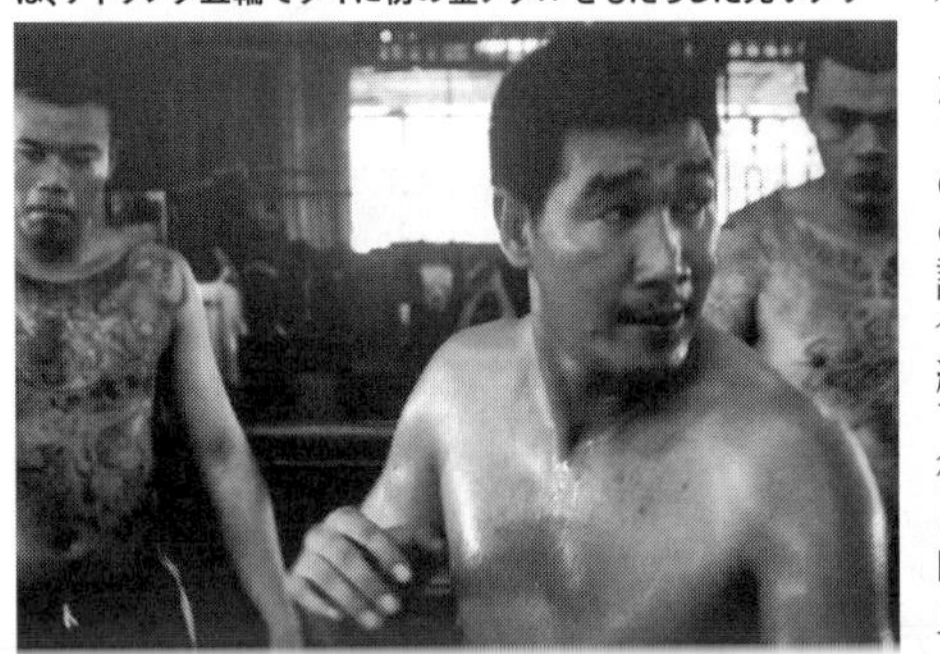

スチール写真は映画「暁に祈れ」より

ムーア（右）が戦った実際の試合の様子

ムーア本人も、映画の最後に父親役でカメオ出演している

映画公開直前に窃盗を働き再び刑務所へ

ロンプレム中央刑務所に移送される。ここもまたリンチや殺人が日常的に発生する最悪な環境で、ムエタイに関わることも許されなかった。結局、ムーアはタイの2つの刑務所で2年強を過ごした後イギリスに送られ、8ヶ月の収監を経て2010年に釈放。父親に再会したのは、この後のことだ。

2014年、ムーアが出版した手記『A Prayer Before Dawn』は世界的ベストセラーとなり、映画制作には本人も積極的に協力した。が、2018年2月、隣人宅から宝石や酒などを盗んだ容疑で逮捕。映画の一般公開を前に再び刑務所に舞い戻ったと伝えられている。

黒い司法 0%からの奇跡

黒人弁護士スティーブンソンが黒人死刑囚マクミリアンの冤罪を晴らすまで

FILMS

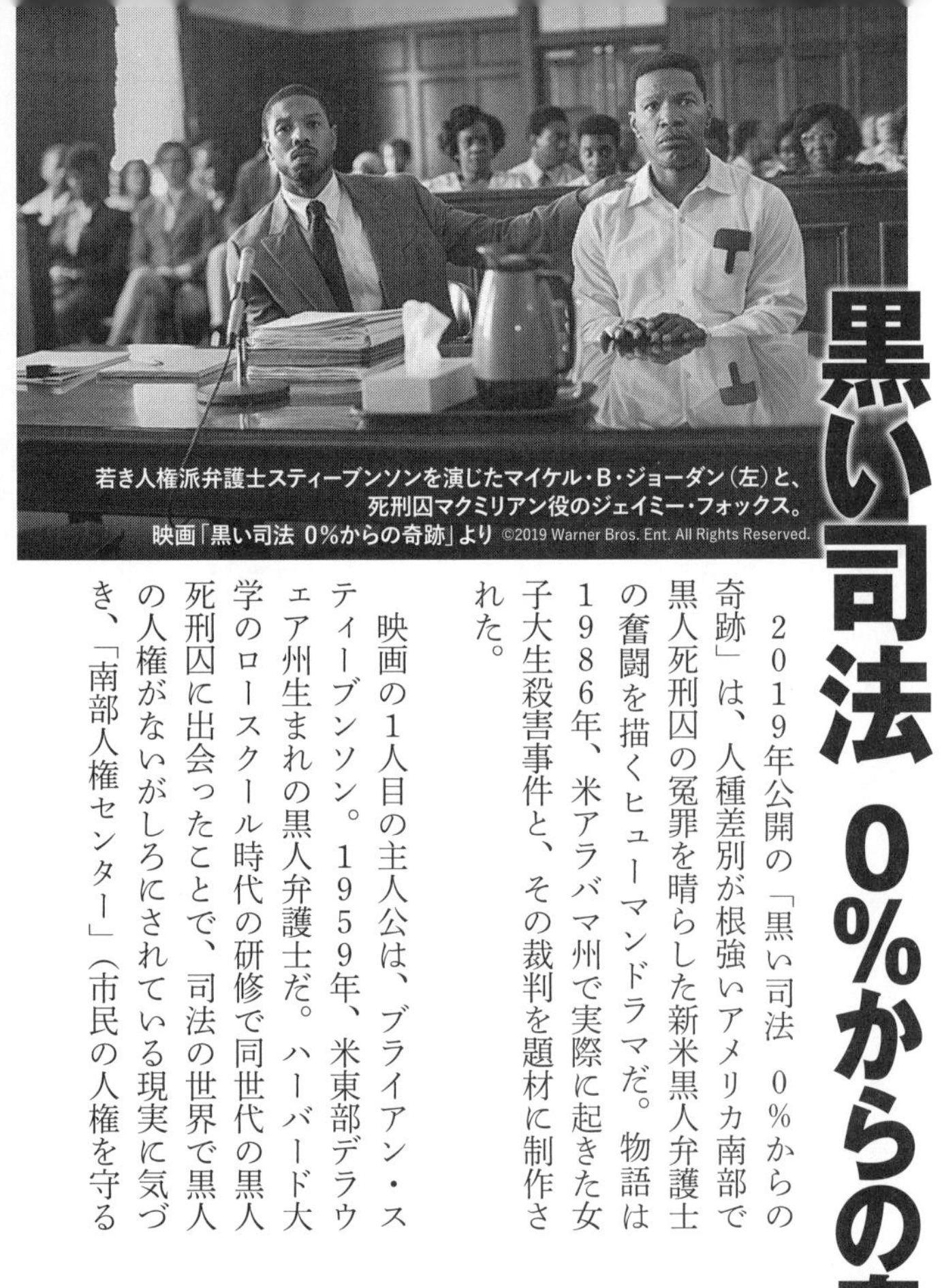

若き人権派弁護士スティーブンソンを演じたマイケル・B・ジョーダン（左）と、死刑囚マクミリアン役のジェイミー・フォックス。映画「黒い司法 0%からの奇跡」より

2019年公開の「黒い司法 0%からの奇跡」は、人種差別が根強いアメリカ南部で黒人死刑囚の冤罪を晴らした新米黒人弁護士の奮闘を描くヒューマンドラマだ。物語は1986年、米アラバマ州で実際に起きた女子大生殺害事件と、その裁判を題材に制作された。

映画の1人目の主人公は、ブライアン・スティーブンソン。1959年、米東部デラウェア州生まれの黒人弁護士だ。ハーバード大学のロースクール時代の研修で同世代の黒人死刑囚に出会ったことで、司法の世界で黒人の人権がないがしろにされている現実に気づき、「南部人権センター」（市民の人権を守る非営利の法律事務所）に参加。1989年、アラバマ州の担当者として赴任する。

もう1人の主人公がウォルター・マクミリアン（1941年生）。1986年11月1日、18歳の女子大生ロンダ・モリソンを殺害した容疑で死刑宣告を受け、刑務所に収監されていた黒人男性だ。

事件が起きたのは、アラバマ州モンロー郡のモンロービルという人口6千500人程度の田舎町。警察は発生から半年以上も犯人を検挙できず、相当なプレッシャーを抱えていた。結果、逮捕したのがマクミリアンである。別の殺人事件の容疑者だったラルフ・マイヤーズなる男性を脅し、マクミリアンの犯行を目撃したと偽証させたのである。

映画のとおり、事件当日、マクミリアンが地域の教会で資金集めのバザーに参加していたと、そのアリバイを証言する者は数多くいた。にもかかわらず彼が逮捕されたのは、アラバマ州に「気に食わない黒人をスケープゴートにする」という悪習があったからだ。

マクミリアンはパルプ材伐採業を営む実業家として成功しており、南部の白人には目障りな存在だった。加えて白人の人妻と浮気し、彼の9人の

黒い司法 0%からの奇跡

2019／アメリカ　監督：デスティン・ダニエル・クレットン
冤罪で死刑宣告された被告人の容疑を晴らそうとする黒人弁護士ブライアン・スティーブンソンの奮闘を描いた社会派ヒューマンドラマ。スティーブンソンが著したノンフィクション『黒い司法 黒人死刑大国アメリカの冤罪と闘う』が原作。

ウォルター・マクミリアン（左）と、彼を弁護したブライアン・スティーブンソン本人

子供（3人は妻の連れ子）のうちの1人の息子が白人女性と結婚していた。人種間の性的交渉は、人種差別がまかり通る南部では絶対的タブー。警察は「気に食わない黒人」マクミリアンに殺人を犯した物的証拠が一切ないのを承知で逮捕に踏み切ったのだ。

劇中では、保安官（トム・テイト）と、検事（トミー・チャップマン）がマイヤーズに偽証させ、マクミリアンを殺人犯に仕立てる流れになっているが、実際は黒幕がいる。事件が起きたモンロー郡は黒人人口比率が40%あるため、黒人13%のボールドウィン郡に移して裁判を行ったロバート・E・リー・キー裁判官だ。白人11人、黒人1人で構成された12人の陪審員に、彼はタブーを犯す黒人が犯人だと煽って有罪へ導き、さらに検察が終身刑を求刑したにもかかわらず、判決で死刑を宣告（1989年9月）。こうしてマクミリアンは刑務所に収監される。

日本も含め世界の大半の国は被疑者に対して公的弁護制度を導入、取り調べの時点から弁護人をつけることを権利化している。が、アラバマ州はアメリカで死刑囚に弁護人をつけない唯一の州だった。

南部人権センターの弁護士としてアラバマに赴任したスティーブンソンは、刑務所に収監されている死刑囚たちと面談し弁護を必要としているかどうかを確認していく過程でマクミリアンと知り合い、彼の冤罪を確信、正式な弁護人になった。

映画では、新たな証人や証拠を探し再審請求を行う黒人スティーブンソンに、警察や検察が人種差別を隠そうともせず嫌がらせを行う様子が描かれる。弁護士であるスティーブンソンに対する違法な裸での身体検査や、ピストルを頭に突きつけての交通検問、さらには助手の自宅に爆弾を仕掛けたと脅すイタズラ電話などは全て実際に起きた出来事だ。

しかし、スティーブンソンは決して圧力に屈しなかった。調書を丁寧に調べ、マイヤーズが当初の供述でマクミリアンを知らないと証言していたこと、最初に現場に駆けつけた警官の供述とマイヤーズの証言が食い違っていること（後に、検察から偽証を求められ拒否した警官は解雇

マクミリアンが犯人とされた事件で犠牲になった18歳の女子大生ロンダ・モリソン。1986年11月1日、バイト先のクリーニング店で銃殺されていた

マクミリアンを殺人犯に仕立てたトム・テイト保安官。明らかな人種差別を行っていたと指摘されながらも、30年にわたって保安官職に在任

マクミリアンを死刑囚にまで貶めた黒幕、ロバート・E・リー・キー裁判官

警察に目撃証言を強要され、偽証したラルフ・マイヤーズ。後に証言を取り消した

されている）などを突き止め、再審を請求する。が、結果は却下の連続だった。

　映画では時間の経過がわかりにくいが、マイヤーズを説得して法廷で偽証を認めさせたのはスティーブンソンがマクミリアンの弁護人になってから3年目、１９９２年4月のことだ。この期に及んでも郡の裁判所は再審を認めなかったため、スティーブンソンは州最高裁に提訴。さらに大手テレビ局ＣＢＳのドキュメンタリー番組「60ミニッツ」に掛け合い、事件を報道してもらう。こうした懸命な働きかけの影響で、州最高裁は「意図的な人種差別を行っていた」と認定。ついに再審を認める裁定を出すに至る。

　映画のクライマックスは１９９３年3月に行われた郡裁判所でのマクミリアンに対する起訴取り下げ請求の審理シーンだ。弁護士スティーブンソンは法廷で訴えた。

「マクミリアンだけの話ではない。検察や裁判所は何を守っているのか。メンツではなく、目の前にいる住民ではないのか」

　この弁論に検事は反論をせず、自らマクミリアンへの起訴を取り下げた。

　釈放されたマクミリアンはその後、保安官や捜査担当者を相手取って民事裁判を起こし、

無事に釈放されたものの、6年間の死刑囚暮らしで認知症を発症

1993年3月2日、無実の罪で死刑囚監房に収監されていたマクミリアン（手を上げている男性。当時51歳）が6年ぶりに釈放された際の1枚。右端がスティーブンソン弁護士（同33歳）。2人の間にいる女性はマクミリアンの妻

法定外で和解。パルプ材伐採の仕事に戻ったが、6年間の死刑囚監房暮らしの後遺症で認知症を患い、2013年9月、71歳で亡くなった。

一方、スティーブンソンは誤って有罪判決を受けた被疑者を支援する非営利団体を新たに立ち上げ、冤罪で死刑囚となった100人余りの人たちを救ったほか、刑務所内での虐待行為をやめさせ、精神障害や知的障害を持つ囚人、子供なのに成人として扱われる囚人の待遇を是正、今や最も注目されるアメリカの人権派弁護士となった。

エイズに罹患した同性愛者の弁護士を演じたトム・ハンクス(左)と、訴訟代理人役のデンゼル・ワシントン。映画には、約50人のエイズ患者がエキストラとして出演したが、公開時までに20人ほどが死亡。写真、デンゼル・ワシントンの後ろに座る傍聴人役の女性が現在まで生存する唯一の人物。映画「フィラデルフィア」より

フィラデルフィア

FILMS

トム・ハンクス演じる主人公のモデルになった同性愛者でエイズの弁護士2人の実話

1993年に公開された映画「フィラデルフィア」は、現在もアメリカに色濃く残る同性愛とHIV(エイズ)に対する偏見・差別を法廷で覆していく社会派ドラマだ。

主人公はトム・ハンクス演じるゲイでエリート弁護士のアンドリュー・ベケット。事務所は彼の業績を評価、昇進させるが、その直後にエイズを患っていることを知ると理由をでっち上げ解雇。これを不当とし、ベケットは事務所を訴える。裁判はメディアでも話題になり最終的に勝訴するものの、病気が進行したベケットはほどなく天に召されてしまう。

トム・ハンクスがアカデミー主演男優

賞を、ブルース・スプリングスティーンによる主題歌「ストリーツ・オブ・フィラデルフィア」が歌曲賞を受賞した同作には、モチーフになったとされる2つの裁判が実在する。

エイズは人の免疫系を破壊するウイルスが原因の病気で、精液、血液、母乳などを通じて感染。すなわち、性的接触や母子感染、注射器の回し打ちなどでなければ伝染らないことが判明している。効果ある治療法も開発され、エイズはもはや死に至る病ではなくなった。にもかかわらず、未だに握手やハグだけで感染すると思い込んでいる人がいるのも事実。まして本作が公開された1993年当時、アメリカ全土で累計20万人、フィラデルフィアがあるペンシルベニア州だけでも3千人近くがエイズで死亡していたのだから、感染の恐怖は、アメリカ国内で60万人以上が命を落とした（2021年6月21日現在）新型コロナウイルスより強かったことは想像できる。

劇中でも、図書館で調べ物をしていた主人公がエイズ感染者とわかるや周囲の人間が逃げ出し、彼の訴訟代理人になる弁護士（演：デンゼル・ワシントン）でさえ握手するのを戸惑うシーンが描かれている。まさにパニックに近いエイズ感染者への偏見・差別がまかり通っていた状況下で、エ

フィラデルフィア

1993／アメリカ　監督：ジョナサン・デミ
フィラデルフィアの法律事務所で働く有能な弁護士が、エイズが原因で自分を不当解雇した会社側を相手取り、法廷で闘いを挑む社会派ドラマ。

イズ問題に取り組んだ最初のアメリカ映画が「フィラデルフィア」だったのだ。

モデルになった訴訟の1つはアメリカで最初のエイズ雇用差別裁判とされる同性愛者の男性ジェフリー・バウアーズのケースだ。

バウアーズ（1953年生）が弁護士を目指したのは大学卒業後、テレビのニュースレポーターなどの仕事を経てからのことだ。法律学校に通い、1982年にニューヨークの法律事務所に入所。国際市場に目を向けていた彼はイタリア語、フランス語、ドイツ語、オランダ語を話し、才能を高く評価されていた。

世界中に53のオフィスを構えるアメリカ最大手の法律会社ベーカー&マッケンジーのニューヨーク事務所に採用されたのは2年後の1984年8月。ここでも実力をいかんなく発揮していたが、翌年、頭痛を訴えて倒れ、病院へ担ぎ込まれる。診断の結果は髄膜炎。しかし、1986年4月、今度は口蓋（こうがい）に違和感を覚え皮膚科へ。ここで、エイズ患者に一般的な皮膚がんであるカポジ肉腫が判明した。

顔にカポジ肉腫の紫色のアザが目立つようになった同年7月、事務所は通常の手続きを経ず、バウアーズに解雇を通告する。上司の1人が反対したものの、15人の同僚のうち12人が解雇に賛成し、バウアーズは12月、会社を去る。

映画のモデルになった1人と言われるジェフリー・バウアーズ元弁護士

トム・ハンクスが時間経過とともに病で衰弱していく様を見事に演じきった。
映画「フィラデルフィア」より

1987年7月、差別による不当解雇を主張し、ニューヨーク州人権課に訴状を提出。さっそく審理が始まると、まさに映画で描かれているとおり、事務所側は、彼がエイズだとは知らなかった、能力の問題で顧客を3人失ったと解雇の正当性を主張する。

2ヶ月後の9月、病気の進行によりバウアーズ死去（享年33）。長年のパートナーだった短編小説家の男性も1年後に亡くなったが、その後も続いた審理で、バウアーズの元同僚が解雇の理由がでっち上げだったことを証言。最終的に1993年12月、補償的損害賠償として、事務所側が原告側に50万ドル（日本円で約5千500万円）を支払うことで和解した。

話にはまだ続きがある。バウアーズの死から1年後の1988年、話を聞きつけたハリウッドの映画プロデューサーが遺族と弁護士に取材し、映画化の際には報酬を支払うことを口約束していた。が、本作「フィラデルフィア」にはバウアーズの名前はクレジットされておらず、ギャラが払われることもなかった。納得のいかない遺族は「フィラデルフィア」公開1年後の1994年、映画のストーリーとバウアーズの体験が劇中54のシーンで酷似しているとして、配給会社のトライスター・ピクチャーズを告訴。詳細は明らかではないが、1996年、会社側が遺族に50万ドルの和解金を支払ったそうだ。

Vindicating a Lawyer With AIDS, Years Too Late

Bias Battle Over Dismissal Proves Costly Not Only to Worker, but to Law Firm

バウアーズの勝訴を報じる新聞。「勝訴するも遅すぎた」の見出し

提訴2ヶ月後に33歳で死亡

もう1つ、映画のモデルになったとされるのが、1990年にフィラデルフィアの法廷で展開されたクラレンス・カイン（1952年生）のケースだ。カインは1986年にバージニア大学のロースクールを卒業後、当時、アメリカで2番目に大きい法律事務所だったハイアット・リーガル・サービスのフィラデルフィア事務所に採用さ

会社側の弁護士を演じたメアリー・スティーンバージェンは制作開始直前に友人をエイズで亡くしており、撮影初日は取り乱していたそうだ。映画「フィラデルフィア」より

れる。明るいキャラで、年俸1千万円以上を確約された有能な弁護士の1人だった。

体調に異変が生じ、1987年7月、肺炎で入院。長期の療養を強いられ、点滴を受けながら商談を続けた。が、事務所はカインを切り捨てる。彼の体にカポジ肉腫のアザができたのを知ると、数日でカインの机を片付け、一方的に解雇したのである。しかも会社側はカインの机に触れるのを怖がり、清掃サービスの人間にやらせたそうだ。

その後、故郷に帰ったカインは母親と大勢の兄弟たちと貧乏な生活を送っていたが、1990年2月、ハイアットを相手に提訴することを決める。代理人を買って出たのは、カインの扱いに憤慨してハイアットを辞めた、かつての同僚だった。

原告席に座るやせ細ったカインを目にした裁判長は、審理を長引かせようとする会社側を律し、2ヶ月で結審。約11万ドルの損害賠償と、さらに5万ドル（日本円で総額約1千700万円）の懲罰的損害賠償を裁定した。判決文の中には「会社は原告に肉体的な死と同様の社会的死を与えた」と厳しく断罪する一文もあった。カインは勝訴から2ヶ月後、1990年6月に息を引き取った（享年38）。

オスカーの授賞式で、高校時代の先生とクラスメートが同性愛者だったと本人承知のうえで実名をあげスピーチしたトム・ハンクス。1997年に公開されたケヴィン・クライン主演のアメリカ映画「イン&アウト」は、このエピソードを基に作られた1本

ヴェロニカ・ゲリン

麻薬組織を壊滅に追い込んだ女性ジャーナリスト、ヴェロニカ・ゲリンの最期

ヴェロニカ・ゲリン本人。死の5日前に撮影された1枚

２００３年公開のアメリカ映画「ヴェロニカ・ゲリン」は、１人でアイルランドの麻薬組織に立ち向かった実在の女性ジャーナリストの半生を描く社会派ドラマだ。彼女の壮絶な死は、同国の憲法を変えるほど大きなインパクトを与えた。

物語の主人公、ヴェロニカ・ゲリンは１９５９年、アイルランドのダブリンで会計事務所を経営する家庭に５人兄弟の４番目として生まれた。高校卒業後、父の会計事務所勤務を経てＰＲ会社を設立。私生活では１９８５年に結婚、１９９０年に男児を授かっている。

同年、長年の夢だった新聞記者に転身し、『サンデー・ビジネスポスト』『サンデー・トリビューン』で活躍、1994年からはアイルランドで最大部数を誇っていた『サンデー・インディペンデント』紙で働くようになる。

彼女はすぐに頭角を現す。自ら犯罪現場に出向いて関係者への取材を重ね、企業汚職や聖職者のスキャンダルを次々に暴露。怖いもの知らずとも言える仕事ぶりは大きく評価され、たちまち同紙のトップ記者になった。

ヴェロニカが最も力を入れたのが麻薬犯罪の取材である。1990年代のアイルランドは世界でも有数の麻薬地帯で、検挙数は年間1万5千人超。特に10代の常習者が多く、ドラッグ欲しさに身勝手な殺人を犯す者、麻薬中毒で死ぬ少年少女も珍しくなかった。

学校にも行かず、仕事もせず、路上でたむろする子供たちと、彼らを食い物にする麻薬シンジケート。ジャーナリストとしての正義感と怒りに燃えたヴェロニカは、麻薬の流通経路の実態を探るべく、手始めに有名ドラッグディーラーのジョン・トレイナーに接近。ジョン・ギリガンなる大元締めの情報を手に入れる。一説にはヴェロニカがトレイナーの弱みを握って

ヴェロニカ・ゲリン

2003／アメリカ　監督：ジョエル・シュマッカー
不屈の記者魂で麻薬犯罪を追及し続け、1996年に犯罪組織に銃撃され命を落とした実在の女性ジャーナリスト、ヴェロニカ・ゲリンの半生を描く。

おり、それを交渉カードに、取材に成功したとも言われる。

スクープを得たヴェロニカは、さっそくトップ記事で大規模な麻薬組織の存在を公表。多くの市民が記事に衝撃を受け、地元の反ドラッグ団体は彼女の勇気に喝采を送った。

しかし、その代償は大きかった。怒り狂ったギリガンが1995年1月、ヴェロニカの別荘に手下を派遣しリビングの窓へ2発の弾丸を発射。それでも報道が止まないとみるや、今度は自宅に殺し屋を送り込み、玄関先で彼女の右足を撃ちぬいたのである。さしものヴ

ヴェロニカを演じたケイト・ブランシェット（右）。映画「ヴェロニカ・ゲリン」より

ヴェロニカは妻であり母でもあった。左が夫のグラハム、中央が息子のキャタル。グラハムは2011年に再婚。キャタルは2016年現在、ドバイ・ワールド・トレード・センターでアイリッシュパブを経営している

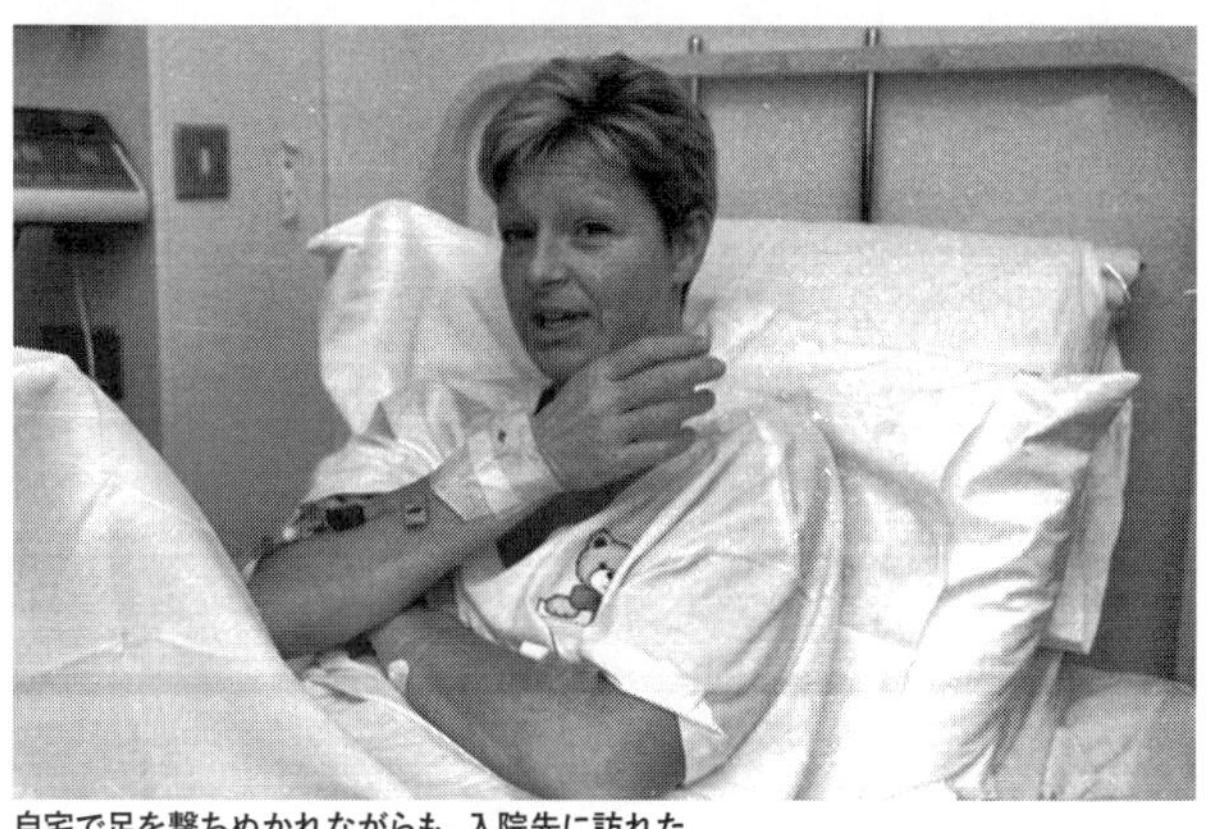

自宅で足を撃ちぬかれながらも、入院先に訪れた取材カメラの前で気丈な姿を見せるヴェロニカ

ェロニカも恐怖に震えたが、もはや後戻りはできない。病院のベッドで、彼女は改めて麻薬組織の壊滅を誓った。

退院したヴェロニカは1995年9月、さらに過激な取材に打って出る。麻薬組織のアジトに乗り込み、ギリガンにインタビューを試みたのだ。むろん、ギリガンが申し出を呑むはずもない。アジトに現れたヴェロニカを車から引きずり出し、顔面を何度も殴りつけたうえで「これ以上、記事を書いたら夫と息子を殺す」と脅しをかけた。

再び病院送りとなったヴェロニカは、それでも信念を曲げなかった。病室にいながらもギリガンの告発記事を書き続け、同年12月にはニューヨークのジャーナリスト保護委員会から「国際報道の自由賞」を授与され、ジャーナリストとして世界的な名声を手に入れる。

しかし、翌1996年6月26日の深夜、悲劇は起きる。ダブリン郊外の交差点で信号待ちをしていたヴェロニカの車に2台のバイクが近づき、窓越しに6発の弾丸で銃撃。胸と頭を撃ちぬかれた彼女は、その場で息を引き取った。37歳の若さでヴェロニカが殺されたことで、アイルランド国民の怒りは頂点に達する。事件は「民主主義への攻撃」と激しく非難され、連日のように抗議デモが発生。その声は議会を動かし、ついに麻薬犯の資産没収を明記した新憲法の成立が決定したのだ。

この後、映画はギリガンが殺人罪で投獄されるシーンで終わるが、実際の経緯は少し異なる。アイルランド警察はギリガンが暗殺を指示した証拠を得られず、裁判が3年にわたって停滞。結局はマネーロンダリングの容疑で別件逮捕に踏み切った。

もっとも、ヴェロニカの死をきっかけに警

至近距離から銃弾を撃ち込まれ即死

ヴェロニカが殺害されたダブリンの現場

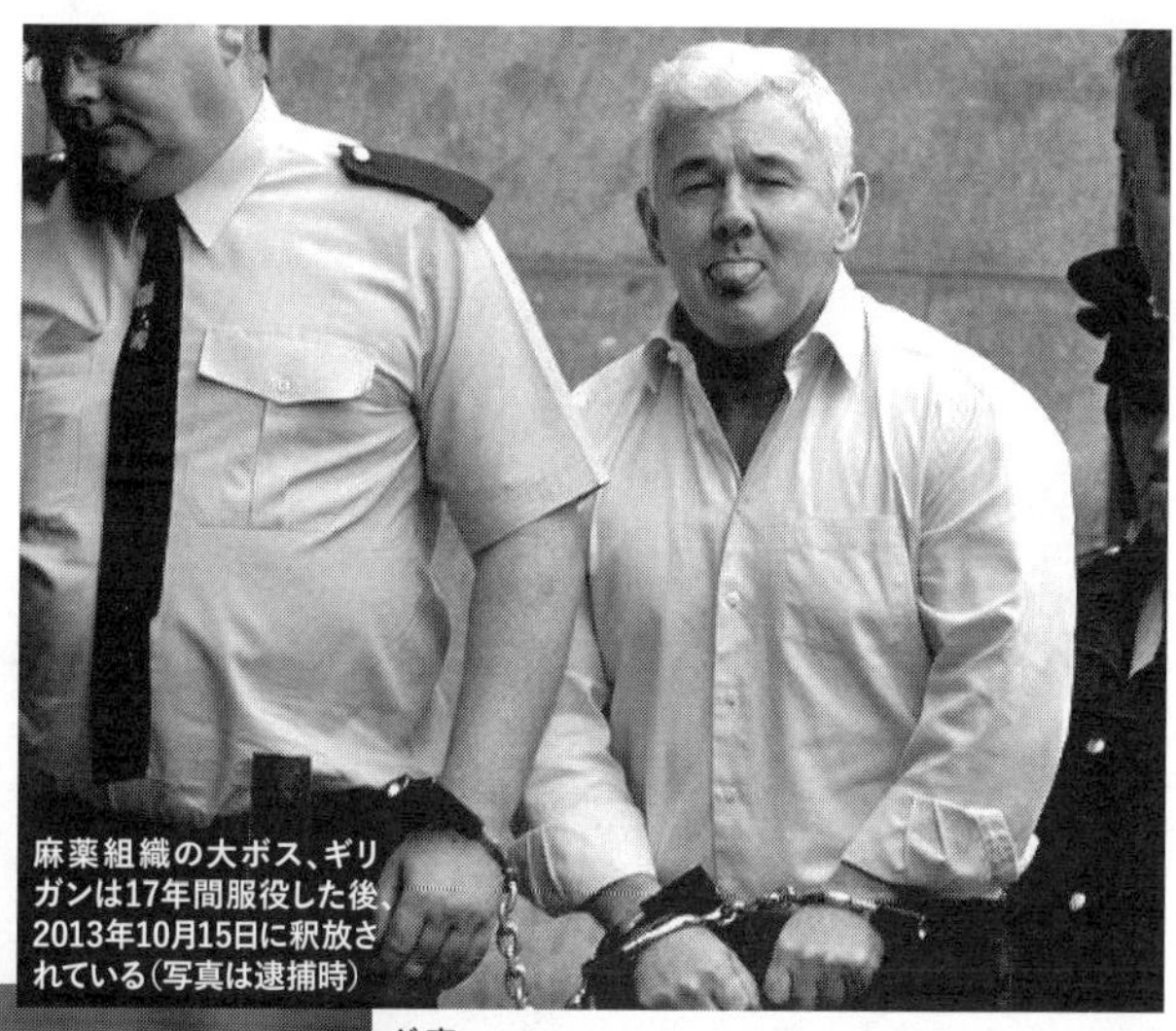
麻薬組織の大ボス、ギリガンは17年間服役した後、2013年10月15日に釈放されている（写真は逮捕時）

察当局が麻薬組織に対して大がかりな捜査を行い、400件もの逮捕によってギリガン一味を壊滅に近い状態に追い込んだのも事実。事件から4年後の2000年、危険な状況下の取材により報道の自由に大きな貢献を果たしたとして、国際新聞編集者協会はヴェロニカに「世界報道自由ヒーロー賞」を授与している。

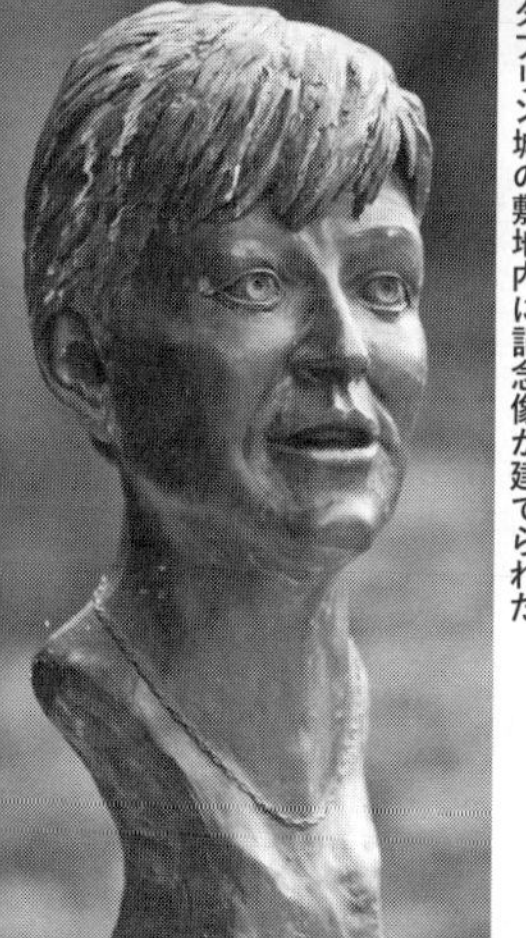
事件後、ヴェロニカの死を悼みダブリン城の敷地内に記念像が建てられた

映画のクライマックスのサーフシーンはベサニー・ハミルトン本人がスタントを務めた。映画「ソウル・サーファー」より

ソウル・サーファー

片腕喪失の悲劇からカムバックを果たしたベサニー・ハミルトンの不屈

2011年公開の「ソウル・サーファー」は、13歳のときにサメに襲われ左腕を失いながらも、プロを目指し再起した実在のサーファー、ベサニー・ハミルトンの実話を映画化した感動作だ。突然の悲劇を乗り越え、競技者として見事に復活を果たした彼女の生き様は〝不屈〟と言うよりない。

物語の舞台は、ハワイ・カウアイ島。1990年、ベサニーは両親、2人の兄とともにサーファーという家庭に生まれた。彼女自身も物心ついたときからボードに乗り、コンテストの子供部門で優勝。スポンサーがつくほど将来のプロサーファーとしての活躍が期待されていた。

２００３年10月31日朝、いつものように友人と沖に出てサーフボードに寝そべり、波を待っていたベサニーを背後から突然、大きな影が襲った。痛みはなく、時間にして何秒か何十秒か。いきなり左腕を左右に激しく引っ張られたかと思うと、腕が付け根の辺りからなくなっていた。体長4～5メートルのイタチザメに食いちぎられてしまったのだ。

すぐに病院に運ばれたものの全身の血液の60％を失い、回復するまで7日間を要した。もはやプロサーファーの夢は消えたも同然だった。

しかし、ベサニーはあきらめなかった。当初は1人で水着を着ることさえできなかったが、家族と信仰を支えに1ヶ月も経たずにサーフィンを再開し、翌２００４年1月に行われた全米学生協会主催の大会で5位に入賞。また同年10月には、病気やケガを乗り越えて再び実績を残したスポーツ選手に贈られるＥＳＰＹ賞（アメリカの大手スポーツ専門局ＥＳＰＮが主催）のカムバック賞を受賞した。

ソウル・サーファー

2011／アメリカ
監督：ショーン・マクナマラ
サメに襲われ左腕を失いながらもプロを目指して再起した実在のサーファー、ベサニー・ハミルトンの実話を映画化。

サメに襲われる衝撃シーン。映画「ソウル・サーファー」より

後にベサニーは、不幸な事故に遭ってから改めてサーフィンへと駆り立てられた原動力について、こう語っている。

「私にとってサーフィンを失うことの方が片腕を失うことよりも怖かったんです。とにかく早く海へ戻りたかった。だから、事故後、初めて波に乗ったとき、感激のあまり嬉し涙が出ました。そこからは事故のことを考えるよりも、サーフィンを続けるには片腕でどういうふうに工夫をしていくかってことに集中していきました」

映画は2004年にベサニーが著した自伝が基になっている。

撮影にあたり、主演のアナソフィア・ロブは1日4時間、サーフィンはもちろん、水泳、ウェイトトレーニング、ストレッチなどを重ね、基本的な技術を習得した。彼女を指導したのは、ベサニー本人だ。アナソフィアの上達ぶりに、「本当に彼女は技術の飲み込みが早かった。普通はサーフィンを習得するのに何年もかかるのに、たった1ヶ月でここまでよくやったわ」と感心しきりだったという。

映画の見どころのひとつに、ベサニーが失った左腕の映像化と、ビッグ・ウェーブを乗りこなすサーフィンシーンがある。前者は、アナソフィアの左腕に緑色の布を巻き付けて撮影。ポストプロダクション（撮影後の処理）に

入院中のベサニー。サーファーとしての復帰は困難と思われたが……

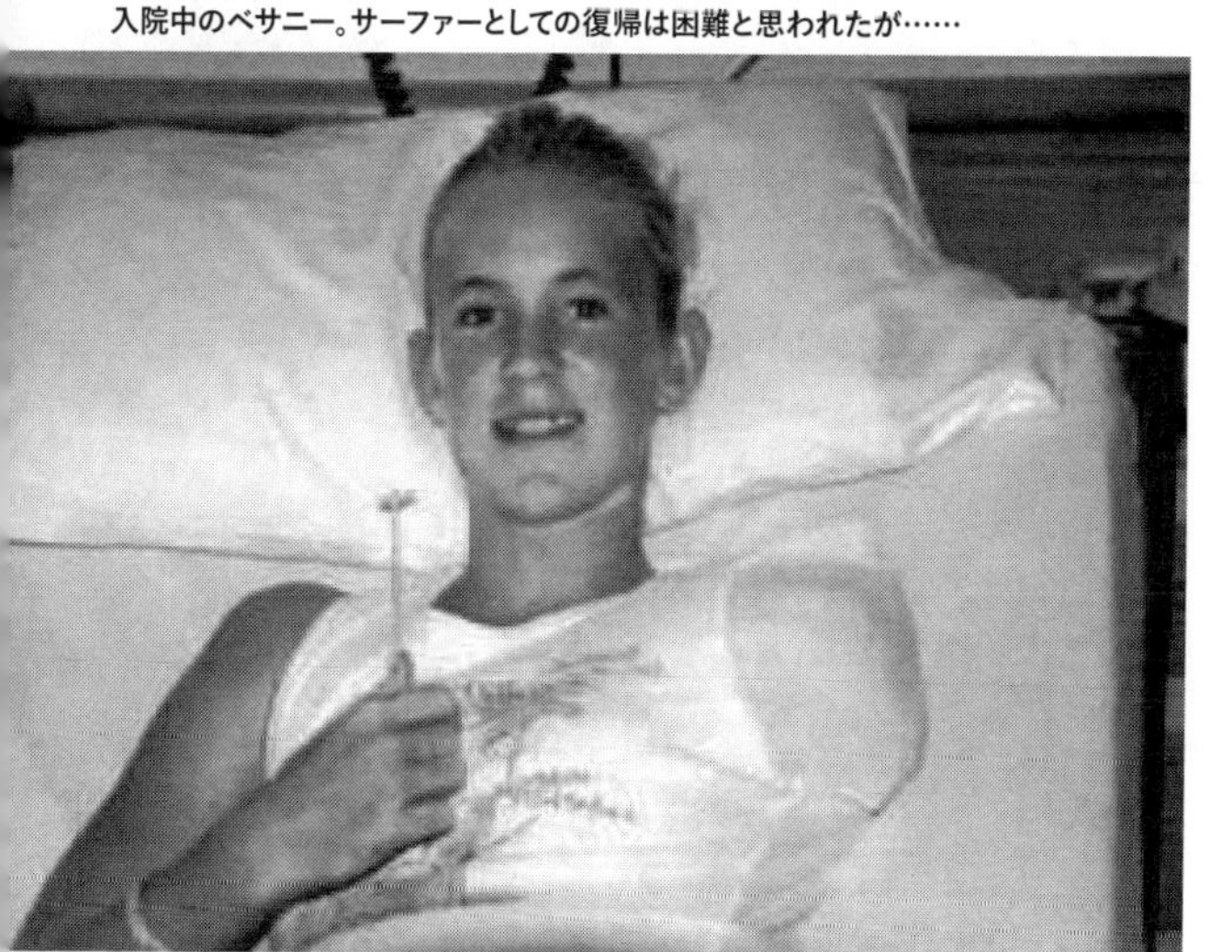

事故から4年でプロサーファーに

主役を演じたアナソフィア・ロブ（右）とベサニー

よって背景をCGで乗せていく、今やSFやファンタジー映画ではお馴染みの手法が用いられている。サーフィンシーンについてもかなりCGが使われているが、最後の大会で大きな波のトンネルを駆け抜けていく場面は、本物のベサニーがスタントをこなした（242ページの写真参照）。

2005年、ベサニーはNSSA（全米アマチュアサーファーの最高レベル）のチャンピオンとなり、2008年にはプロのASPワールドクオリファイシリーズに出場、念願のプロサーファーとしての道を歩み出し、同年のオーストラリアの大会、翌2009年のブラジルの大会で3位、2016年にフィジーで開かれた大会でも3位に入っている。

また私生活では2013年8月、キリスト教青年会のアダム・ダークスと結婚、その後2人の息子を授かった。

夫アダム、長男トビアス、次男ウェスリーと

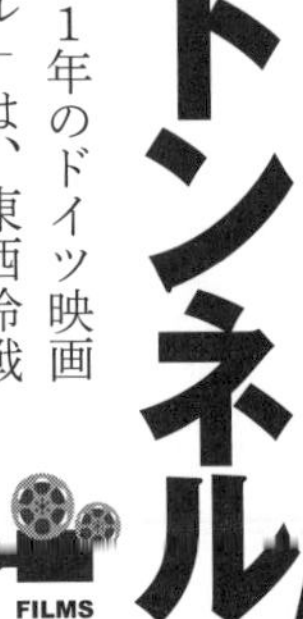

トンネル

ベルリンの壁の下、西へ抜ける脱出路を掘った男たちがいた

2001年のドイツ映画「トンネル」は、東西冷戦下のドイツでベルリンの壁の下に脱出路を掘り、東ベルリンから200人以上の亡命者を自由に導いた男たちの闘いを、ほぼ史実どおりに描いた傑作である。命をかけて共産主義の圧政に立ち向かった彼らの姿は英雄の名にふさわしい。

脱出作戦のリーダー、ハッソ・ヘルシェル本人

1961年8月13日、東ドイツ政府は突如、東西ベルリンを結ぶ通路をいっせいに遮断。国境線上に長大な有刺鉄線を張り、全国民の通行を禁じた。当時、共産主義の圧政を嫌って西ドイツへ逃げ出す者が後を絶たず、業を煮やした政府が

強硬手段に打って出たのだ。

バリケードには夜を徹して補強が行われ、やがて有刺鉄線は強固なコンクリートの壁に変わる。その後28年にわたって東西分断の象徴となる「ベルリンの壁」の誕生だ。

何人もの国民が亡命を試みたが、ある者は壁から落ちて死に、ある者は警備隊に撃ち殺された。壁の完成当時、国境沿いで命を落とした犠牲者の数は227人にものぼる。

そんな状況下、本作の主人公、ハッソ・ヘルシェル（劇中の役名はハリー・メルヒャー）もまた、西ベルリンへの脱出を計画していた。

1935年にドイツ・ドレスデンで生まれたヘルシェルは、高校に通っていた1953年6月17日の東ベルリン暴動に参加、逮捕され学校を退学処分となった。その後、国営鉄道で操車係として働きながら夜間高校に通い、大学入学資格試験に合格。ベルリン自由大学で心理学を学んでいたが、1955年、東西ドイツマルクの違法な売買で再び逮捕。6年の禁固刑を受け労働収容所で刑期を過ごし、釈放後、ドレスデンの交通大学に通っていた。

ヘルシェルの脱出計画は大胆だった。西側に住む友人に頼み込み、ベルリンの闇業者を通じてス

トンネル

2001／ドイツ　監督：ローランド・ズゾ・リヒター
冷戦下の東西ドイツで西ベルリンからトンネルを掘り、29人の亡命者を救った男たちの実話を映画化。前編・後編に分けて放送された188分のテレビ版と、157分の映画版がある。

ベルリンの壁は1961年8月13日に東ドイツ政府によって建設が始まり、1989年11月9日の崩壊まで28年にわたりベルリンを東西に分断した

イス国籍の偽造パスポートを作成。つけヒゲと眼鏡で見た目を変え、堂々と検問所を突破しようというものだ。

唯一の問題は、妹の存在である。幼い娘を持つ彼女を連れて検問所に向かうのは、あまりにもリスクが大きすぎた。悩んだ末、ヘルシェルは単独での脱出を決意する。必ず助けに戻ることを妹に誓い、１９６１年10月、計画どおりに検問所を突破。西ベルリンへの亡命に成功した。

ヘルシェルは西ベルリンで学生寮に入ると、さっそく妹と家族の救出計画を練る。

東ドイツ政府は日に日に検問所の監視を強めており、偽造パスポートによる突破はまず不可能。国境沿いの警備隊も数が倍に増え、陸路からは付け入るスキがない。

　八方ふさがりの状況に、ヘルシェルは、イタリア人学生たちによる亡命支援グループを味方につけ、またも大胆な計画を練る。西側からトンネルを掘り、ベルリンの壁の下から東に抜けようというのだ。あまりに無謀な作戦だが他に手段はなかった。

　彼らが目をつけたのはベルリンの壁に隣接した、ベルナウアー通りにある爆撃で破壊された工場の地下室だ。ここから

アメリカのTV局に撮影権を売り工事の資金を調達

ヘルシェルを中心に学生たちが参加、9ケ月をかけて完成したトンネルは、最初の亡命者の数から「トンネル29」と呼ばれている

トンネルを出て西ベルリンへ駆け出す亡命者の1人を捉えた1枚

国境線まで約145メートルを掘り進み、東ベルリン郊外のシューンホルツァー通りに建つ空き家の床下から外へ出る。エンジニアの計算によれば、トンネルの完成に必要な期間は約9ヶ月だ。

ヘルシェルは、東ドイツの抑圧に反対する民間団体に掛け合い資金を調達。プロ並みの工具を揃え、すぐさま実行に移す。が、工事は一向に進まなかった。作業に携わった約30人全員が土木に関してはずぶの素人で、土砂崩れのたびにケガ人が続出。国境の監視は厳しさを増し、スクリュードライバーの音に気づいた警備員が探知機を持ち出すたび、工具の電源を切って息を潜めるしかなかった。

やがて工事の資金が底をつき、絶望的なムードが漂い始めると、ヘルシェルはさらなる奇策を思いつく。アメリカのＮＢＣテレビに掛け合い、トンネル工事の撮影権を売りさばいたのだ。

こうして無事に資金を手に入れた彼らは、再び士気を取り戻し作業に没頭。当初の予定どおり、９ヶ月でトンネルの完成にこぎつけた。

１９６２年9月14日、ヘルシェルは、まず東側の肉親たちに手紙を送り、東ベルリン郊外の民家に集まるよう通達。指示どおりに集まった総勢29名の亡命者をトンネル内に誘導し、およそ30分で全員を西ドイツへ脱出させた。

映画は歓喜に沸く亡命者たちが抱き合うシーンで終わるが、現実にはさらに続きがある。この成功に自信を持ったヘルシェルたちは、翌年からさらに4本のトンネルを完成させ、１９７２年までに２００人以上もの亡命者を救い出したのだ。

本作が描いた奇跡の脱出劇は１９６３年、アメリカＮＢＣテレビで放映され、ヘルシェルは一躍英雄に。現在は反戦家として活躍している。

ヘルシェルの近影。２０１２年、その功績を称え「ドイツ連邦共和国功労勲章」（功労十字小綬章）が授与された

映画「コーチ・カーター」より

第4章 絆

冒頭で描かれる大英帝国博覧会閉会式の演説シーン。ジョージ6世の吃音はBBCラジオを通じて国民の知るところとなった。映画「英国王のスピーチ」より

英国王のスピーチ

映画では描ききれなかった ジョージ6世と 言語療法士ローグの深い絆

吃音に悩まされていたイギリス国王ジョージ6世と、その治療にあたった言語療法士ライオネル・ローグの友情を描いたアカデミー賞受賞作「英国王のスピーチ」。時に励まし時に叱咤するローグと、周囲の重圧に耐えながら吃音を克服しようとする国王の姿は多くの感動を呼んだが、２人が映画以上に深い絆で結ばれていたことはあまり知られていない。

映画は１９２５年、後にジョージ6世となるヨーク公が、英国博覧会の閉会式で醜態をさらす場面から始まる。ヨーク公は幼少期から吃音を患い人前で演説することを極端に嫌っていたが、この日父親の代わりに行ったスピーチで言葉に詰まり、その様子が開局まもないＢＢＣラジオの電波に乗り、国民の知るところとなったのだ。

映画のもう１人の主人公、ライオネル・ローグもその放送を聴いた１人だった。１８８０年オーストラリア生まれのローグは、少年時代から発声や発音の面白さに惹かれ、大学時代に雄弁術を習得。第一次世界大戦後には、毒ガスのせいで戦争神経症を患い発作や吃音に悩まされていた兵士のため、言語障害治療にあたっていた。

英国王のスピーチ

2010／イギリス・オーストラリア　監督：トム・フーパー
吃音に悩む英国王ジョージ6世と、その治療にあたった言語療法士の実話に基づいたヒューマンドラマ。2010年度のアカデミー作品賞、監督賞、主演男優賞（コリン・ファース）、脚本賞の4冠に輝いた。

ジョージ6世本人（左）と演じたコリン・ファース

妻と子供3人を連れ渡英、ロンドンで言語セラピーの診療所を開いたのが1924年。当時主流だったショック療法とは異なる、対話による心の治療をモットーに、吃音に苦しむ患者の症状改善に効果を上げていた。

1926年、その評判を聞きつけたエリザベスが夫のヨーク公を連れ、ローグのもとを訪ねてくる。当面の課題は翌年、スピーチを要請されていたオーストラリアの連邦議会だった。この開会式でのスピーチを無事にこなすため、ローグはまずヨーク公の吃音の原因が、幼少期に父親のジョージ5世から受けた強引な躾（左利きを強制的に右利きに代えさせられたなど）にあることを突き止めたうえで、呼吸法を中心とした治療にあたる。

言語療法士のライオネル・ローグ本人（左）と演じたジェフリー・ラッシュ。
映画「英国王のスピーチ」より　

劇中で描かれるとおり、ローグは王家の人間だからといってヨーク公を特別扱いしなかった。もっとも、映画のように喧嘩が起きるまでのことはなく、互いを「陛下」「ローグさん」と呼び尊重し合う関係だったらしい。いずれにせよ、ヨーク公が当初からローグに絶大な信頼を置いていたことは間違いなく、それが証拠に50回もの通院を経て無事にオーストラリアでの公務を果たした後、ローグに宛て「さぞ心配しているだろうが、自信を持って報告できる。私はここに来てから一度も言葉に詰まっていない」と手紙を送っている。

以後、2人はクリスマス恒例のラジオのスピーチで、いつもローグがヨーク公に付き添う関係になる。症状は改善したが、1

936年1月にジョージ5世が崩御し、長男のデイビッド王子が「エドワード8世」として国王に即位すると、また吃音は酷くなっていく。新国王は以前からアメリカの人妻にゾッコンで、周囲はその状態を危ぶんでいた。ヨーク公は、兄の代わりに即位する日が来ることを予感し、緊張で症状を悪化させていたのだ。

果たして、兄は1年も経たずに王位を去り、1936年12月、ヨーク公は自身が全く望んでいなかった新国王「ジョージ6世」として即位することになる。この間、ローグが工の大きな支えになったことは言うまでもなく、ジョージ6世は戴冠式の日、周囲の驚きも気にせず、貴賓席に一般人のローグと彼の妻を招待している。

そして、映画のクライマックスとして描かれる1939年9月のナチス・ドイツへの開戦スピーチ。このときも劇中のとおり、ローグがそばに寄り添うことで、ジョージ6世は見事、大役を果たす（実際には、緊張でかなりスローな語り口だったものの、それが国民には逆に重大な決意表明の印象を与えたという）。エンドロールでは、その後ジョージ6世の戦時演説の際には必ずローグが立ち会い、2人は終生友人だったことが説明される。

実際に彼らの絆は深かった。ロンドンが空襲にさらされローグが疎開を余儀なくされた際は、その間をぬって6世が王室への貢献を称えてロイヤルヴィクトリア勲章を贈り、戦時下の混乱のなか、ローグの言語療法士の仕事が少なくなってくると、側近を通じて彼に小切手を送り生活を援助。また症状改善により6世が1944年のクリスマス・スピーチを1人で行ったときなどは「(1人で演説に臨んだが) どうか気を悪くしないでほしい。私がここまで良くなったのは偏(ひとえ)に君のおかげだ。感謝してもしきれない」と自ら手紙を出している。

ジョージ6世は1952年2月、病気のため56歳で崩御。それから約1年後の1953年4月、ローグも73歳でこの世を去った。その葬儀には現在のエリザベス女王も参列している。

戦争中は国王がローグの生活を援助

劇中で描かれた治療中のシーン。映画「英国王のスピーチ」より

ラッシュ／プライドと友情

現役レーサーだった頃のジェームス・ハント（左）とニキ・ラウダ本人

伝説のF1レーサー、ジェームス・ハントとニキ・ラウダの劇中とは異なる友情関係

２０１３年に公開された「ラッシュ／プライドと友情」は、実在のＦ１レーサー、ジェームス・ハントとニキ・ラウダのライバル関係を、チャンピオン争いを繰り広げた１９７６年のグランプリ（以下ＧＰ）戦を中心に描いたアクション映画だ。劇中で事あるごとにいがみ合う２人の関係は、事実とは異なるようだ。

イギリス出身のジェームス・ハント（１９４７年生）は、裕福な家庭で育ち、学生時代はテニスやスカッシュの選手として活躍。18歳のときにモータースポーツの世界で生きることを決めるが、家族には医者になることを期待されていたため支援は絶たれ、下積み時代は貧しい生活を送った。やがて、怖いもの知らずのアグレッシブなドライビングテクニックを持つハントに魅了された貴族のアレクサンダー・ヘスケス卿がスポンサーとなり、自腹でチームを設立。ジュニアフォーミュラ、Ｆ３、Ｆ２を経て、１９７３年にＦ１にステップアップ。１９７５年のオランダＧＰで初優勝を達成し、１９７６年のグランプリ争いでは名門マクラーレンのチームに所属していた。

ハントは映画同様、長髪のイケメンで、レース

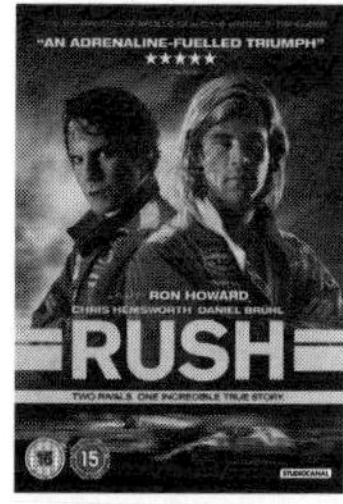

ラッシュ／プライドと友情

2013／アメリカ・ドイツ・イギリス　監督：ロン・ハワード
1976年のＦ１ドイツＧＰでのジェームス・ハントとニキ・ラウダの戦いを題材とした伝記アクション映画。事故で大ケガを負いながらもシーズン中に復帰した理論的な走りのラウダと、野性的な勘でマシンを操るハントの死闘とライバル関係を臨場感あふれるレースシーンとともに描く。

映画の軸として描かれる、1976年の第10戦のニュルブルクリンクでの実際の事故の様子

直前に酒をあおり、女性を抱くプレイボーイだった。劇中では描かれないが、1976年10月、日本GPの際には、ホテルの部屋にアルコールはもちろん、大麻やコカインを持ち込んでどんちゃん騒ぎ。さらには、彼らが泊まったホテルにブリティッシュ・エアウェイズのCAが乗り継ぎ滞在していたため、ハントは彼女たちを次々と自分のスイートルームに招待、2週間で33人の相手をしたのだという。

一方のニキ・ラウダ（1949年生）は、オーストリア出身。生家はいくつもの製紙工場を所有する資産家階級で、1966年、後年に自分が大事故を起こすニュルブルクリンクでのドイツGPを見たのがきっかけでレースの道へ。家族に内緒で参戦した初レースでいきなり2位に入賞したものの、父親は激怒

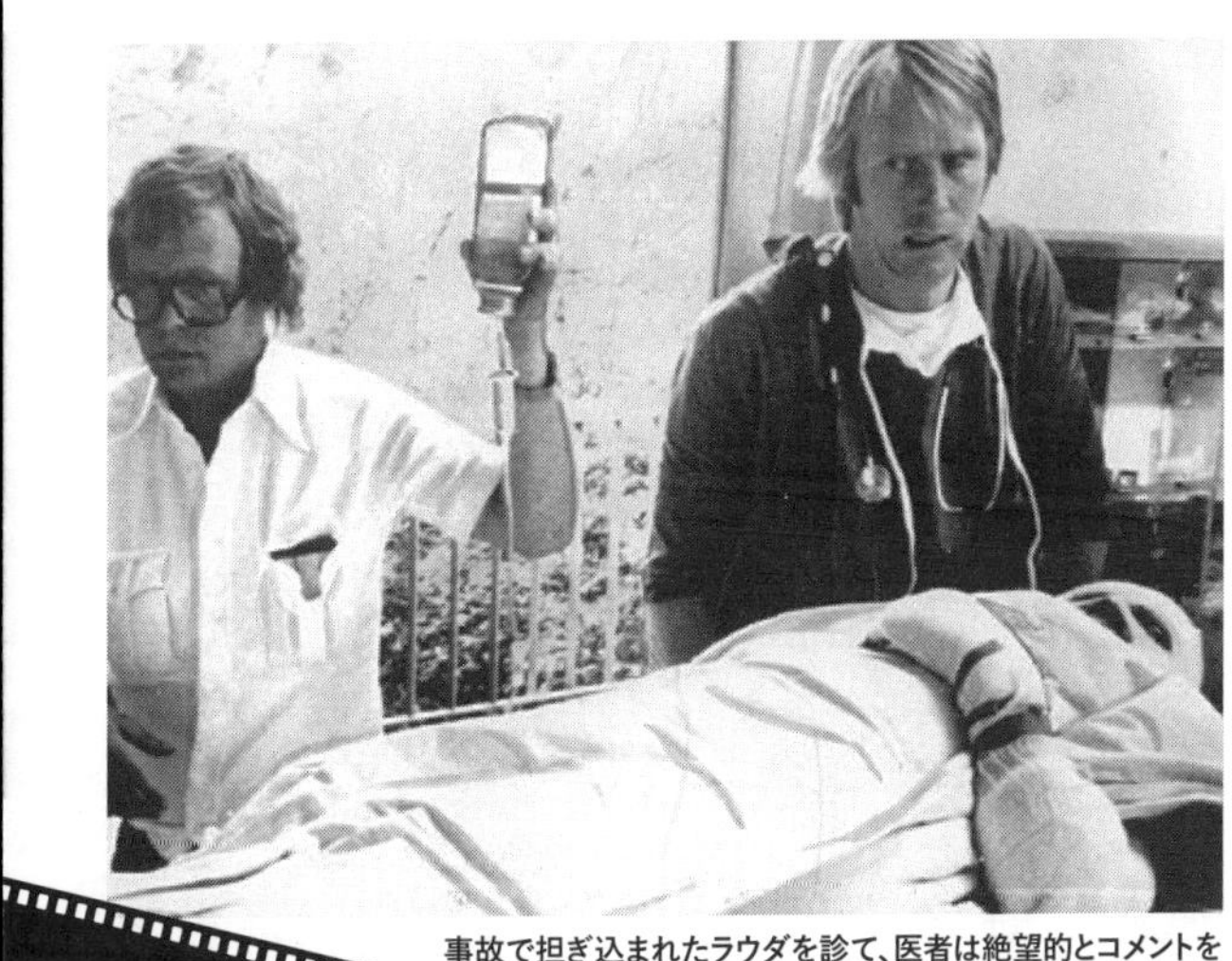

事故で担ぎ込まれたラウダを診て、医者は絶望的とコメントを出したという。映画はこの同じ場所で撮影された

し、「家業を継がないならラウダ家の持ち物を一切置いて家から出ていけ」と勘当される。ハントと同様、下積み時代は金銭的苦労がつきまとった。

ラウダはハントより2年早く1971年にF1デビューすると、1973年には名門マルボロに加入。こうして2人はF1で顔を合わせ、タイトルを争うようになる。

1976年のGP戦は、ほぼ映画で描かれているとおりだ。1975年にワールドチャンピオンになり、2連覇を狙うラウダを猛追するハント。問題の第10戦、〝墓場〟と呼ばれる世界一危険なドイツのニュルブルクリンク・サーキットでラウダが瀕死の大事故に見舞われる。原因については、縁石に乗った弾みのスピン説やリアサスペンションの故障説、タイヤトラブルなど色々語られているが現在でも正確なことはわかっていない。

ラウダは事故発生から6週間後の第13戦イタリアGPで奇跡的にレースに復帰。一方、ハントは16戦中7戦でポールポジションを取り、念願のワールドチャンピオンに輝く。

映画は、ハントとラウダがサーキットで出くわせば互いを罵り合っていたかのように描いている。が、事実は違う。劇中、ハントが出っ歯のラウダを〝ねずみ〟と呼び侮辱するシーンも、実際に〝ねずみ〟とあだ名を付けたのはマルボロのマーケティング担当者で、ラウダをPRするためヘルメットに「ザ・ラット（ねずみ）」の文字を入れたのが真相だ。現実の2人はF3の頃からの仲間で、一緒に食事に出かけたりするほど仲が良かった。ラウダが病床でハントの活躍をテレビで見て励まされることはあっても歯ぎしりすることな

引退後、ハントはCMやテレビで活躍。1993年、心臓発作で死亡

晩年のラウダ。生涯、レース業界に関わり続けた

実際の2人は互いを尊敬し合う間柄だった

どあり得ず、ラウダは後年、「彼の生き方が好きだった。大いに尊敬していた」と語っている。

その後、ハントはマシンに恵まれず1979年に引退するとBBCのF1解説者となり、テレビで活躍したものの1993年、ウィンブルドンの自室で心臓発作が原因で急逝。享年45だった。一方のラウダは、1977年と1984年にワールドチャンピオンに輝き、1985年に引退を表明し、実業家に転身。2003年に格安航空会社ニキ航空を設立したほか、テレビで辛口解説を行ったり、メルセデスのF1チームに関与するなどレース業界で活躍し、2019年、70歳でこの世を去った。

映画のモデルになったジャック・マイヨール(左)とエンゾ・マイオルカ。
2人は素潜り記録のライバルであり、良き友だったが…

グラン・ブルー

モデルになった ダイバー2人の仲は 映画によって引き裂かれた

「レオン」「ニキータ」などで有名なリュック・ベッソン監督の出世作「グラン・ブルー」は、素潜りの世界記録に挑む2人のダイバーの友情と、その1人を愛した女性の心の葛藤を描いた傑作である。映画は多くの若者に支持され、製作国フランスでは『グラン・ブルー・ジェネレーション』なる言葉が誕生するほどの過熱ぶりを見せたが、一方で、作品のモデルとなった2人の男性の間に浅からぬ軋轢（あつれき）も生んでいた。

本作は、実在のフリーダイバー、ジャック・マイヨールとエンゾ・マイオルカをモデルにしたという以外、ストーリーはほぼフィクションだ。時代設定は１９８０年代後半になっているが、実際に彼らが記録を競ったのは１９６０年代後半から１９７０年代前半。マイヨールと恋仲になる女性も架空の人物。2人の人物造形にも大幅な脚色が加えられている。

マイヨールは１９２７年生まれのフランス人で、幼少の頃から母親に泳ぎを教えられた。毎年、夏休みは日本の唐津で過ごすのが決まりで、生涯の心の友となるイルカと出会ったのも唐津の海だった。25歳で結婚、米マイアミ水族館に勤務し、ここでイルカの調教を担当したことから素潜りの呼

グラン・ブルー

1988／フランス・イタリア　監督：リュック・ベッソン
スキューバの道具を用いずに海に潜るフリーダイビングに全てを懸けた2人の男の友情と、彼らと運命的な出会いを果たす女性の絆を描く。10代からダイビングに親しんできたリュック・ベッソン監督の原点とでもいうべき作品。

吸法を体得する。その後、イギリス・カイコス諸島に移住。周囲の勧めでフリーダイビングを始めるとたちまち実力を発揮し、1966年6月、バハマで水深60メートルの世界新記録を達成する。

それまでタイトルを保持していたのが、劇中でジャン・レノ扮するイタリア人のエンゾ・マイオルカだ。1960年に45メートルの世界記録を作って以来6年間、世界のトッ

主人公マイヨール役のジャン=マルク・バール（左）と彼のライバル、マイオルカ（役名はモリナーリ）を演じたジャン・レノ。劇中のマイヨールは物静かで控えめなキャラ、マイオルカは尊大な人物として描かれているが実際の2人は真逆の性格だった。映画「グラン・ブルー」より

プに君臨。マイヨールに抜かれた後も、翌１９６７年に64メートルに成功し再び王座に返り咲き、以後、２人は抜きつ抜かれつの記録合戦を演じる。

彼らの闘いが終わったのは１９７４年。マイオルカが87メートルの世界記録を達成したものの、酸素欠乏のため浮上時に意識を喪失。映画で、彼はこの事故により死亡することになっているが、実際には一命を取り留め、以後、医師から潜水を禁じられたことで一線を退く。

その後はマイヨール１人が記録に挑戦し、１９７６年49歳のとき、科学者たちが絶対に不可能としてきた水深１００メートルの壁を打ち破る。さらには7年後の１９８３年、水深１０５メートルを達成し、１９８８年まで世界王座の地位を維持し続けることになる。

劇中のマイヨールは物静かで控えめな男性に描かれている。が、実際は真逆のキャラクターだったようで、饒舌で自己主張が強く、実に怒りっぽい人物だったという。

片や、映画の中で口汚い粗野な人物に描かれたマイオルカは、公開11年後の１９９９年、次のように語っている。

「この作品は監督と同じフランス人のマイヨールを主役にしているため、実際の人物像より美化され、逆にマイオルカは気品のないイタリア人に貶（おとし）められている。かつて私とマイヨールは好敵手であり良きライバルだった。しかし、今では公然と知られた敵同士だ」

主人公マイヨールは2001年、74歳で首吊り自殺

生涯、イルカを愛し続けた晩年のマイヨール本人

まさに映画が2人の仲を引き裂いた格好である。

マイオルカは現役引退後、医療関係の仕事に30年以上従事し、2016年11月、故郷のシチリア島で85歳で逝去。一方、マイヨールは、大記録を達成以後は人間の能力の追究をテーマに、標高4千650メートルの湖での閉塞潜水をはじめ数々の実験に参加するようになり、さらには水中出産や乳幼児の潜水訓練といった分野にも積極的に関わった。また大の親日家

として千葉県館山市に別荘を設け、１９９０年代後半には日本のテレビドキュメンタリーにも出演。イルカと人間の共存を訴え続けたが、晩年は鬱病を患い、２００１年12月、イタリア・エルバ島の自宅で首吊り自殺した。享年74。その遺体のそばには、「グラン・ブルー」のビデオと、直前に出演したテレビ朝日の「グレートマザー物語　ジャック・マイヨールの母」のビデオが置いてあったという。

ちなみに、マイヨールが打ち立てた世界記録はその後、彼が育てた若いダイバーたちによって更新され続け、２０２１年６月現在のワールドレコードは１２４メートルまで伸びている。

マイオルカ本人。ダイバー引退から20年後の１９９４年、地元シチリアの環境汚染を危惧し、政界に進出したこともある。２０１６年11月、85歳で逝去

劇中で描かれた南北統一チームの女子ダブルス。左が北朝鮮のエース、リ・プニ役のペ・ドゥナ、右が韓国の選手ヒョン・ジョンファを演じたハ・ジウォン。映画「ハナ　奇跡の46日間」より　

ハナ 奇跡の46日間

1991年世界卓球選手権で「統一コリア」のダブルスは決勝で中国に負けていた

1991年4月24日～5月6日、千葉県幕張の日本コンベンションセンター（現・幕張メッセ）で開催された世界卓球選手権で、韓国と北朝鮮が初めて「統一コリア」として出場。様々な軋轢を乗り越え、女子の団体戦で優勝を勝ち取った。2012年公開の「ハナ奇跡の46日間」は、この実話を基に映画化されたスポーツ・ヒューマンドラ

マだが、物語には大幅な脚色が加えられている。

日本勢が追いついてきたとはいえ、卓球競技は現在も中国が世界の絶対的王座に君臨している。女子においては１９７５年からの世界選手権（2年に1回）の団体戦で22大会中20度の優勝。オリンピックの団体戦は２００８年北京、２０１２年ロンドン、２０１６年リオデジャネイロと3連覇中である。この45年強の歴史の中で、中国に土をつけたのは２０１０年世界大会のシンガポール、そして本作が描く１９９１年大会の南北統一チームだけだ。

１９８０年代末から１９９０年代初頭にかけて、世界ではソ連が崩壊、東西ドイツが統一された流れを受け、朝鮮半島でも、かつてないほど南北統一の気運が上昇していた。南北統一チームは、１９６４年開催の東京五輪で初めて検討されたが実現せず、以来、30年近くにわたって話し合いを続けたものの、国際大会出場は叶わずにいた。それが世界の潮流を受け、１９９０年10月、南北の男子サッカーチームがソウルと平壌で「統一サッカー大会」を実施。１９９１年初めの〝南北体育会談〟で、その年の4月に開催

ハナ 奇跡の46日間

2012／韓国　監督：ムン・ヒョンソン
千葉県で開催された1991年の第41回世界卓球選手権で史上初めて結成された朝鮮半島南北統一チーム「コリア」が女子団体戦で優勝した実話を基にした青春ドラマ。

1991年の世界卓球選手権で、中国との団体戦決勝ダブルスで戦う、実際のリ・プニ（左。北朝鮮籍）とヒョン・ジョンファ（韓国籍）

される世界卓球選手権に南北統一チームを出場させるという歴史的な結論に達した。統一チームの正式名称は「コリア」。団旗は白地にブルーの朝鮮地図、国歌は朝鮮民族が愛唱してきた「アリラン」と決まる。

映画は、1990年の北京アジア大会から始まる。この大会の女子シングルス準決勝で対戦したのが、劇中で・ドゥナ演じる北朝鮮のリ・ブニ（当時世界ランキング3位）と、後に卓球グランドスラム（五輪・世界選手権・ワールドカップの3タイトル）を達成し、韓国に卓球ブームを巻き起こす、ヒョン・ジョンファだ。

試合は格上のリ・プニがジョンファの前に屈し、翌年の世界卓球選手権で

記者会見の模様（左がプニ、中央がジョンファ）。映画の完成をきっかけに、関係者が2人を会わせようと試みたが北側の許可が出ず、未だ再会は叶っていない

決着を付けようと2人はライバル心を燃やす。が、年が明け、代表選手も決まり、いざ日本に乗り込むばかりとなったある日、韓国代表合宿に協会幹部が、大会には統一チームで参加することを伝えに来る。当然、南北のエース、プニとジョンファも、チームメイトとして力を合わせなければならない。最初こそ、社会制度も生活習慣も異なる選手たちは反発し合っていたが、新潟と長野で合同練習を行ううちに互いに名前で呼び合うまでの仲となる。映画でも、クールなプニと、少女漫画のヒロインのようなジョンファの心の交流を核に、選手たちが一丸となっていく様子がドラマチックに描かれている。

映画は物語を盛り上げるため、かなりの脚色を含んでいる。韓国の女子選手と北朝鮮の男子選手の恋愛模様や、選手たちが休みを取って遊園地へ出かける場面、また、プニが倒れてジョンファが病院に連れていったり、北朝鮮の男子選手がフランス代表監督の名刺をもらって亡命を疑われるなどのエピソードは全て創作だ。さらに劇中では、決勝を前に北側が選手を試合に出さないと言い出すシーンが出てくるが、そのような事実も一切ない。

クライマックスの女子団体戦の決勝シーンも、中国チームが有利に働くような連続2回の疑惑判定があったのは確かだが、実際の試合展開は事実と異なる。劇中では、1〜4戦がシングルスで、最後5戦目のダブルスをプニ&ジョンファで戦い優勝することになっている。が、現実には、3戦目に出場したこのダブルスコンビは中国に1対2で敗れており、5戦目のシングルスでユ・スンボク選手が2対0で下し、優勝を決めている。

その他、これも映画には出てこないが、リ・プニは、この大会のシングルスで銀メダル、混合ダブルスでも銅メダルを獲得。また、大会当時、ダブルスで組んでいたキム・ソンヒ選手と恋愛中で、その後、結婚し2人の子の母となった。一方のヒョン・ジョンファは、後に韓国の国民的スターとなり、韓国代表チームの監督に就任。現在は卓球協会理事の職にあり、体育行政家としても活躍している。

実際に優勝を決めたのは
5戦目のシングルス戦だった

1991年、世界卓球選手権女子団体で、それまで8連覇していた中国を
退け優勝を飾った「統一コリア」チーム。右からリ・プニ、ヒョン・ジョンファ、
そして1戦目と最後のシングルス戦で勝利し優勝を決めたユ・スンボク

「タイタンズ」の監督としてチームを率いた、黒人のハーマン・ブーン監督（右）と、白人キャプテンのゲーリー（左端）本人

タイタンズを忘れない

白人黒人混成の高校フットボールチームは映画で脚色が必要なほどの強豪だった

2000年に公開された「タイタンズを忘れない」は、人種差別が根づくアメリカ南部の高校に、黒人と白人の混成フットボールチームが結成されるところから物語が始まる。新しく赴任してきたデンゼル・ワシントン扮する黒人監督の下、選手たちは徐々に互いへの理解を深め、いがみ合っていた町の人たちの意識をも変えながら州のチャンピオンシップを勝ち進ん

でいく――。

本作は、教育改革によって編成された米バージニア州TCウィリアムズ高校のフットボールチーム「タイタンズ」が大活躍を見せる1971年の実話が基になっているが、チームの実力は劇中で意図的に弱められるほど、ずば抜けていた。

この映画が誕生したのは、バージニア州を訪れた脚本家が床屋で聞いた、男たちのフットボール話がきっかけだ。そんな強豪チームならぜひ一度、試合を見たいと脚本家が言うと、男たちに「30年前の話ですよ」と笑われた。

脚本家は、30年経っても語り継がれているチームはよほど凄いに違いないと当時の監督やコーチに直接会って取材を繰り返し、シナリオを作り上げる。その内容は「78%が事実に即している」という。

では、脚色された残り22%はどんな部分なのか。

最大の改変ポイントは、「タイタンズ」の強さである。映画のクライマックスは、州の選手権の決勝戦。ハラハラするシーソー・ゲームを制し、10対7でかろうじて勝つ「タイタンズ」に観客は心を揺さぶられるわけだが、実際は27対0の完勝だ

タイタンズを忘れない

2000／アメリカ　監督：ボアズ・イェーキン
まだ人種差別が大きな問題となっていた1970年代初頭、米バージニア州に実在した白人黒人混成の高校フットボールチームの奇跡の活躍を描くヒューマンドラマ。

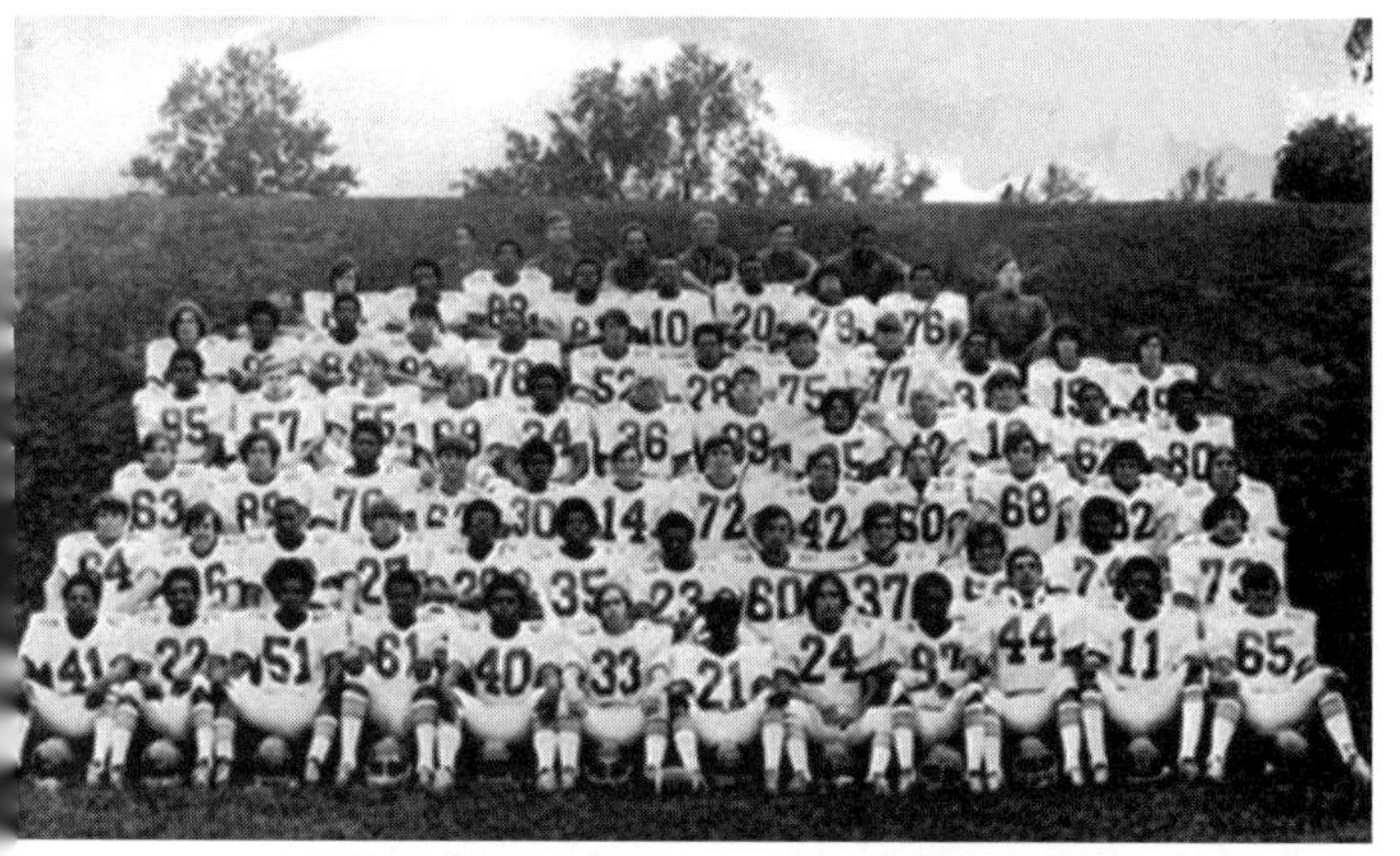
1971年の「タイタンズ」のメンバー。映画に登場する選手は彼らがモデルになっているが、若き日のライアン・ゴズリング演じる白人選手のみ架空の設定

った。
なにしろTCウィリアムズ高校は近隣の3校が統合した学校で、「タイタンズ」はその中の白人と黒人の精鋭選手を集めたオールスター・チーム。シーズン開始から10連勝の快進撃を続け、シーズンの総合スコアは得点357に対し失点わずか45と他を圧倒し、敵に10ポイント以上許したのはたった2試合だけ。強さにおいては、ずば抜けた存在だった。

もうひとつ脚色されたのは、本作のテーマでもある人種差別の描き方だ。映画では、1971年にTCウィリアムズ高校が新設された際、開校日に白人と黒人の統合に反対するプラカードを手にした父兄が校門前に押し寄せるシーンが出てくる。

しかし、実際の高校は1965年にオープンしており、その際、特別なトラブルは皆無。「タイタンズ」も開校と同時に結成されているが、当時のチームはまとまっておらず、真の力を発揮するのは黒人監督が就任した1971年。映画はその1年間にスポットを当てている。

もう一点、映画の中盤に「タイタンズ」の結束が深まるきっかけとして、合宿中、黒人監督が選手たちを真夜中に叩き起こし、南北戦争の激戦地へ連れていく場面がある。黒人の奴隷解放を巡って争った古戦場〝ゲティスバーグ〟で、肌の違いで争う愚を説く名シーンだ。が、ここも演出である。彼らがゲティスバーグを訪れたのは事実だが、実際には日中で、しかもランニングではなく観光バスで行き、

右から監督役のデンゼル・ワシントン、モデルのブーン監督、白人コーチ役を演じたウィル・パットン、モデルのビル・ヨースト。ブーンとヨーストは今も交流を続けている

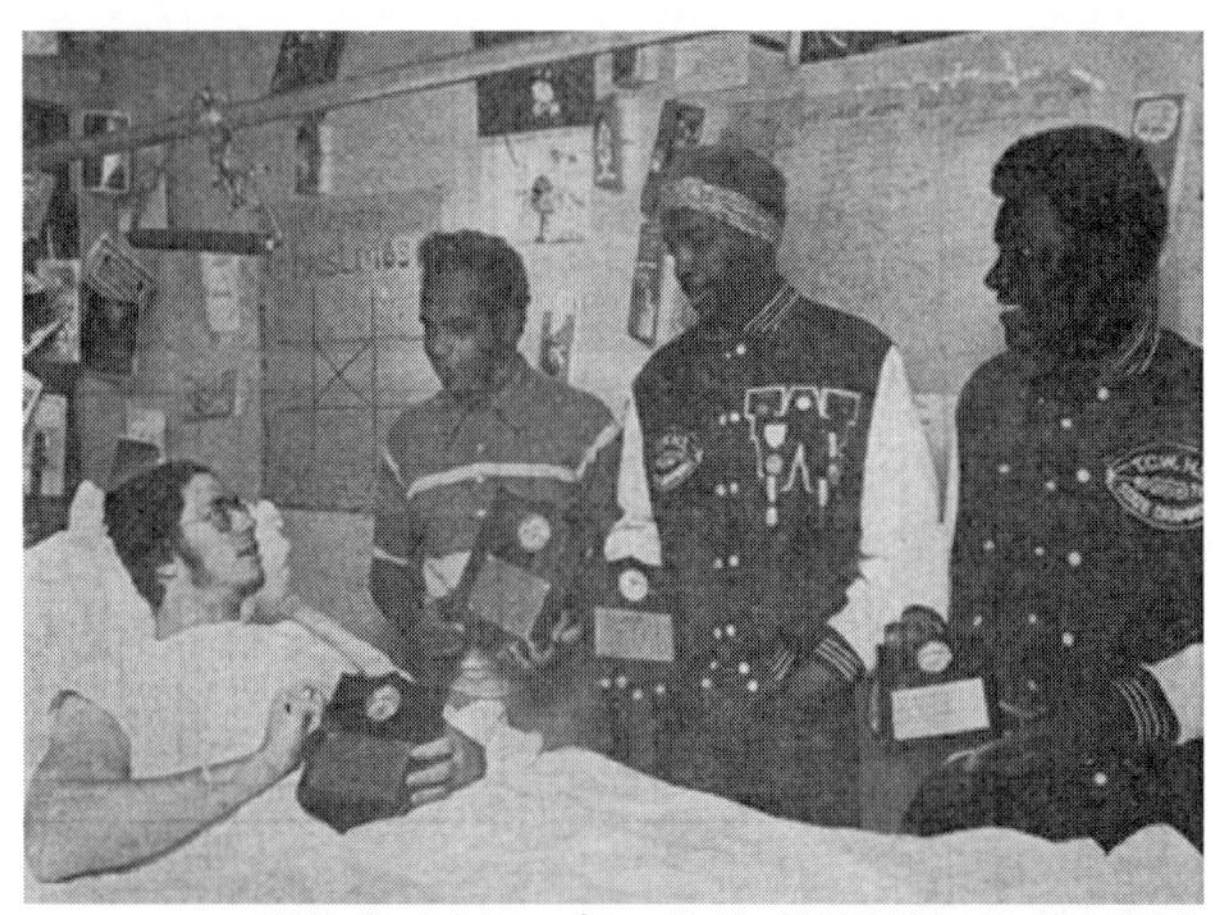

事故に遭った白人キャプテン、ゲーリーを見舞う黒人のチームメイトたち

監督はスピーチをせずにバス運転手の観光案内を選手と一緒に聞いただけだったらしい。

　また、劇中で強化合宿を終えた選手たちが心を一つにして州の選手権に向かう際、チームの白人キャプテン、ゲーリー・バルティアーが事故に遭遇。残った選手たちがその穴を埋めるべく奮闘する姿が描かれるが、実際のゲーリーが事故に遭うのは州大会で優勝した後のこと。最優秀守備選手賞を受賞して帰宅する途中、雪が原因での事故だった。

　ちなみにゲーリーは、この事故がもとで下半身が麻痺してしまうが、全国各地で障害者を支援するため積極的に講演会や活動を行い、後にパラリンピックにも出場。１９８１年、飲酒運転の車にはねられ27歳の若さで亡くなった。

1971年、タイタンズはバージニア州の選手権を勝ち抜き、全米高校フットボール選手権で準優勝に輝いている。

白人キャプテンが事故に遭うのは州大会優勝後

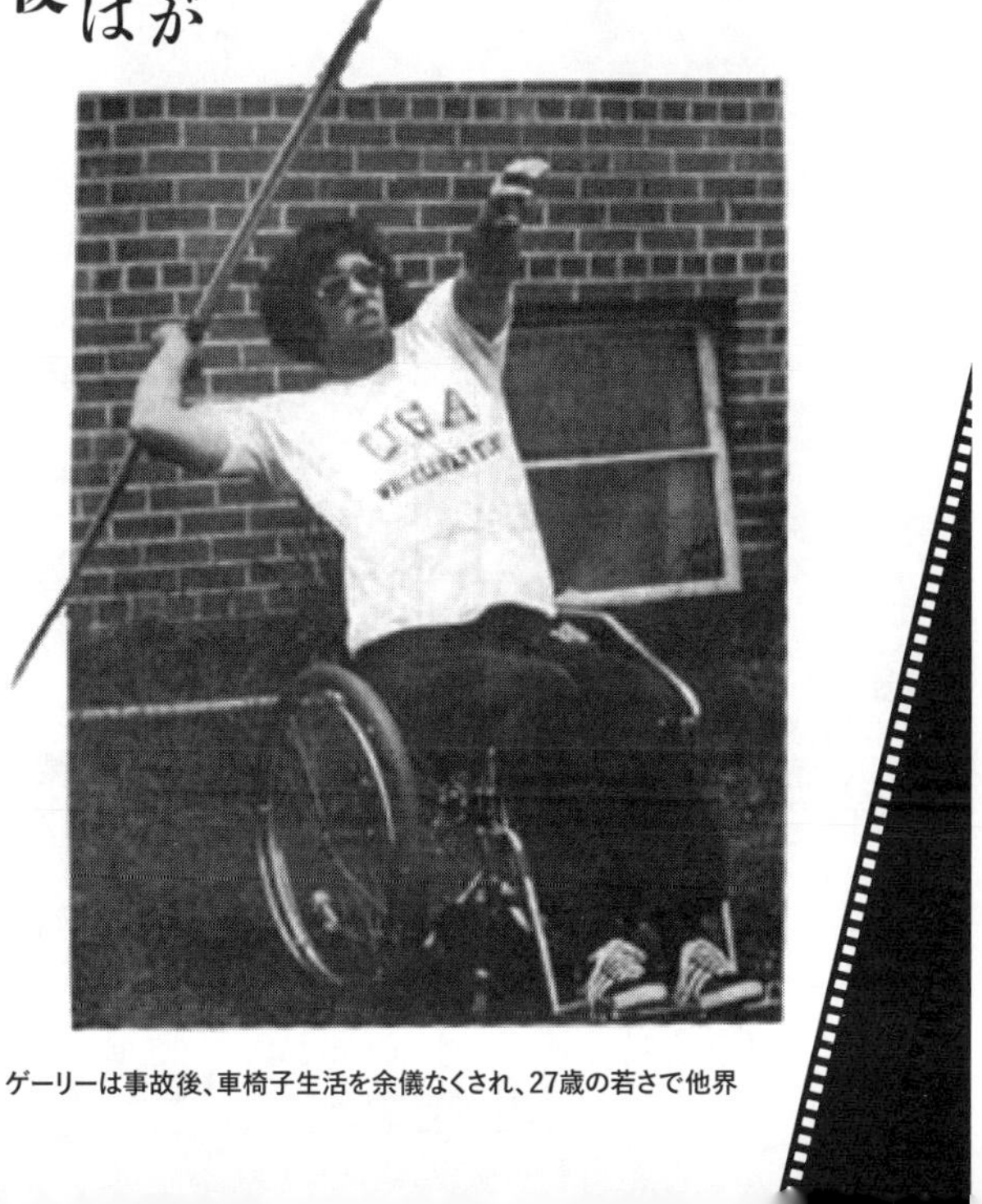

ゲーリーは事故後、車椅子生活を余儀なくされ、27歳の若さで他界

ロレンツォのオイル／命の詩

実際のオドーネ夫妻とロレンツォ。病気を発症して間もない頃に撮られた1枚

難病の息子を救うため治療法発見に奔走したオドーネ夫妻に映画公開後、非難が殺到

FILMS

「ロレンツォのオイル／命の詩」は、不治の病に侵された1人息子を救うため奮闘する銀行員の夫とその妻の姿を、実話に基づき描いた作品である。静かに死を待つしかないという意見が大半のなか、夫婦は独学で治療に効果のあるオイルを考案。結果、息子は劇的な改善を見せるのだが、映画公開後、そのオイルを巡って夫婦は痛烈な批判にさらされる。

1978年5月、イタリア系アメリカ人の銀行員、オーギュスト・オドーネ（当時45歳）と、妻ミケーラ（同39歳）の間に待望の長男、ロレンツォが産まれる。

健康に何の問題もなく育ったロレンツォに異変が生じるのは1983年秋、5歳のとき。学校で突然友だちに大声を上げたり、不自然な転倒を繰り返すようになった。

心配したオドーネ夫妻がロレンツォをワシントン小児科病院に連れていったところ、医師は「副腎白質ジストロフィー」（通称ALD）の診断を下す。これは、先天的な脂質代謝異常によって脳にダメージを加える難病で、行動異常、無言症、失明、皮膚の剥離などを経て2年以内に死亡するのが通例だった。

1983年当時、ALDの治療法は皆無で、大

ロレンツォのオイル／命の詩

1992／アメリカ
監督：ジョージ・ミラー
先天性の難病、副腎白質ジストロフィーを患う息子ロレンツォを助けるために奔走する、オドーネ夫妻の死に物狂いの闘いを描く。

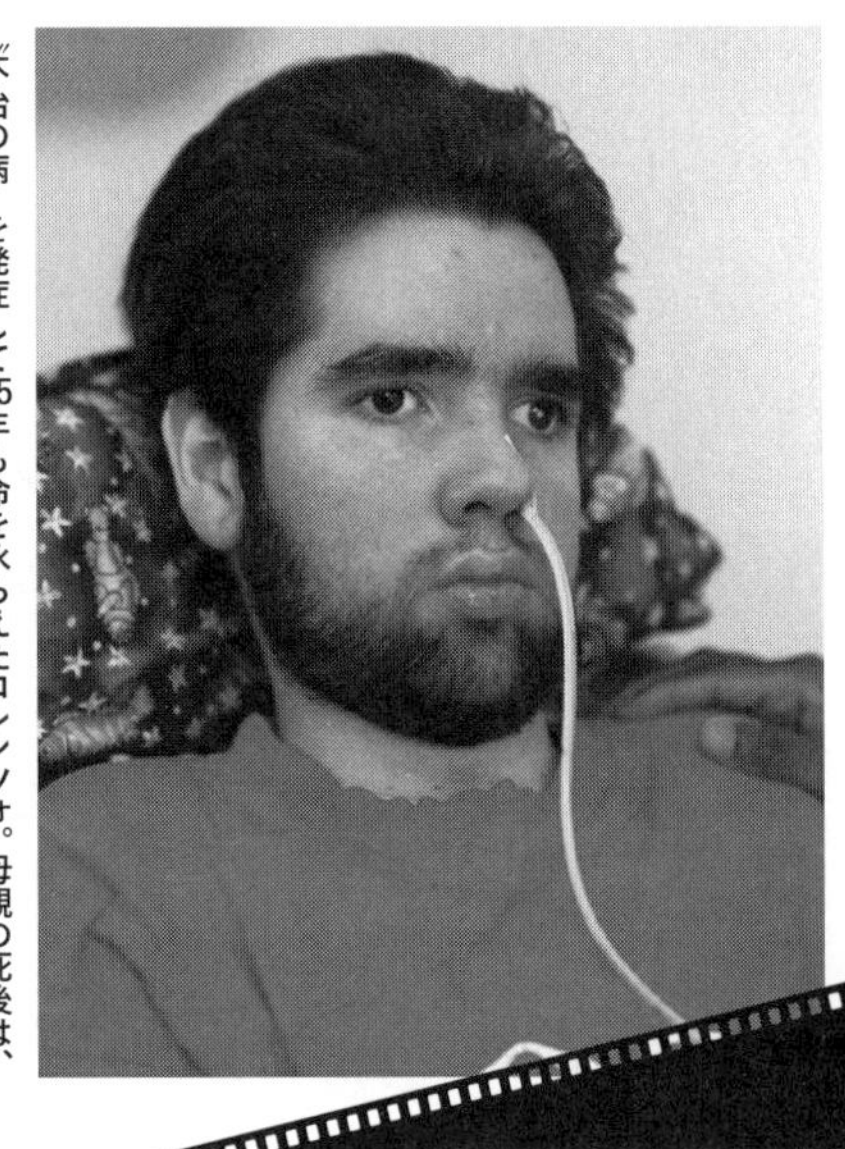

〝不治の病〟を発症して25年も命を永らえたロレンツォ。母親の死後は、父親のオーギュスト（左写真）が献身的な看病にあたった

半の医師がさじを投げる状況だった。映画でも描かれるように、症状がどんどん悪化し植物状態になったロレンツォが発作で悶え苦しみ、その様子を為す術なく見つめる両親の姿は痛ましい限りだ。

オドーネ夫妻は決意する。医師が見放すなら自分たちで息子を救う方法を探すしかない。医学的知識が無い素人では通常思いもつかない発想である。

さっそく2人は国立衛生研究所の図書館に通い、ALDの脂肪酸代謝に関する文献を読みあさる。当時まだインターネットは普及しておらず、全て手作業だった。

それから28ヶ月が過ぎた1987

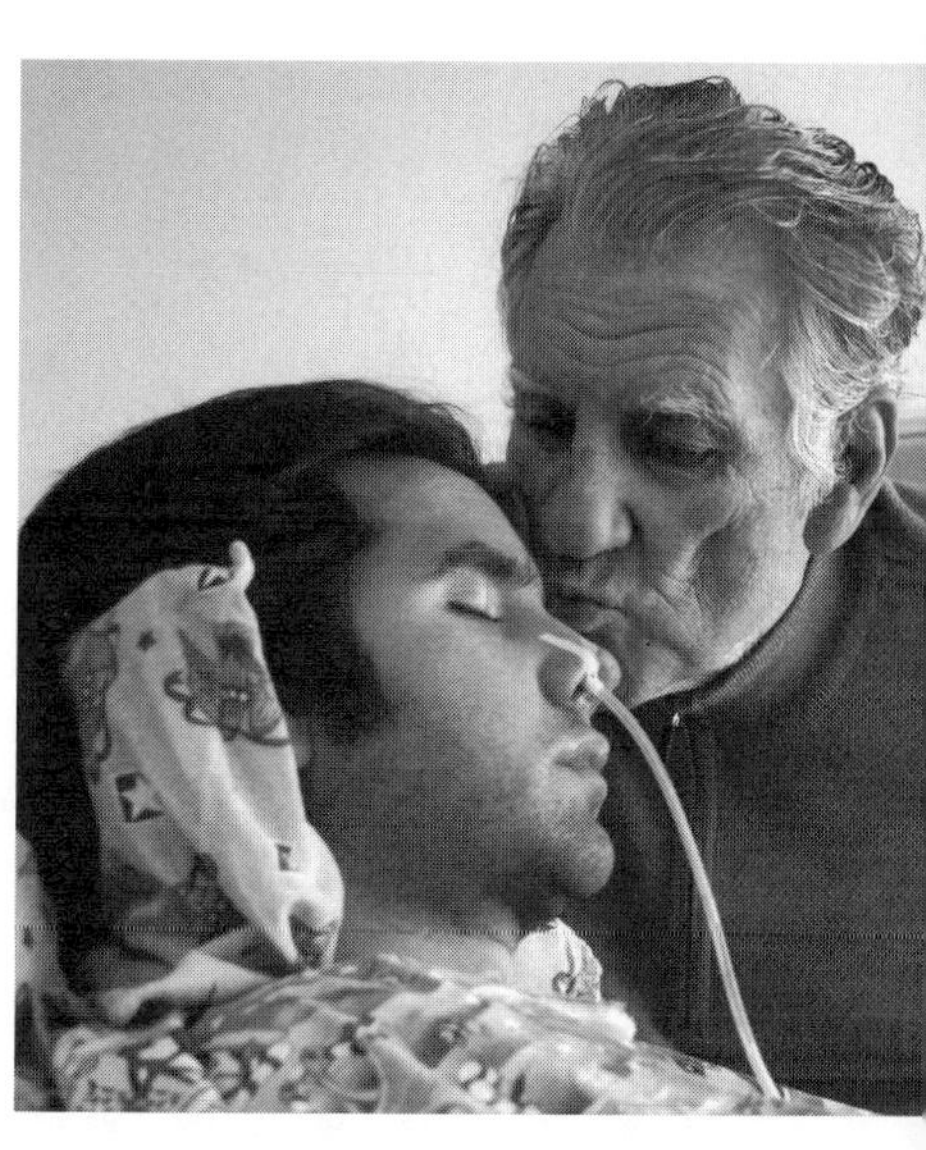

年夏、彼らは、たまたま見つけたポーランド語の動物実験の論文をヒントに「オリーブオイルから搾り出した酸を投与すれば改善する」という仮説を打ち立て、ある食用工場で精製。これをロレンツォに飲ませ、血中脂肪酸値の低下に成功する。

さらに夫妻は研究を重ね、エルカ酸とオレイン酸の混合物に治療効果があるのではないかと思いつき、イギリスの老医師を口説き落とし精製に成功する。これが、後に「ロレンツォのオイル」と呼ばれる治療薬だ。結果、ロレンツォは簡単な意思表示や、絵本や音楽を楽しむまでに回復する。劇中では、このオイルによって救われたと思しき実際の患者たちの姿も映し出され、大きな感動とともに映画は終わるのだが……。

映画公開後、ＡＬＤの子供を持つ多くの親が、ロレンツォのオイルを争うにように求め、我が子に投与し始める。当時、オイルは1リットル1千ドルの高値だったが、親にしてみれば藁にもすがる思いだった。が、実際にこのオイルがＡＬＤの症状改善に効果を示す例は少なかったようで、映画公開の翌年１９９３年、イギリスの権威ある医学雑誌が「ロレンツォのオイルは無効である。医学は映画のように簡単にはいかない」という論文を発表すると、世間はオドーネ夫妻に対し「いかさま」「詐欺師」と容赦無い批判を浴びせるようになる。映画で期待を持たされた分、失望も怒りも大きかったのだ。

四面楚歌の状態に置かれた彼らを支えた医師がいる。映画でロレンツォに食事療法を提案するものの、オイルの投与には最後まで反対し続けるＡＬＤの世界的権威。劇中ではある意味「悪役」として描かれていたため仮名だったが、実在のＡＬＤ研究者ヒューゴ・モーザーがその人で、彼はオイルの臨床使用には消極的だったものの、オドーネ夫妻の研究を高く評価し、映画公開後は一貫して夫婦を擁護。２００５年には、「ロレンツォのオイルはすでに症状が進行した患児には無効だが、血中ＶＬＣＦＡ値が高値を示す子供の発症予防や症状軽減には有効」という画期的な論文を発表、オドーネ夫妻の汚名返上に貢献する。

２００７年7月、母親のミケーラが肺がんで死去。ロレンツォは翌２００８年5月、30歳でこの世を去る。直接の死因はＡＬＤではなく肺炎だった。なお、北米では現在、スクリーニングによってＡＬＤ発症前の患児を見つけ、早期から「ロレンツォのオイル」を投与して発症予防を行うプログラムが進められている。

映画で〝悪役〟として描かれた医師が夫妻とオイルを徹底擁護

オーギュスト・オドーネ（右）と、彼の良き理解者であるALD研究の第一人者、ヒューゴ・モーザー医師。手前に置かれているのが、現在、発症予防用に使われている「ロレンツォのオイル」

現役ボクサーだった頃のルービン・カーター本人。2014年4月、76歳で死去

ザ・ハリケーン

黒人ボクサー、ルービン・カーターの冤罪が晴れるきっかけは黒人少年が出した1通の手紙だった

FILMS

人気俳優デンゼル・ワシントンが主役を演じた「ザ・ハリケーン」は、殺人犯の汚名を着せられたボクサー、ルービン・カーターが、20年の時を経て無罪釈放となるまでの実話に基づいた力作である。現役時代に、相手を幾度も1ラウンドでKOし、その嵐のような勝ち方から「ハリケーン」と呼ばれた男を暗黒世界から救ったのは、1人の黒人少年の勇気ある行動だった。

1966年6月17日深夜、米ニュージャージー州のバーで、4人が銃で撃たれ3人が死亡するという事件が起きた。目撃者の証言から、犯人は黒人2人組で白い車で逃走したことが判明。まもなく、現場付近で証言どおりの車が発見される。乗っていたのは、プロボクサーのルービン・カーター（当時29歳）と、彼のファンである黒人青年だった。

近所のバーで飲んだ帰りだった2人を警察は問答無用で連行。面通しの結果、一命を取り留めたバーの客も目撃者も彼らが犯人ではないと口を揃える。が、2人は犯人像に極めて近く、加えカーターには前科があった。11歳のとき、友人が幼児愛好者の白人男に襲われそうになったところを助けに入り、もみ合いの過程

ザ・ハリケーン

1999／アメリカ　監督：ノーマン・ジュイソン
1966年に発生した黒人差別に基づく冤罪事件「ルービン・カーター事件」を題材とした社会派ドラマ。カーターが獄中で執筆した伝記を読んで感銘を受けた黒人少年レズラとの交流を中心に、カーターの少年時代から冤罪で収監され無罪釈放となるまでを描いている。

事件当日、現場から連行されるカーター（中央の黒人男性）

警察が犯行時刻を捏造

で相手をナイフで刺したのだ。ある意味、正当防衛とも言える傷害事件で、カーターは都合10年間を刑務所で過ごしている（その間、一度脱走を謀り陸軍に2年間勤務。ボクシングの才能は軍隊時代に開花）。

さらに〝時代〟もカーターの敵となった。時は黒人の公民権運動華やかなりし1960年代。24歳で出所後、プロボクサーとして活躍し、地元でも有名な存在だったカーターも積極的にデモに参加していた。そんな黒人を、白人中心の地元警察が面白く思うはずがなかった。

1967年5月、裁判で無罪を

信じていたカーターたちに下った判決は終身刑。陪審員は全員が白人で、事件から半年後、目撃者が「当夜、現場から逃走したのはカーターだった」と証言を翻したのを有罪の大きな決め手と捉えていた（控訴審、上訴審も敗訴）。

しかし、7年後の1974年9月、この目撃者が再び証言を翻す。全て警察の誘導尋問による偽証だったことを『ニューヨーク・タイムズ』紙に告発したのだ。これを機に、カーター解放に向けての機運が全米で盛り上がる。ボブ・ディランが無実を訴えた曲「ハリケーン」を発表し、モハメド・アリが抗議のデモや集会に参加した。こうした社会的背景も後押ししてか、1976年3月、ニュージャージー州最高裁は弁護団から出ていた再審請求を認め、カーターらはいったん保釈される。が、再審裁判の結果は有罪。裁判所は人種差別への憎悪が事件の動機とし、改めて終身刑を言

カーターを支援し、面会に訪れたボブ・ディラン

カーターの無罪釈放のきっかけを作ったレズラ・マーティン本人。
レズラは後にトロント大学のロースクールに進み、弁護士となった

い渡す（この下りは映画には出てこない）。

4年後の1980年10月。絶望の淵にいたカーターのもとへ1通の手紙が届く。差出人はレズラ・マーティンという17歳の黒人少年。カーターが1974年に獄中から出版した『16ラウンド』を読み、感銘を受けたという内容だった。

レズラはブルックリンの貧しい家に生まれ育ったが、聡明で頭の回転が速く、当時、その才能を見出したカナダ人グループと一緒に暮らしていた（映画の中では男2人女1人だが実際は6人。全員が1960年代をトロント大学で過ごした反体制思想の持ち主で、ビジネスパートナーとしても共同生活を送っていた。偶然知り合ったレズラに高等教育を受けさせるため、扶養者となっていた）。後にカーターが「レズラの手紙に運命的なものを感じた」と語るように、そこから2人の交流が始まり、やがてカナダ人グループも加わったカータ

ー解放運動へと発展していく。

１９８２年８月、二度目の再審請求は却下。それでも彼らは弁護士に再審開始への活動を働きかけ、自らも無罪の新証拠を探すため多くの関係者をあたった。そして、ついにカーターらが犯行時刻に現場にいなかった証拠を掴む。事件の一報を警察につないだ電話交換手の記録から、警察が犯行時間を意図的に15分ずらしていたことを突き止めたのだ。

この決定的証拠をもって、カーターと弁護団は連邦地方裁判所に再審請求を挑む。判決は、見事に無罪釈放。１９８５年11月７日のことだった（カーターと一緒に逮捕された黒人青年は、15年服役した後、１９８１年に仮釈放されている）。

「ザ・ハリケーン」の演技で、ゴールデングローブ賞の最優秀主演男優賞に輝いたデンゼル・ワシントン。授賞式ではカーター本人（左）もお祝いに駆けつけた

ユア・マイ・サンシャイン

HIVに感染した売春婦と彼女を愛し続けた夫の苛酷なその後

不幸な結婚生活のせいで風俗に身を沈めHIVに感染した女性ウナと、そんな彼女に一途な愛を注ぎ、家族や友人を敵に回しても投獄されたウナを待って想いを貫き通す青年ソクチュン──。2005年、韓国で数々の賞に輝いた映画「ユア・マイ・サンシャイン」は、新聞の片隅に載った実話をベ

ヒロインをチョン・ドヨン(右)、彼女に一途な想いを寄せる朴訥な青年をファン・ジョンミンが演じた。映画「ユア・マイ・サンシャイン」より

ースに作られたラブストーリーだ。

「2人のその後……今も発病せず、元気に仲良く暮らしている」

ラストのテロップとは異なり、実際の2人は離婚し、その後、過酷な運命を辿った。

日韓サッカーW杯に湧く2002年、韓国でスキャンダラスなニュースが報じられた。26歳の女性が、HIVに感染しながら1年半の間に2千人以上の男性に身を売ったとして、逮捕されたのである。韓国では「エイズ予防法」で、HIVキャリアは管轄の保健所に届け出る義務があり、予防措置なく性行為を行ってはならないと定められている。これに違反したとして件の女性には懲役1年6月の判決が下った。映画はこの女性クさん（仮名、当時26歳）と、夫のパクさん（仮名、同40歳）をモデルにしている。

劇中で、ヒロインのウナは前夫のDVに耐えかねて家出し、売春斡旋のブローカーに捕まり借金を背負ったかのように描かれている。が、実際は違う。クさんが最初に結婚した幼なじみの男性には片腕がなかった。そこで、クさんは靴工場へ働きに出るのだが、稼ぎなど知れたもの。ほどなく

ユア・マイ・サンシャイン

2005／韓国　監督：パク・ジンピョ
韓国恋愛映画史上No.1のヒットを樹立した実話に基づく感動作。辛い過去に苦しめられたあげくHIVに感染してしまった女性と、妻として迎えた彼女を愛し抜こうとする純朴な青年との愛を描く。

劇中で描かれるとおり、パクさんとクさんは出会ってすぐ結婚したが…。
映画「ユア・マイ・サンシャイン」より

夫は、彼女に「チケット茶房」への転職を勧める。チケット茶房とは表向きは喫茶店だが、電話注文に応じてコーヒーを配達しに行ったウェイトレスが売春を行う、日本のデリヘルに近いビジネスだ。

クさんは、この結婚で2人の子供を授かるのだが、夫が金銭目的で養子に出してしまう。さらには、帝王切開を余儀なくされた第二子出産時に、HIVキャリアであることが判明。それが直接の動機だったのかは不明だが、家を出たクさんは保険証を偽造して風俗産業が盛んな麗水に辿り着く。

パクさんとの出会いは1998年5月。友人の紹介で知り合い、すぐ

実際の写真

に婚姻届を出して同居し始めた。映画では触れられていないが、パクさんは、クさんについてこう答えている。

「妻は唯一、人間扱いしてくれた人」

韓国には、田舎に行くほど昔の身分制度が残っており、支配官史である「両班」を一番上に「中人」（雑科を輩出する階級）「常民」「賤民」の4階級があった。パクさんの家は常民にあたる農民だったが、まともな仕事はなく雑用で日銭を稼ぐ毎日。不遇な暮らしを強いられていた。そんな社会の底辺にいた自分に普通に接してくれた女性。パクさんは、クさんの容姿ではなく人間性に惚れたのである。

映画と事実の一番の違いは、クさんが、自分がＨＩＶキャリアなのを知りつつ売春していたことだ。しかも、靴工場時代とは段違いに稼げるようになったためか、村でもクさんの金遣いの荒さは有名で、日本円で４００万円ほどのカードローンを抱えていた。おそらく内緒で返済しようとしたのだろう。パクさんと暮らしている間も、時々「昔の友人に会いに行く」と家を空けては、チケット茶房で稼いでいたという。

やがて、借金はパクさんの知るところになり、クさんは頃合いを見計らって家出。２００２年、勤務先の店で逮捕されてしまう。果たして、彼女は世間のＨＩＶへの無知と偏見もあり、まるで凶悪犯のような非難を浴びることになるが、それでもパクさんの気持ちは変わらなかった。父親や親族、友人の反対を押し切り、クさんの出所を待ち、２００３年春、再び夫婦としての生活を取り戻すことに成功したのである。

映画同様、ハッピーエンドを迎えたように思えたが、現実は甘くない。住民らは自分たちの村が「エイズ村」として知れわたったと2人に怒り、好奇の目を向けてきた。かといって引っ越す金もない。結局クさんの出所わずか3ヶ月後、２人は離婚に至る。

その後、クさんは母親の監視下で部屋に閉じこもり、日がな窓だけ見つめて暮らしているという。一方のパクさんは、糖尿病が悪化。入退院を繰り返しているそうだ。

好奇の目にさらされ、出所後わずか3ケ月で離婚。妻は自宅に引きこもり夫は糖尿病で入退院

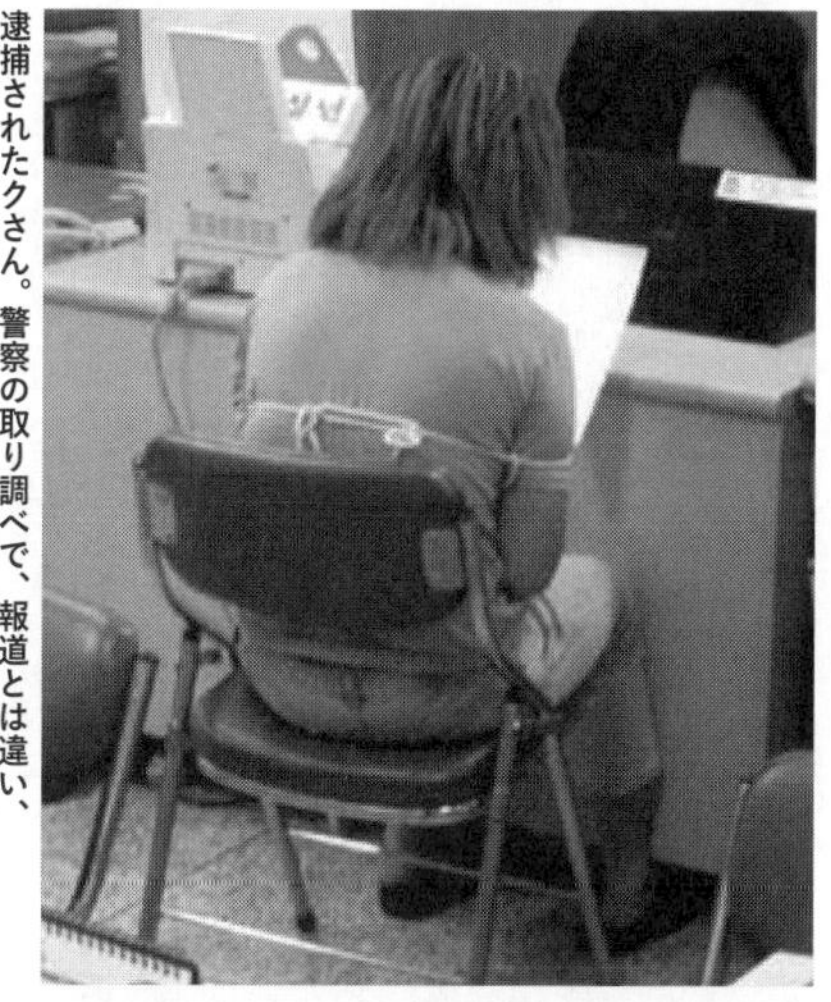

逮捕されたクさん。警察の取り調べで、報道とは違い、実際は1998年2月からHIV感染を知りながら、各地のチケット茶房で売春していたことが明らかになった

獄中のクさんと交わした100通あまりの手紙を前に、取材に答えるパクさん

主人公を演じた
サミュエル・L・ジャクソン(中央)。
映画「コーチ・カーター」より

コーチ・カーター

犯罪都市の高校バスケ部監督
ケン・カーターが選手に説いた
「10年後の可能性」

映画「コーチ・カーター」は、荒廃した高校のバスケットボール部のコーチとして赴任してきた男が、生徒たちに自らの将来を切り開いていく術を教える姿を描いたヒューマンドラマだ。名優サミュエル・L・ジャクソンが演じた主人公のモデルは、実際に強い信念で指導にあたったリッチモンド高校バスケ部の元コーチ、ケン・カーター(1959年生)である。

ケン・カーターが、生まれ故郷で母校でもある米カリフォルニア州のリッチモンド高校バスケットボール部、通称「オイラーズ」の契約コーチに招かれたのは1997年のことだ（映画では1999年の設定）。

カーターはリッチモンド高校時代、同校の得点・アシスト・スティールの歴代記録を残し、全米代表にも選ばれたスタープレイヤーだった。大学でもバスケを続けたが、卒業後はスポーツ用品店の経営者に。そこへ母校から弱小チームを立て直してほしいとの強い要請があり、これを承諾する。

カリフォルニア州リッチモンドは、治安の悪い町で知られていた。若者ギャンググループの対立や、ドラッグ絡みの殺人も少なくなく、そんな犯罪多発地区にある高校は、無事に卒業する生徒が半分、大学進学率は6％。町全体では黒人男性の3割が刑務所に行き、刑務所に入る割合が大学進学率の80倍という荒れた状況だった。

コーチ就任にあたり、カーターは強い信念を抱いていた。スポーツに情熱を燃やしプロを目指しても、夢が叶うのはごくわずかで、大半は真っ当な道を歩めない。故郷の現実を知るカーターは生徒に、学業にも精を出して大学に進み、別の世界でも活躍できる可能性を見出すことを切に望んでいた。

コーチ・カーター

2005／アメリカ　監督：トーマス・カーター
卒業後に犯罪者の道を歩む者も少なくない米カリフォルニア州リッチモンド高校バスケットボール部のコーチに就任、弱小チームを地区優勝に導くとともに、選手に人生の可能性を説いたケン・カーターの実話を描いた人間ドラマ。

そこで、まずは指導することになったバスケ部の選手全員と契約書を取り交わす。「授業に必ず出席する」「学業で一定の成績以上の結果を残す」「試合の日はネクタイ着用、白のボタンダウンで会場に来る」と、劇中では3つだけ紹介されるが、実際には10項目の取り決めがあったという。厳しい要求にチームを去る者もいたが、カーターは規律を守ることこそがチームを強くし人格形成に繋がるものと信じ、選手および保護者の署名を求めた。

カーターの厳格な指導方針が結果を出すのは、コーチ就任3年目の1999年。前年シーズン4勝しかできなかったチームが開幕13連勝を飾ったのだ。

この快進撃にリッチモンドの住民は狂喜乱舞する。アメリカにおいて高校バスケは日本の高校野球以上の関心事だ。地元チームが地区大会優勝を目指せるほどの強豪になった事実は町に大きな希望と勇気を与え、試合は毎回、応援の人々で満員。選手はスター並みの大声援を受ける。しかし…。

カーター本人（右）も高校時代は全米代表に選出されるスタープレイヤーだった

1999年当時のオイラーズの選手たち（白いユニホーム。実際の写真）

13連勝後、カーターは突然、学校の体育館をロックアウト（閉鎖）し、試合出場停止を言い渡した。選手の学業成績が契約書の内容より下回っているのが理由だった。

この一件は選手や親、住民からの反発はもちろん、マスコミをも巻き込む一大騒動に発展する。無敵のチームを優勝させないつもりか？　失業してもいいのか？　教育委員会さえもが脅しをかけてきた。しかし、カーターは頑として意見を曲げない。約束が守られなければ、今後の試合を全て放棄し、コーチを辞任する覚悟だった。

劇中では描かれないが、このとき非難の矢面に立たされていたカーターを支持したのがカリフォルニア州のデイビス知事だった。騒動のさなか、テレビ出演したカーターの姿を見て「彼こそが英雄だ」と絶賛。後の復帰第

撮影現場で顔を合わせたカーター(右)とサミュエル・L・ジャクソン

一戦の会場に自ら駆けつけたという。

果たして、カーターの決意を改めて知りた選手は奮起し学業成績を上げることに成功。その間チームは2試合の不戦敗を喫するも、閉鎖解除以降は再び怒濤の18連勝で見事に地区大会優勝。州大会ではカリフォルニア州屈指の強豪、聖フランシス高校に僅差で初戦敗退したが、弱小だったチームの快進撃はメディアで大きく報じられた。

カーターが指導した生徒はその後、大半が大学に進学。引き続きバスケットボール選手として活躍する者、サンフランシスコ州立大学で生物学を専攻する者、医学部に入り眼科医を目指す者。後にカーターは「自分のことをよく思わない生徒がいるのはかまわない。10年後に彼らが成功を手にすることが私の望みなのだ」と語っているが、まさにその願いが実を結んだのだ。

　その後、カーターはオイラーズのコーチを2002年まで続け、スラムボール（バスケにトランポリンを配置したスポーツ）のコーチに転身。同年、指導していたロサンゼルスのチームを優勝に導いた。

　現在、カーターは2009年に自らテキサス州マーリンに設立した「コーチ・カーター・インパクト・アカデミー」で13～18歳の生徒約150人を対象に、週6日・1日12時間、勉強やスポーツを指導。生活が貧しい約60人の生徒には寄宿舎を提供し、土曜日には親も学校に来て活動に参加するシステムを採用しているそうだ。

物議を呼んだロックアウト事件

2004年1月、体育館が閉鎖された
「ロックアウト5周年記念」に集まったカーター（右）と当時の選手たち

ミュージック・オブ・ハート

主人公の音楽教師を演じたメリル・ストリープは役作りのためにヴァイオリンの猛特訓を行い、劇中でもバッハのヴァイオリン協奏曲などを自ら演奏している。映画「ミュージック・オブ・ハート」より

音楽教師ロベルタとNYハーレムの小学生が起こしたミラクル

1999年公開のアメリカ映画「ミュージック・オブ・ハート」は、治安の悪い米ニューヨーク・ハーレムの小学校で、1人の女性音楽教師が生徒たちにイチからヴァイオリンを教え、やがてカーネギー・ホールでコンサートを開くまでの十数年の日々を描いたヒューマンドラマである。

名優メリル・ストリープが演じた主人公は、現在もハーレムでヴァイオリンを教え続ける実在の音楽教師、ロベルタ・ガスパーリがモデルである。

物語の主人公、ロベルタ・ガスパーリは1947年、ニューヨークに生まれた。小学4年で始めたヴァイオリンを中学・高校時代も続け、ニューヨーク州立大学では音楽教育を学んだ。

1971年、海軍将校の男性と結婚し2人の男の子を授かるが、夫の浮気が原因で別居。1980年、息子たちと一緒に故郷に戻ってくる（映画はここから始まる）。

劇中ではこの後、高校時代の友人男性と再会し、彼の紹介で教員採用の面接を受けるが、実際は求人広告からの応募だった（この男性とは3年の共同生活を経て別れている）。

音楽の課外授業の教師を探していたのは、ニューヨークでも最も危険地帯とされるイースト・ハーレムのセントラルパーク・イースト公立学校。全米に名高い小規模学校運動の先駆者、デボラ・マイヤーが「恵まれた階層の子供が私費で受けている教育と同等のものを、恵まれない子供に公費で与える」ことを使命に、1975年に設立した3つの学校から成る小学校だ。劇中、デボラの役柄は〝ジャネット・ウィリアムズ〟という名の黒人の校長先生で、年齢もロベルタとさほど変わらない設定になっているが、実際のデボラはロベルタより16歳上の白人女性だった。

デボラは最初、音楽教師の資格を持っていたものの経験に乏しかったロベルタの採用を見送った

ミュージック・オブ・ハート

1999／アメリカ　監督：ウェス・クレイヴン
米ニューヨークのイースト・ハーレムでヴァイオリン教室に情熱を注ぐ音楽教師ロベルタ・ガスパーリと生徒たちが13年後、カーネギー・ホールでコンサートに出演するまでの実話を映画化。

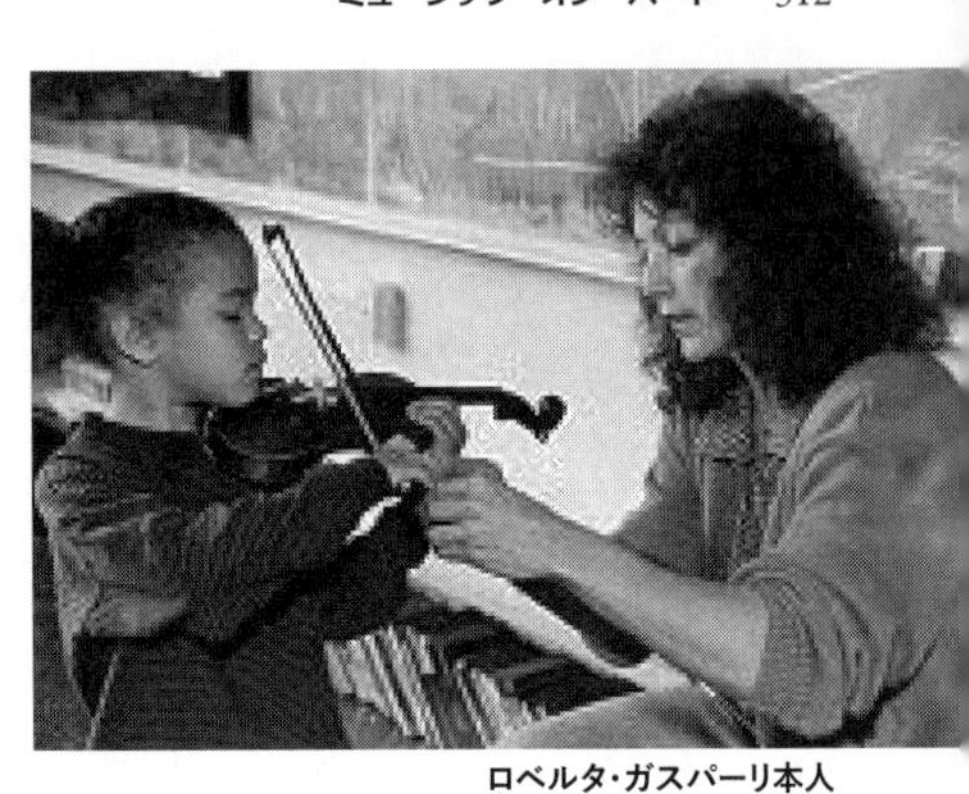
ロベルタ・ガスパーリ本人

が、最終的に彼女の情熱に負け、週1回の臨時教師として雇い入れる。ロベルタが前夫の転勤に伴い、その赴任地で職を得るため50挺ものヴァイオリンを所有（自費5千ドルで購入）していたことも採用理由のひとつだった。

こうして念願の音楽教師となったロベルタだが、最初の授業でヴァイオリンに興味を示す者は1人もいなかった。ちなみに、生徒約50人の大半はアフリカ系かラテン系である。

2回目もほとんどの生徒が欠席したものの、この課外授業は単位として必要とされていたため、1ヶ月が経つ頃には徐々に生徒が集まり始め、やがて反抗的だった子供たちの一部がロベルタの弾く「きらきら星」の演奏に興味を持つようになる。

映画で描かれるとおり、ロベルタはスパルタ教育で授業に臨んだ。ヴァイオリンの楽しさは技術を習得して初めて実感できる。そのことを経験で知っていたからこそ、生徒に集中力を要求した。結果、生徒の中にリーダーシップを持った者が現れるなど、子供たちは徐々に〝夢や希望を抱く少年少女〟へと変わっていく。

やがて、ロベルタの「公立学校音楽教育課クラス」は生徒の親も認めるところとなり、3年後には3つの学校で年間各教室50人、計150人の生徒が参加する人気プログラムへと成長。授業参加希望者は抽選で選ばれるまでになった。

ヴァイオリンが水浸しで使えなくなったり、生徒の祖母が強盗に殺されたりするなど〝事件〟は少なからず起きたが、最大の危機は授業開始から11年後の1991年。ニューヨーク市の教育委員会が予算削減のため、課外授業の廃止を決定したのだ。

下／課外授業の臨時教師として雇われた当初の授業風景。左／ロベルタを採用した学校の校長、デボラ・マイヤー。1996年、ボストンのミッションスクールの校長に就任。2021年6月現在、90歳で健在

カーネギー・ホールで有名ヴァイオリニストと共演

課外授業開始から13年後の1993年、ロベルタの生徒が、プロのヴァイオリニストと一緒にカーネギー・ホールのステージに

到底納得できないロベルタと生徒の保護者たちは、これに対し非営利財団「オーパス118音楽センター」を組織し、クラス再建の資金を募る。と、この活動が『ニューヨーク・タイムズ』紙の一面で記事となり、資金援助の申し出が増加。2ヶ月後、無事に授業が再開できたばかりか、2年後の1993年には予期せぬ出来事が起きる。ヴァイオリンの巨匠、アイザック・スターンら11人の有名ヴァイオリニストと生徒たちが共演するコンサートが開かれたのだ。

映画のクライマックスとしても描かれるこのコンサートは、スターンの計らいにより音楽の殿堂カーネギー・ホールで行われ、以後2年に1度、場所を変え開催され続けることになる。

その後、他に3人の教師を加え、ロベルタの生徒は3校で年間250人に増加。映画公開時の1999年にはチェロのクラスも新設し、これまでの生徒数は5千人を超えている。

自分を信じ努力すれば必ず結果は出る――。一貫して生徒に向き合ってきたロベルタは、今も変わらずハーレムの学校でヴァイオリンを教える一方、教師の育成にも力を注いでいるという。

教えた生徒は5千人以上。中にはプロのヴァイオリニストになった生徒も

しあわせの隠れ場所

左からショーン・テューイ、マイケル・オアー、ショーンの妻リー・アン。スーパーボウルでマイケルが所属するレイブンズが優勝を飾った際の記念写真

2009年公開の「しあわせの隠れ場所」は、最貧層から全米注目のアメフト選手へと駆け上がった黒人青年と、白人家族の心の絆を描いたヒューマンドラマだ。映画のモデルになった実在のNFLプレイヤー、マイケル・オアーのサクセスストーリーは、彼を救ったテューイ家の人々との出会いがなければ決して成立しなかった。

NFL名プレイヤー、マイケル・オアーと主婦リー・アンが出会った感謝祭の夜の奇跡

FILMS

映画の原作になったノンフィクション『ブラインド・サイド　アメフトがもたらした奇蹟』（マイケル・ルイス著）がマイケル・オアーの波瀾万丈の半生やアメフトの世界に焦点を当てているのに対し、本作は彼の里親になったサンドラ・ブロック扮するテューイ家の主婦リー・アン（1960年生）を主人公に据え、ストーリーにも少なからず脚色が加えられている。

マイケルとリー・アンが米テネシー州メンフィスの街中で出会ったのは2003年11月27日、感謝祭の夜のことだ。リー・アンは同州でファストフードのフランチャイズ店を80軒以上経営するショーン・テューイの妻で、2人の子供の母親。片や当時17歳のマイケルは、ホームレス同然の生活を送る巨漢の黒人少年だった。

感謝祭休暇の寒い夜に、短パンTシャツ姿で路上を歩くマイケルの姿を車中から見て、リー・アンは思わず彼に声をかけ自宅に招く。マイケルの人生が変わる瞬間である。映画ではこの後、リー・アンがマイケルにアメフトの才能を見出し、家庭教師をつけるなどして高校に通わせるのだが、現実は少々違う。

マイケルは1986年、メンフィスの、兄弟が

しあわせの隠れ場所

2009／アメリカ　監督：ジョン・リー・ハンコック

貧困の黒人少年マイケル・オアーと、彼を里子として迎え入れた裕福な白人家族との偶然の出会いと深い絆を、実話を基に描いたヒューマンドラマ。原題の「ブラインド・サイド」とは、アメフトで、クォーターバックの利き手逆側の、死角になりやすいサイドのこと。

主人公リー・アンを演じたサンドラ・ブロックはアカデミー最優秀主演女優賞など2009年度の映画賞を総なめにした。映画「しあわせの隠れ場所」より

13人いる極貧の黒人家庭に生まれた。父親には会ったことがなく、母親は麻薬中毒。ために家から引き離され、人の助けを借りながら転居と転校を繰り返していた。

アメフトで頭角を現すのは、リー・アンに出会う前年の2002年。通っていた高校のアメフト部でオフェンス・ラインマンとして活躍し、2003年にはテネシー州の代表チームにも選出されている。が、暮らしは住む家も定まらないホームレス同然の毎日。感謝祭の夜も、寝る場所を確保するため高校の体育館に向かっている途中だった。

このとき、なぜリー・アンが彼に声をかけたのか。劇中では描かれないが、彼女の父親は黒人差別主義者で、それを人生の反面教師としてきた部分が大きく作用したようだ。

2004年、リー・アンはマイケルを養子としてテューイ家に迎え入れる。家には彼と同じ歳の娘コリンズに、弟のS・Jもいる。子供たちへの影響を考えれば簡単にできる決断ではなかったはずだ。

しかし、リー・アンに迷いはなかった。というより、彼女の意見がテューイ家では絶対だった。後に講演会でマイケルが語ったところによれば、「リー・アンは家族を支配し、近所にも口出しするくらいの人」だったらしい。もちろんこれは会場を笑わせるための発言なのだが、その際の彼の表情は実に優しく、リー・アンとの絆の強さを感じさせるものだったという。

さほどに強い信念を持ったリー・アンと同様、テューイ家の人々もマイケルを温かく迎え、家族同様に接した。夫のショーンは劇中

右／テューイ家の養子として暮らしていた頃のマイケル。左が弟のS・J。右が里親のリー・アン。下／2009年7月、ドラフト1巡目指名を受けNFLの強豪ボルチモア・レイブンズと契約

で描かれる以上にマイケルに好意的で、娘コリンズは双子ができたと喜び、弟S・Jも本当の兄貴のように彼を慕ったという。

こうした奇跡的な環境の下、マイケルは1週間に20時間、家庭教師に学び学力をつけていく。結果、それまで高校に通ってはいたものの、ろくに読み書きもできないレベルから成績が飛躍的に上昇し、名門NCAA1部校に入学。ここでもアメフト選手として輝かしい成績を残す。

そして卒業時には6つの大学から奨学金のオファーを受け、テューイ夫妻の母校でもあるミシシッピ大学に進学。1年次からアメフト部のレギュラーとして活躍し、4年次にはAP通信が選ぶオールアメリカンのファーストチームにも選出された。

2009年、マイケルはNFLドラフト1巡目、全体23番目でボルチモア・レイブンズに指名され、5年間1千380万ドルで契約する。1メートル93センチ、141キロの巨体ながら40ヤード（約36・6メートル）を5・34秒で走るスピードを武器に同年12月、新人月間MVPを獲得。3年後の2012年シーズンではNFLの頂点、スーパーボウルで見事に優勝を飾っている。

2014年、タイタンズに移籍。11試合に出場した後、足の指のケガで故障者リスト入りし、そのまま戦力外に。翌2015年、カロライナ・パンサーズと2年契約を結んだ。残念ながら、2021年6月現在はフリーエージェント（自由契約）の立場にあるが、彼

2012年シーズンでNFLの頂点、スーパーボウルを制覇

2013年2月3日、2012年シーズンのNFLチャンピオンの座をかけた第47回スーパーボウルで、マイケル・オアーの所属するレイブンズが49ersを34対31で破り、12年ぶり2度目のスーパーボウル制覇を果たした。写真は優勝の瞬間、歓喜するマイケル本人

を貧困から救ったリー・アンをはじめとしたテューイ家の人々との交流は今も続いているそうだ。

リー・アンの夫、ショーンはインタビューにこう答えている。

「マイケルはなんてラッキーなんだって言われるけど、それは違う。ラッキーなのは我々なんだよ」

主人公を演じたフォレスト・ウィテカー。映画「大統領の執事の涙」より

大統領の執事の涙

FILMS

8人の大統領に仕えた
ホワイトハウスの黒人執事、
ユージン・アレンの半生

２００８年11月４日、アメリカ合衆国大統領選挙でバラク・オバマが黒人初の大統領に選出された数日後、『ワシントン・ポスト』紙に、34年にわたりホワイトハウスで執事（給仕と、酒類、食器類の管理を担うスタッフ）として仕えた実在の黒人男性ユージン・アレン（１９１９年生）の半生が取り上げられた。映画「大統領の執事の涙」はこの記事をモチーフに、１人の執事を通してアメリカにおける黒人差別の歴史を描いた社会派ヒューマンドラマである。

映画は１９２９年、アメリカ南東部

ジョージア州を舞台に、綿花畑で奴隷の子供として生まれ育った9歳の少年セシル・ゲインズが、父を白人に殺され、精神を病んだ母を置いたまま農園を去るところから始まる。

町をうろつき空腹で盗みに入ったレストランの黒人従業員に拾われ、給仕係の職に。やがて先輩従業員の推薦でワシントンD.C.の高級レストランに勤務。1954年、店の客として訪れたホワイトハウスの事務官の目に留まり、アイゼンハワー政権下（1953〜1961）の大統領官邸で執事として働くようになる。

時は公民権運動が活発化していた頃。セシルは政治に関心を持つこともなく仕事に精進し、特にケネディ大統領（1961〜1963）の信用を得る。私生活でも妻、2人の息子と幸せな家庭を築いていたが、やがて長男が公民権運動に没頭し、ジョンソン政権下（1963〜1969）で過激派の「ブラックパンサー党」に入党したことに激怒し絶縁状態に。次男はベトナム戦争に従軍し戦死。ニクソン政権（1969〜1974）、フォード政権（1974〜1977）を経て、カーター政権下（1977〜1981）ではセシルも人権意識を芽生えさせ、黒人スタッフの賃上げ、昇級を実現する。しかし、次のレーガン政権（1981〜1989）が、人種隔離政

大統領の執事の涙

2013／アメリカ　監督：リー・ダニエルズ
8人の米国大統領に仕えた黒人執事の実話をモチーフにしたヒューマンドラマ。主人公の母親役としてマライア・キャリー、ホワイトハウスの同僚執事役としてレニー・クラヴィッツなど有名ミュージシャンが出演している。

主人公のモデルとなった執事、ユージン・アレン本人

策・アパルトヘイトを敷いていた南アフリカを支持したため執事を辞職。最後は長男とも和解し、オバマ大統領（2009〜2017）からホワイトハウスに招待されるシーンで終わる。

このストーリーは大半がフィクションだ。ユージンの生まれはバージニア州で、父親が殺害されたり、母親が精神を病んだ事実もない。農園の雑役労働やワシントンD.C.でウェイターに就いた後、より良い待遇を求めて求人に応募し、ホワイトハウスで職を得たのはトルーマン政権下（1945〜1953）の1952年。最初は皿洗いや食器の片付けなど雑用係として働いた後、アイゼンハワー政権下で執事となった。

3歳年下の妻ヘレンとは1942年、ワシントンD.C.での誕生日パーティで知り合い翌年結婚。子供は1946年に生まれたチャールズ1人だけで、彼はベトナム戦争に従軍したものの、生きて帰国し、その後アメリカ国務省の捜査官になった。

劇中でセシルは政権が変わっていくにつれ人種差別への反感を強めていくが、実際のユージンは特別な思想信条を持つことなく、党派を問わず歴代の大統領およびスタッフと良好な関係を築いていた。

後に息子チャールズが語ったところによれば、ケネディ大統領が暗殺された1963年11月22日もユージンは執務に就いており、その日の夜遅く、いったん帰宅した後、もう一度コートを羽織り仕事に戻ろうとしたが、その矢先、玄関で崩れ泣き叫んだそうだ。また、大統領の葬儀に招待されたものの、ホワイトハウスに来客があるかもしれないと、葬式への参列は辞退し、通常どおり仕事に就いたという。ユージンはあくまで自分の職務を果たすことを最優先に考えた。

上／実際のアレン一家。左から妻ヘレン、ユージン、長男チャールズ。
下／誕生日が同じフォード大統領とは親しい間柄だった

ちなみに、映画ではフォード大統領時代が描かれていないが、ユージンとフォードは誕生日（7月14日）が同じことから親しい間柄で、当日は共に祝い、たびたびゴルフ談義に花を咲かせていたそうだ。

長年の仕事ぶりが評価され、執事たちを束ねる主任に昇進するのは、レーガンが大統領になってまもない1982年のこと。ユージンと妻ヘレンが大統領から公式晩餐会に招待されたのも本当の話で、当日は居心地の悪そうなユージンに対し、ヘレンは豪華な場に呼ばれたことを誇りに感じ、存分に料理を堪能したそうだ。

34年にわたり8人の大統領に仕えたユージンは1986年、ホワイトハウスを去る。劇中のようなレーガンへの反発心ではなく、重責から解放されるための依願退職だった。引退当日、レーガンはユージンに長年の労をねぎらう手紙を渡し、大統領夫人ナンシ

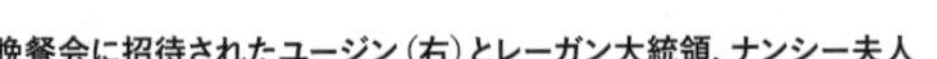
晩餐会に招待されたユージン（右）とレーガン大統領、ナンシー夫人

ーは彼を強く抱きしめ別れを惜しんだそうだ。

その後、ユージンは妻ヘレンと悠々自適な老後を暮らし、２００７年２月、オバマが大統領選に立候補すると、同じアフリカ系として彼を強く支持。妻ヘレンと一緒に投票所に出向くことを期待していたが、２００８年11月３日、ヘレンは急死する。選挙投票日前日のことだった。

２００９年１月20日、ワシントンD.C.で行われたオバマ大統領就任式にユージンは息子チャールズとともに参列。オバマは直にユージンに対面し、その功績を称える言葉を贈る。黒人が大統領になることなど想像すらしなかった彼にとって、人生最良の日だった。ユージンが腎不全でこの世を去るのは、それから１年２ヶ月後の２０１０年３月。享年90だった。

死去の1年前、オバマ大統領就任式に参列

２００９年１月20日、バラク・オバマの大統領就任式に招待され式典に参列し、握手を交わした

ラビング 愛という名前のふたり

「異人種間結婚」を勝ち取ったラビング夫妻の闘い

2016年公開の映画「ラビング 愛という名前のふたり」は、白人と黒人の結婚が違法とされていた1950年代後半から1960年代のアメリカ南部バージニア州を舞台に、自らの愛を貫くために国と闘ったラビング夫妻の実話を描いた作品である。彼らが勝ち取った判決は、アメリカでそれまで違法とされていた異人種間結婚を完全に無効化する画期的なものだった。

本作は2011年に制作・公開されたドキュメンタリー映画「ラビング・ストーリー」に基づき、ほぼ史実どおりに描かれている。

夫リチャードを演じたジョエル・エドガートン(左)と、妻ミルドレッド役のルース・ネッガ。映画「ラビング 愛という名前のふたり」より

１９５０年代、アメリカの南部には「ジム・クロウ法」なる人種差別制度が敷かれていた。交通機関や水飲み場、トイレ、学校や図書館などの公共機関、さらにホテルやレストラン、バーやスケート場などにおいて、白人と黒人（その他の有色人種を含む）を分離することを合法化したもので、これには白人と黒人の結婚を違法とする内容も盛り込まれていた。

映画の冒頭の１９５８年当時、アメリカ南部を中心に24の州で異人種間結婚は禁止されており、物語の舞台、バージニア州も例外ではなかった。ただ、主人公の白人男性リチャード・ラビング（１９３３年生）と黒人女性ミルドレッド（１９３９年生）が生まれた同州キャロライン郡の片田舎セントラル・ポイントは南部の中では珍しく、異なる人種や民族的ルーツを持つ人々が混然となってコミュニティを形成していた。通りを挟み互いの家を行ったり来たりしながら育った幼馴染の２人は自然と恋仲となり、ミルドレッドの妊娠を機に結婚を約束する。レンガ職人の新郎は24歳、高校を出たばかりの新婦はまだ18歳だった。

１９５８年６月、２人は異人種間結婚が禁止されていたバージニア州を出て、合法だったワシントンD.C.で挙式。地元に戻り暮らし始める。が、籍を入れて５週間後の７月11日早朝、地元警察が

ラビング 愛という名前のふたり

2016／イギリス・アメリカ　監督：ジェフ・ニコルズ
異人種間の結婚を違法とした1950年代のアメリカ各州の法律を違憲とするきっかけとなったラビング夫妻を描いたヒューマンラブストーリー。この実話に感銘を受けた人気俳優のコリン・ファースが制作資金を提供、映画化が実現した。

実際のラビング夫妻

新婚夫婦の家を急襲、2人を逮捕する。劇中でも描かれるとおり、このとき夫婦は寝室の壁に貼っていた結婚証明書を指し示し、その正当性を訴えたものの、警察は問答無用で署に連行、留置する。2人は白人と黒人の結婚が違法であることは承知していたが、正式な証明書があれば逮捕されることはないと考えていたようだ。

裁判で、ラビング夫妻に下った判決は懲役1年。ただし、罪を認めたうえでバージニア州を出て最低25年間、地元に戻ってこなければ刑の執行を猶予するというもので、2人は苦渋の決断で、ミルドレッドの従兄弟夫婦の住むワシントンD.C.に移住する。1959年1月のことだ。

夫妻はワシントンD.C.で2男1女に恵まれる。が、その暮らしは快適とはほど遠いものだった。友人知人はおらず、子供が遊ぶ広い空き地などもない。さらに、1963年、次男のドナルドが交通事故に遭う。幸いかすり傷で済んだものの、故郷の田舎では考えられない災難に、ミルドレッドは強いストレスを抱くようになる。

そんな彼女を見て、同年、従兄弟夫婦がロバート・

ケネディ司法長官（ケネディ大統領の弟）に手紙を出すよう勧める。国のトップに直接、異人種間の結婚およびバージニア州での暮らしを認めてくれるよう嘆願してはどうかというのだ。

ミルドレッドにとっては途方もない話だったが、この1通の手紙が事態を動かすことになる。アメリカでは1950年代半ばより、キング牧師を中心に人種差別や人種隔離の撤廃を求める公民権運動が活発化しており、それは1963年8月28日、ラビング夫妻が住むワシントンD.C.で20万人以上の参加者を集めた、いわゆる「ワシントン大行進」で最高潮に達する。

そんな状況下に届いたミルドレッドからの訴えをケネディ司法長官は無視することなく、アメリカ自由人権協会に委ね、同協会は無償でバーナード・S・コーエンとフィリップ・J・ハーシュコップの弁護士2人をラビング夫妻のもとに派遣する。

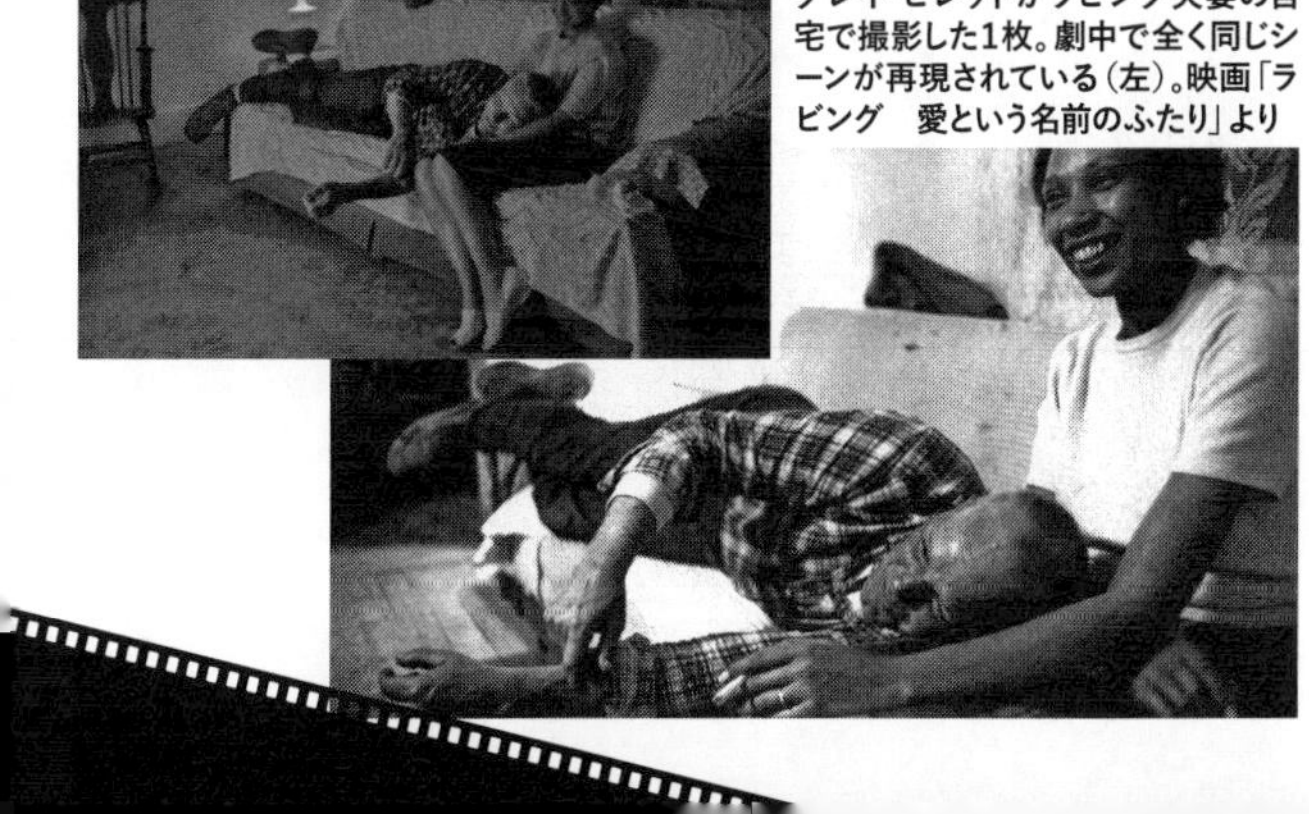

1965年、雑誌『TIME』のカメラマン、グレイ・ビレッドがラビング夫妻の自宅で撮影した1枚。劇中で全く同じシーンが再現されている（左）。映画「ラビング　愛という名前のふたり」より

ケネディ司法長官の命を受け、ラビング夫妻の弁護を無償で請け負ったバーナード・S・コーエン(左)とフィリップ・J・ハーシュコップ(右)。手前の男性が原告のリチャード・ラビング

夫妻は両弁護士を代理人に、1959年にバージニア州の裁判所が出した判決の無効を求めて提訴。1964年10月、訴えは棄却されたものの、これをメディアが報じたことで、2人は全米で注目される存在となる。

1965年1月、バージニア州最高裁判所に控訴し、またも敗訴。しかし、弁護人の助言を受け、ついにアメリカ合衆国最高裁判所に上訴する。もっとも2人には公民権運動に積極的に参加しようという政治的な動機はなく、願いは生まれ故郷で暮らしたいという一点。映画のとおり、最高裁で判決が下った1967年6月12日も彼らは法廷に姿を見せず、勝利の報告を自宅の電話で受けたという。

異人種間結婚の禁止が合衆国憲法に違反するとして判事全員が原告の訴えを認めたこの画期的な裁定により、当時、アメリカ南部16州で違法とされていた異人種間結婚が全て合法となる。

その後、ラビング夫妻と子供たちは地元バージニア州で暮らし、夫リチャードは判決から8年後の1975年6月、飲酒運転のトラックに衝突され41歳で死亡。この事故により右目を失明した妻ミルドレッドは2008年5月、肺炎により68歳で亡くなった。

1960年当時、アメリカの全結婚でわずか0・4％しかなかった異人種間結婚が、2017年の調査で17％まで増加したのは、ラビング夫妻の勝利があったからだ。アメリカでは、判決が下った6月12日を毎年「ラビング・デイ」と定め、称えられている。

判決が下った6月12日を「ラビング・デイ」に制定

晴れて故郷バージニア州セントラル・ポイントで暮らせることになったラビング一家。後列左から長女ペギー、母ミルドレッド、父リチャード。前列左から次男ドナルド、長男シドニー

南極物語

タロとジロ、奇跡の生還劇の舞台裏

１９８３年公開の「南極物語」は、日本最初の南極観測隊に同行し、やむなく極寒の地に置き去りにされた兄弟犬のタロとジロが、１年後に生きて発見された奇跡の実話を映像化した作品である。映画は興行収入１１０億円をあげる大ヒットとなり多くの感動を呼んだが、その内容は史実と少なからず隔たりがある。

舞台は１９５７年の南極・昭和基地。観測隊員の潮田暁（演：高倉健）と越智健二郎（演：渡瀬恒彦）がカラフト犬を訓練しているシーンから映画は始まる。

２人には実在のモデルがいる。潮田は、北海道大学で地質学を学び、卒業後、商工省（現在の経済産業省）の地質調査所で働いていた菊池徹（１９２１年生）。越智は、

主人公の潮田隊員を演じた高倉健。映画「南極物語」より

京都大学理学部地球物理学科の修士課程に在籍中だった北村泰一（1931年生）だ。

日本が初めて南極に観測隊を送ったのは1956年11月。全国から選抜された総勢53人の隊員が東京湾より海上保安庁の砕氷船（さいひょうせん）「宗谷（そうや）」で出発し、1957年1月、南極・東オングル島に到着。ここに活動拠点となる昭和基地を建設し、南極大陸の天文・気象・地質・生物などの観測に従事する。

隊員の輸送を支えたのは、屈強なカラフト犬である。厳しい環境ゆえ、当時の最新鋭の雪上車はいったん故障すれば機能しなくなる危険性が高い。そのため多少の故障でも素早く直せる犬ゾリが安全な移動手段であり、第1次観測隊には22頭のカラフト犬が同行。タロとジロもその中の2頭で、菊池と北村が犬の世話係を任されていた。

1958年1月、観測隊員のうち菊池と北村を含む11人が昭和基地で冬を越す（第1次越冬隊）。計画では翌2月に第2次観測隊と交替する予定だった。この時点でカラフト犬は病死や行方不明などで15頭に減っていた。

ところが、ここで思わぬ事態が起きる。第2次観測隊を乗せた宗谷を、稀にみる悪天候が襲

南極物語

1983／日本　監督：蔵原惟繕
南極に置き去りにされたカラフト犬の兄弟タロ・ジロと、越冬隊員が1年後に再会した実話を映画化し、日本国内で1,200万人を動員、110億円の興行収入を記録した大ヒット作。2006年、アメリカでディズニー制作によるリメイク版が公開された。

BD販売元：ポニーキャニオン

第1次南極越冬隊のメンバー11人。後列右より北村泰一隊員、菊池徹隊員。前列中央が西堀栄三郎隊長（1958年1月1日）

ったのだ。それでも、第2次観測隊は1次隊員を全員宗谷に収容した後、昭和基地へ到着する旨、通達する。カラフト犬15頭については、到着後すぐに使用するため首輪に繋いだ状態で残してほしいという要望だった。

第1次越冬隊は、犬を放置するのはせいぜい数日と判断、全員が宗谷に移動する。が、天候は一向に回復せず、最終的に第2次観測隊は南極上陸をあきらめ、15頭のカラフト犬を置き去りとする決断が下された。

世話係の菊池と北村が上の命令に納得できず、最後まで犬を救うべく奮闘する姿は劇中でも描かれているが、高倉健演じる潮田隊員が最後のヘリで昭和基地に行き青酸カリで毒殺することを要望する場面は創作である。モデルとなった菊池はヘリで昭和基地に行き、犬と一緒に自分も置き去りにしてくれるよう嘆願、却下されたそうだ。

無念の思いで帰国した第1次越冬隊員は、新聞やテレビの報道で事態を知った国民から容赦ないバッシングを受ける。劇中では詳しく描かれていないが、「犬を見殺しにした」として、隊員の家族の自宅に脅迫電話や投石などがあり、警察が家の周囲を警護する事態にまで発展。中には激しい非難により、鬱状態になった家族もいたらしい。

映画では、自責の念にかられた潮田隊員が犬の飼い主にお詫び行脚に出ている。しかし、これも全くの創作。観測に同行したカラフト犬は全て飼い主から買い取っており、タロやジロは市場で競りにかけられ人手に渡ったものを、現在の価格で1頭約3万円で購入していたそうだ。

さて、残された犬はどうなったか。映画では、自力で首輪を外したカラフト犬が、海氷の割れ目に入った魚や、集団でアザラシを襲いその肉を食すなどして生き延びたり、途中で息絶えるシーンが切々と描かれている。

後の検証によれば、菊池や北村らが昭和基地を去る際、カラフト犬の周りにはアザラシの死骸や携帯用の餌があったが、犬がこれらを口にした形跡はなかったそうだ。代わりに犬が主食としたのはアザラシの糞と言われ、これには未消化の小エビや稚魚が含まれており、栄養が豊富だったという。

右／観測隊員の輸送手段としてカラフト犬によるソリは欠かせない存在だった。
左／越智健二郎隊員を演じた渡瀬恒彦。渡瀬は映画でタロとジロに扮した2頭の犬を撮影終了後に引き取り、自宅で飼育している。映画「南極物語」より

もっとも、極寒の地に置き去りにされた犬が生きているとは想像しがたく、第1次越冬隊の帰国から5ヶ月後の1958年7月には大阪府堺市に15頭を供養する銅像が建立される。カラフト犬は全て死亡したとみなされたのだ。

しかし、奇跡は起きる。1959年1月14日、第3次観測隊が生存するタロとジロを発見したのだ。映画では、昭和基地付近で潮田隊員が遠くに2頭の犬を発見、越智隊員が「タロ！　ジロ！」と呼びかけ涙の再会を果たしている。

このドラマチックな場面も史実とは異なる。まず、潮田隊員のモデルとなった菊池は第3次観測隊に参加していない。また発見した状況も、ヘリコプターが上空から生存する2頭を目視したのが最初で、その後、北村が別のヘリで基地に着陸、タロとジロを確認したのが事実である。ちなみに、北村は2頭が1年前に比べ丸々と太っていたためすぐには判別できず、片っ端から名前を呼び、最後に試しに「タロか」と呼ぶと尻尾が揺れ、じゃあこっちはジロだろうと「ジロ」と呼んだところ、ペタリと座り、前からの癖である右前脚を上げる仕草をしたことで確信に至ったそうだ。

昭和基地に残された15頭は、7頭が首輪に繋がれたまま絶命しており、6頭が行方不明（1968年、リキと思われる死骸が発見されている）。タロとジロが生き延びたのは、2頭が最初の越冬当時1歳と、他の犬より若く体力があったことに加え、首輪を抜けた8頭のうち6頭が帰巣本能で日本に向かって走り行方不明になったと考えられているのに対し、タロとジロは日本で過ごした期間が短く帰巣本能が昭和基地に働いていたためと推察されている。

その後、タロは第4次越冬隊とともに1961年5月、4年半ぶりに帰国。1970年まで北海道大学植物園で飼育され、同年8月11日、老衰のため14歳7ヶ月で死去。ジロは第4次越冬中の1960年7月9日、5歳で病死した。

また犬の世話係だった菊池は長年、北極地域鉱山の調査開発事業に携わり、2006年4月、移住先のカナダ・バンクーバーで死去。北村は同志社大学工学部講師、九州大学理学部教授を経て、1995年より同大学の名誉教授である（2021年6月現在、存命）。

なぜ15頭のうち2頭だけが
生き延びられたのか？

昭和基地でタロ（右）とジロと再会した
北村泰一隊員（1959年1月14日）

「きみに読む物語」（2004）、「50回目のファースト・キス」（2004）など、記憶喪失を題材にした恋愛映画は多い。2012年公開の「君への誓い」も、交通事故により自分が結婚していた記憶をなくした妻の愛を取り戻すため、夫が改めて交際からスタートし関係を築き上げていくラブストーリーだ。

物語は、米ニューメキシコ州に住むカーペンター夫妻の実体験を基に作られたが、映画公開から6年後、2人には苦い結末が待ち受けていた。

劇中の主人公は男性レオ（演：チャニング・テイタム）が録音ス

主役の夫婦を演じたチャニング・テイタム（左）とレイチェル・マクアダムス

映画「君への誓い」より

君への誓い

映画のモデル、カーペンター夫妻に待っていた苦い結末

タジオ経営者、女性ペイジ（演：レイチェル・マクアダムス）が彫刻家。結婚してまもない雪の降るある日、レオの運転する車がトラックに追突され車外に放り出された妻が脳に損傷を負い、結婚したことはもちろん、愛する夫の存在さえ忘れるところから物語は始まる。

一方、映画のモデルとなったのは1993年11月25日、交通事故に遭ったキムとクリキットのカーペンター夫妻だ。2人が知り合ったのは1992年9月。当時26歳で、ニューメキシコ・ハイランズ大学の野球部部長を務めていたキムが、カリフォルニア州アナハイムのスポーツ用品会社の営業担当者クリキット（同23歳）に、部員とコーチ着用のジャケットを注文する電話をかけたのがきっかけだった。

キムは、陽気で頭の回転の速いクリキットのことを気に入り、毎日のように電話をかけ、半年後、初めて対面。すでに互いのことを知り尽くしていた2人の関係はすぐに交際に発展し、1993年9月、めでたく結婚する。映画では、妻が夫と知り合う前に交際していた男性との婚約を破棄し、関係が良好ではなかった実家を出たことになっているが、実際は互いの家族に祝福されてのゴールインだった。

事故が起きた11月25日は感謝祭当日で、2人は妻クリキットの運転する（劇中では夫が運転）車

君への誓い

2012／アメリカ
監督：マイケル・スーシー
交通事故で記憶を失った妻と、彼女の愛を取り戻すため懸命に努力する夫の絆を描くラブストーリー。

で、ニューメキシコ州のラスベガスの自宅からアリゾナ州フェニックスにある彼女の実家に向かっていた。18時30分、ニューメキシコ州ギャラップの州間高速道路40号線を走行中、前方を走るトラックの出す排気煙でクリキットは視界を失う。思わず急ブレーキを踏んだものの、車はトラックに激突。そのまま３００メートル飛ばされ停止したとき、車体はほぼ壊滅状態になっていた。

このとき後部座席で横になっていたキムは肋骨と鼻を折ったがなんとか脱出に成功する。しかし、クリキットは車のルーフに体を挟まれ身動きできない。結果、救助隊が彼女を救出するまでに30分を要し、救急車で病院に運ばれる際、クリキットの頭はグロテスクに腫れ上がり体液が溢れていたそうだ。

クリキットはそのまま4ヶ月間、昏睡状態に陥る。医師によれば、脳に激しい損傷を受けており、このまま意識が戻らないことも十分考えられるという。

しかし、回復のため転院した神経研究所でクリキットは奇跡的に目覚める。が、喜びも

1993年9月、アリゾナ州スコッツデールで挙げた結婚式。右が新郎のキム（当時27歳）、中央が新婦のクリキット（同24歳）

束の間、キムは絶望の淵に追いやられる。劇中で、意識を取り戻した妻が「大統領は誰？」と聞き、夫が「オバマだ」と答えるシーンがある。現実にも同じような出来事があり、セラピストが現在の大統領の名前（当時はビル・クリントン）を問うたとき、クリキットは「ニクソン」と答え、「あなたは誰と結婚していますか」という問いには「私は結婚していません」と返答したそうだ。彼女の脳は人格、感情、記憶、意思決定を制御する前頭葉を損傷、幼少期以降の記憶を喪失していたのだ（劇中では夫と知り合うまでの記憶が残っている）。

事故時のカーペンター夫妻の車。損傷が衝突の激しさを物語っており、死を免れたこと自体、奇跡だった

信じられないキムは、劇中にもあったように自分たちの結婚式を撮影したビデオを見せ、記憶を蘇らせようとしたが、クリキットは無反応。彼女にとって、キムは完全に見知らぬ男性だった。

その後の理学療法、言語療法でクリキットは大学生の頃までの記憶を取り戻し、リハビリにより歩行も可能となった。が、夫のことはいつまでも「見知らぬ男」のまま。そこで、キムは覚悟を決める。他人としてイチから彼女と関係を築き、交

際し、改めて求婚しようと。彼にとってクリキットは唯一無二の女性だった。

キムはクリキットの回復に尽力する傍ら、知り合った頃に戻り、彼女を映画に誘い、ファストフードで食事をし、共に公園を歩いた。クリキットが混乱し、当たり散らすことも少なくなかったが、キムは決してあきらめなかった。そうして2人の時間を重ねていくうち、クリキットに新たな感情が生まれる。私は彼に恋してる。二度目の奇跡が起きた。

事故から3年後の1996年、2人は再び結婚式を挙げ、改めて夫婦となった。2000年には息子ダニー、2003年には娘リーアンを授かり、2012年の映画公開時には主演の2人と笑顔でカメラに収まった。このときクリキットはインタビューで「彼ほど素晴らしい男性はいない」とキムを称賛している。

4ヶ月の昏睡から目覚めたクリキット。幼少期以降の記憶は完全に失われていた

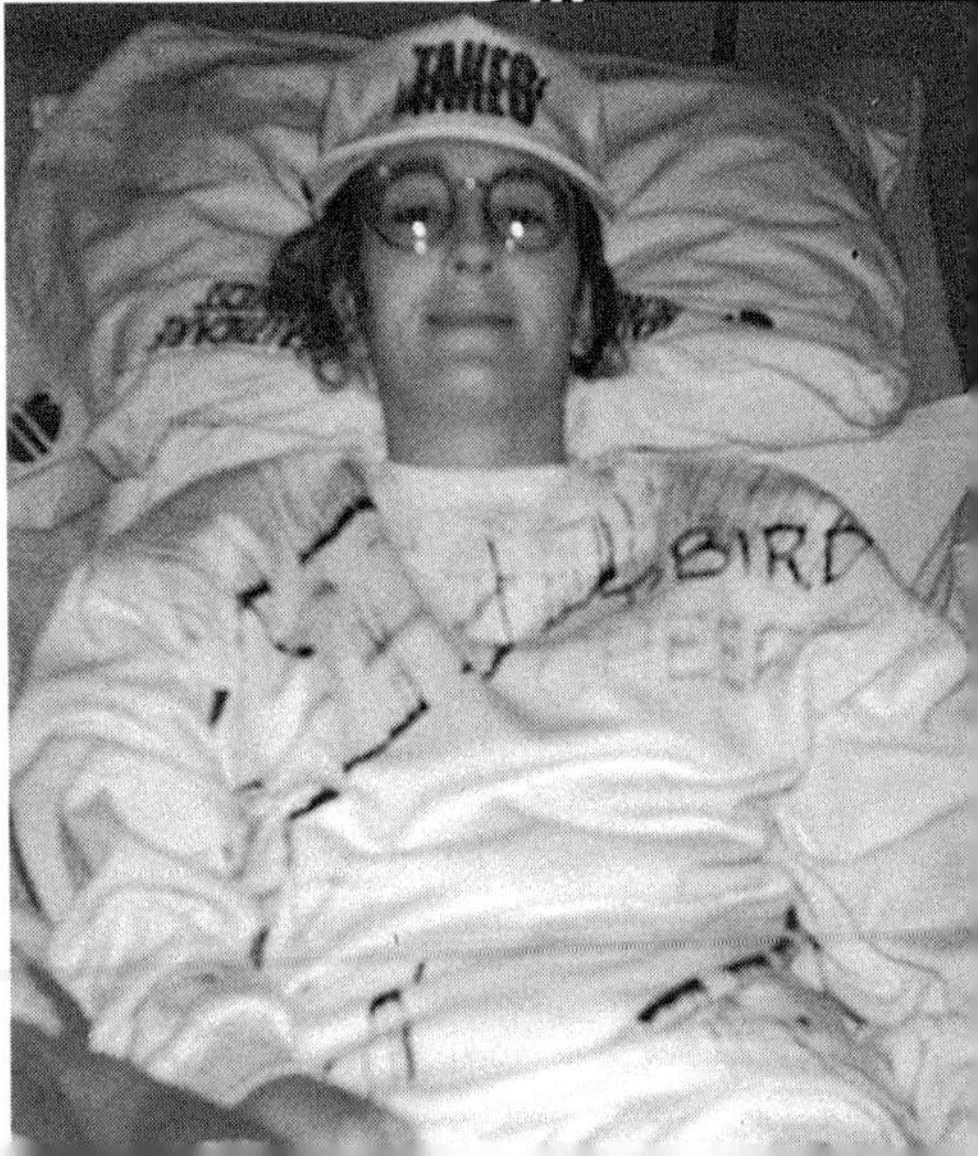

しかし、それから6年後の2018年、メディアは2人の離婚を報じた。原因はキムの浮気。クリキットは取材に対し「彼が、生涯添い遂げるという結婚式での誓いを破ったことに大きなショックを受けている」と語った。美談がそのままで終わらないのも、また現実である。

カーペンター一家。左が長女リーアン、右が長男ダニー。2012年撮影

映画公開の6年後、夫の浮気で離婚

映画公開時、主演の2人(左)とカメラに収まるカーペンター夫妻

最初の飼い主である大学教授を演じた仲代達矢。映画「ハチ公物語」より

ハチ公物語

映画で大幅に改変された真の「忠犬ハチ公」伝説

誰もが一度は耳にしたことがあるだろう「忠犬ハチ公」。銅像まで建てられたこの秋田犬は、最初の飼い主が死んだ後も、渋谷駅前で帰りを待ち続けた忠義の犬として、今も語り継がれる存在だ。1987年公開の「ハチ公物語」は、この有名な実話を映画化した作品だが、飼い主の大学教授とハチの絆を強調するため、史実を大幅に改変した内容となっている。

映画は1924年（大正13年）1月、生後2ヶ月のハチが生誕地の秋田県大館市（現在）から東京都渋谷区松濤1丁目（現在）の邸宅に届けられるシーンから始まる。受取人は、家の主人で東京帝国大学農学部の教授を務めていた上野英三郎（うえのえいざぶろう）（当時52歳。劇中での役名は秀次郎。演：仲代達矢）。当時大館市の秋田県耕地課長だった上野の元門下生の紹介により買い受けたもので、価格は現在の貨幣価値で約4万円だったそうだ。

劇中で上野家には、主人の英三郎、妻の八重子（役名は静子。演：八千草薫）、娘の千鶴子（演：石野真子）の3人と、書生の尾形才吉（演：尾美としのり）、女中およし（演：片桐はいり）が同居している。が、これは全くの創作である。上野は子宝に恵まれず、ハチを飼い出した当時、八重子、養女のつる子とその夫（後に息子が誕生）、書生1人（尾関才助なる人物で、「犬日記」というハチの記録をつけていた）、3人の女中と暮らしていた。

さらに映画では、八重子がハチを飼うことに反対し、上野自身も娘に犬の世話をするよう申し付けるなど、当初ハチの飼育に消極的だったかのような印象を与えるが、これまた史実とは異なる。上野は根っからの愛犬家で、ハチが家に来た当時、ポインター種のジョン（8歳）とS（6歳）を飼っていた。ハチは上野が長年欲していた秋田犬で、新たに一家に加わることに反対する者はおろか、皆が大歓迎だったそうだ。

ハチ公物語

1987／日本
監督：神山征二郎
渋谷駅前に銅像が建つ「忠犬ハチ公」と飼い主の大学教授との実話を映画化。2009年、リチャード・ギアを主人公にリメイク作品「HACHI 約束の犬」が公開された。
DVD販売元：松竹

ハチは主人の上野に懐き、散歩はもちろん、主人の出退勤時も行動を共にした。よく知られるのは渋谷駅改札前での送迎で、劇中でもその甲斐甲斐しい姿が描かれているが、頻度として多かったのは、むしろ上野の勤務先である東京大学駒場キャンパスだ。上野邸は駒場キャンパスのすぐ裏手に位置しており、徒歩で通う上野を農学部校門前で見送り、夕方また同じ場所で出迎えるのが常だった。渋谷駅での送り迎えは、上野が電車を利用し、農林省や関連施設に出向くときだったそうだ。また、上野の送迎にはハチより以前からジョンとSが同行している。

ハチの飼い主、上野英三郎本人。東京帝国大学で教鞭を執った日本の農業土木、農業工学の創始者でもある

ハチを飼い始めて1年4ヶ月が経った1925年5月21日、主人の上野が農学部教授会会議の後に脳溢血で倒れ、急死する。劇中では描かれないが、この日、上野を農学部校門まで送ったのはハチだけだった。

映画はこの後、悩んだ末、自宅を売り払う決意をする八重子の姿を描く。が、この場面も史実と異なる。八重子と上野は、上野の実家に結婚を反対され籍を入れていなかった。法律上、内縁の妻に財産、屋敷を相続する権利はなく、残された家族全員が立ち退かざるをえなかったのが本当のところだ。

劇中、夫を失った八重子は娘のもとに身を寄せ、ハチは親類の浅草の土建屋に引き取られる。ハチはそこで邪魔者扱いされ、やがて上野家に出入りしていた植木屋の菊さん（演：長門裕之）が飼うことに。その後、八重子は娘の夫の海外転勤に伴い故郷・和歌山の実家に戻り、菊さんも急死。飼い主のいなくなったハチは、亡くなった上野の帰りを待つかのように毎日渋谷駅に通う。その健気な姿は駅員や近所で商売を営む人の話題となり、新聞に取り上げられるまでになる。が、ハチに安息の日が訪れることはなく、数年後、雪の舞い散る路上で死亡。上野との絆がいかに深かったかを強く印象づけるエンディングだ。

しかし、事実は違う。上野の死後、八重子と養女つる子一家は借家住まいを余儀なくされ、3頭の犬は八重子の日本橋の親類宅、続いてハチだけが浅草の親類宅の預かりとなる。ここでハチが邪魔者扱い

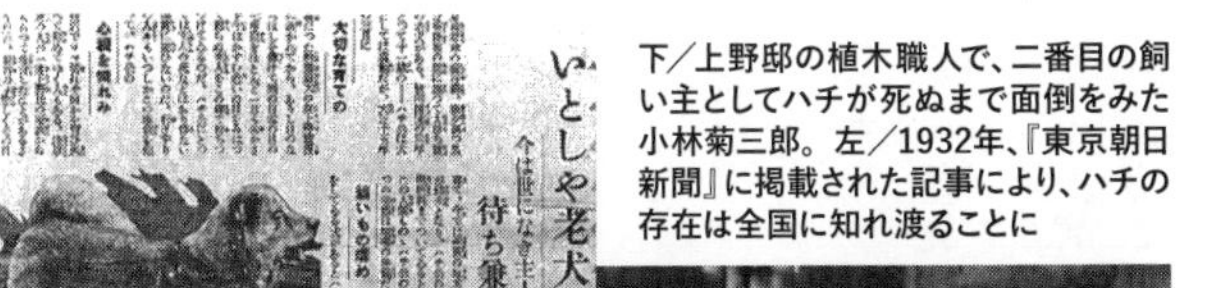

いとしや老犬物語

今は世になき主人の帰りを

待ち兼ねる七年間

下／上野邸の植木職人で、二番目の飼い主としてハチが死ぬまで面倒をみた小林菊三郎。左／1932年、『東京朝日新聞』に掲載された記事により、ハチの存在は全国に知れ渡ることに

新聞に記事が載るまでは野良犬扱い

された事実はなく、たいそう可愛がられている（ジョンは日本橋の親類宅から行方不明になった）。

１９２６年（昭和元年）、八重子とつる子一家は新たに世田谷に居を構え、ハチと0を引き取る。が、力を持て余したハチは綱を解かれると、たびたび近所の畑に入り込み、作物を荒らすようになった。やがて、農家から苦情が出て、八重子はやむなく、ハチを上野邸の植木職人だった小林菊三郎に引き取ってくれるよう懇願する。

史実では、八重子がハチを見捨てた冷たい人物と見る向きもあったとの記述がある。が、これは誤解で、彼女がハチを世田谷の家から出したのは、旧知の小林を信頼していたのはもちろん、彼が渋谷駅から徒歩20分程度の富ヶ谷に居を構えていたからだ。八重子は、ハチが元主人・上野との思い出の土地、渋谷を離れられないのをよくわかっており、小林も事情を承知の上で彼女の申し出を快く引き受けたという。１９２７年秋のことだ。

小林は職人として駆け出しの頃に上野に世話になった恩を忘れず、家族全員でハチを生涯、献身的に育てた。近所の人々もハチを可愛がり、ハチも子供たちを銭湯に送迎するなど、土地によく馴染んだという。

それでも、ハチは渋谷駅通いをやめなかった。毎日決まって午前9時頃に家を出て、いったん戻った後、夕方4時近くになると再び出かけ遅くとも6時までに帰宅。その途中で欠かさず旧上野邸に足を運ぶのがルーティンだった。

　もっとも、こうした行動を上野との思い出ゆえと考えるのは事情を知る者だけで、ハチは渋谷駅をうろつく野良犬として、通行人や商売人からしばしば虐待を受けたり、子供のいたずらの対象となっていた。

　事情が変わるのは、ハチが渋谷通いを始めて5年が経った１９３２年。『東京朝日新聞』（現・朝日新聞）が「いとしや老犬物語」というタイトルでハチの記事を掲載。渋谷駅周辺で邪険に扱われながらも亡き主人を思い日参するハチの存在は人々の心を打ち、ここで初めて「忠犬ハチ公」として、その名を全国に知らしめる。２年後の１９３４年4月21日、渋谷駅前に忠犬ハチ公像が設置され、盛大に行われた銅像の除幕式にはハチ自身と著名人３００人が参列したそうだ。

渋谷駅前で撮影された
実際のハチ（1934年当時）

　ハチが渋谷川に架かる稲荷橋付近で死んでいるのを発見されたのは、翌１９３５年3月8日早朝。死因は心臓と肺のがんだった（享年11）。４日後の12日、渋谷駅で告別式が実施され、八重子や、富ヶ谷の小林夫妻、駅や町内の人々など多数参列したほか、僧侶16人による読経が行われたそうだ。現在、ハチは東京・青山霊園にある上野英三郎の墓石の右隣の祠に眠っている。

映画「遠い空の向こうに」より

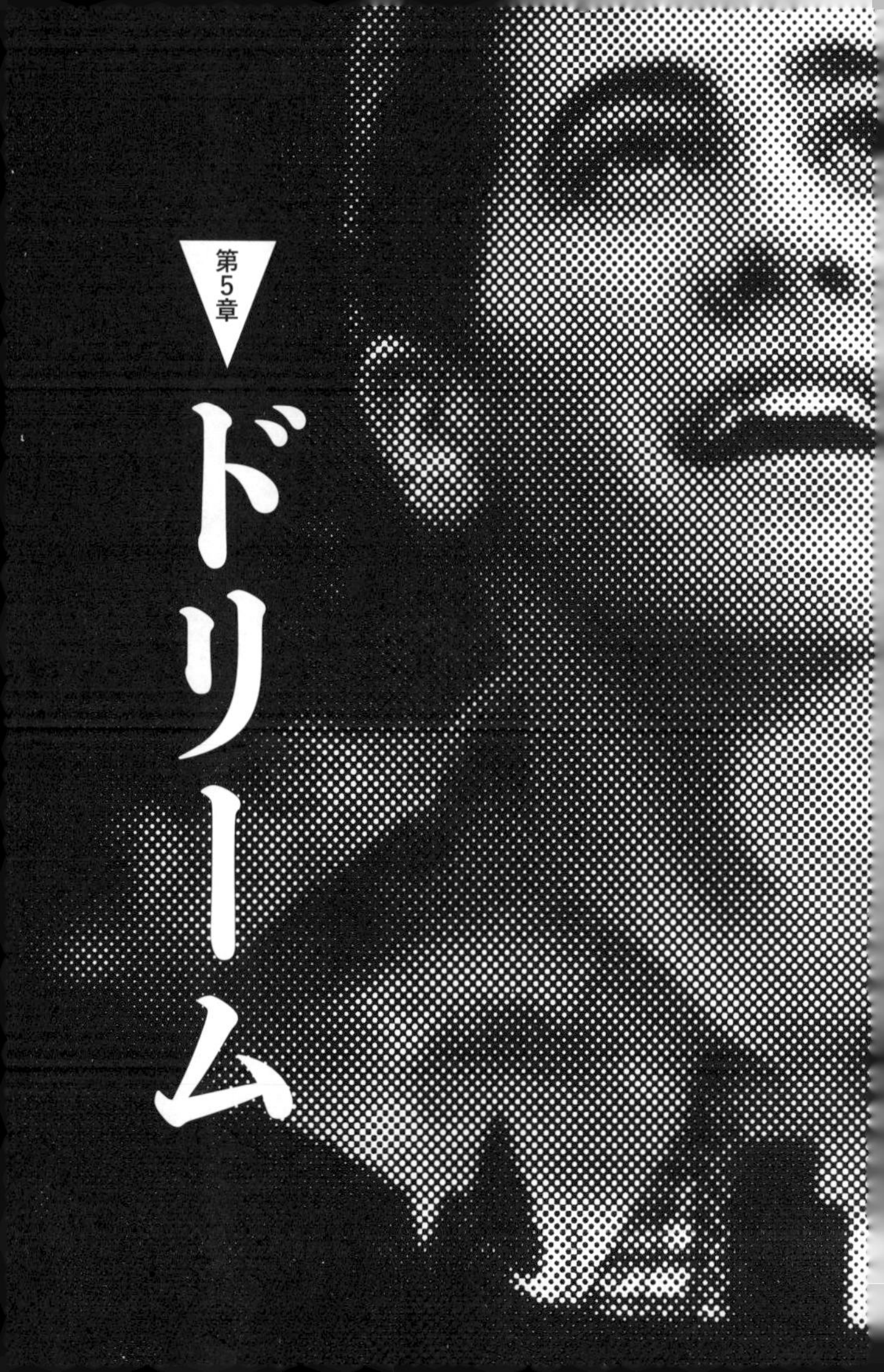

第5章 ドリーム

1935年6月13日、
世紀の番狂わせとなった
挑戦者ジム・ブラドック(左)と
王者マックス・ベアの一戦

シンデレラマン

誇張と脚色が加えられた
ジム・ブラドックの
ボクシング史上最大の
ジャイアントキリング

アメリカ大恐慌時代、貧困と逆境の中から復活を遂げボクシング世界ヘビー級王者になった男がいる。ジム・ブラドック。映画「シンデレラマン」は彼の実話を基に、ラッセル・クロウ演じる不屈の男の生き様と家族愛を描いた作品だ。公開時、映画は生きる勇気と希望を与える人間ドラマとして賞賛されたが、その感動の裏には、少

なからず誇張がある。

　ジム・ブラドックは1905年、米ニューヨークに生まれた。ニュージャージーのアマチュア王者として名を馳せ、19歳でプロデビュー。連戦連勝で1929年7月、世界ライトヘビー級のタイトルマッチに挑む。結果は15ラウンドを戦い惜しくも判定負け。以後、右手や肋骨の骨折など負傷が重なり、33試合で11勝しかできなくなった。それでも彼がリングに上がり続けたのは、1929年に起きた世界恐慌によって深刻な生活苦に襲われたからで、家族を養うにはファイトマネーが必要だった。

　映画で描かれるとおり、ブラドックは接近戦を得意とするボクサーだった。もろにパンチを受けないためのクリンチは有効な技術だが、一方でそれは試合をつまらなくし、プロモーターや客の反感を買う。映画の前半で出てくる1933年9月の試合。ブラドックはここで無気力とも取れる接近戦を演じ、無効試合に認定されてしまう。そして翌年、ライセンス剥奪。映画はここからどん底の暮らしに落ちていく彼と家族の描写に重きを置かれる。

シンデレラマン

2005／アメリカ　監督：ロン・ハワード
1920年代後半〜1930年代の大恐慌時代のアメリカで活躍した、映画のタイトルにも使われているアダ名の実在のプロボクサー、ジム・ブラドックの奇跡のような復活劇と彼を支えた家族、友人を描く。ブラドック役にラッセル・クロウ、妻役にレネー・ゼルウィガーの二大オスカー俳優が出演している。

彼がマネージャーのジョー・グールドの尽力により再びリングに立つのは同年6月。映画では困窮の時期が何年も続くようなイメージを持たせるが、それはわずか半年間でしかない。その間のエピソードとして、盗みを働く息子、電気を止められた家、金の無心に行くブラドックの姿などが映し出されるが、リングに立てなかった期間や、彼が特に無駄遣いもしない実直な人間として描かれていることを考えると、少なからず脚色があるようだ。

ブラドックはヘビー級世界ランク2位のコーン・グリフィンを劇的なTKOで負かし、リングに戻ってくる。そして続く2戦も相手を判定で破り、1935年6月13日、ついに世界ヘビー級王者のマックス・ベアへの挑戦権を得る。結果は15ラウンドを戦って、判定3対0の堂々たる勝利。誰もが予想だにしなかった番狂わせが現実になった。

ただ、この快進撃にも映画をドラマチックにするため、脚色・演出が加えられている。ベア戦の最終15ラウンド、劇中ではブラドックの判定勝ちを確信させるかのようなパンチが繰り出される。が、実際の試合映像を見ると、両者ともすでに余力はなくフラフラ。ブラドックは得意のクリンチに出て、ベアの一発をもらわない作戦で勝ちを収めている。

マックス・ベアの描かれ方も事実とは違う。映画では試合中に2人を殺したボクサーで、いつも女をはべらせ、格下のブラドックをさんざん馬鹿にするわかりやすい悪役だが、実際にベアが試合中に死なせてしまった相手は1人だけで、彼はそのことに生涯悩み、相

悪人に描かれる王者マックス・ベアは実は超善玉

マディソン・スクエア・ガーデンでの試合前に顔を合わせたベア（左）とブラドック。映画にも全く同じシーンがある。ベアは写真のとおりのイケメンで、現役引退後、俳優として活躍。1959年、50歳の若さで死去した

下馬評を覆し世界ヘビー級チャンピオンに輝いた
ジム・ブラドック本人。このとき30歳

手選手の未亡人に、報酬の全額1万5千ドルを贈るタイトルマッチを実施。さらには遺児を学校に通わせるための資金も援助している。実際は悪人にはほど遠い人物だったようだ。

またブラドックの「シンデレラマン」というニックネームは、劇中ではスポーティ・ルイスなる口の悪いスポーツ記者が新聞の見出しとして名付けたように描かれているが、実際に考えついたのは、ネーミングの名手と呼ばれた作家のデイモン・ラニアンだ。映画では、それまでさんざん悪態を吐いてきたキャラクターが最後に好意的な記事を書くという、観る者の顔がほころぶ演出が施されている。

ブラドックは世界チャンピオンを獲った後、2年間試合を行わず、1937年6月、ジョー・ルイスとの一戦でKO負けを食らい王者陥落。翌1938年1月、欧州チャンピオンのトミー・ファースに判定で勝利した後、現役を引退。ベア戦のファイトマネーで地元ニュージャージーに家族で住むための家を購入。第二次世界大戦従軍後はかつて働いていた港で造船所の重機器を扱うビジネスを立ち上げ、数々の建設事業に携わった。

1974年、自宅で睡眠中に死去。享年69。2001年、世界ボクシング協会の殿堂入りを果たし、その栄誉を称えられた。

映画「シンデレラマン」で再現されたシーン

ボビー・フィッシャーを探して

7歳当時のジョシュ・ウェイツキンと、コーチとして
彼を育てたブルース・パンドルフィーニ

チェスの天才少年ジョシュは
太極拳の世界王者になっていた

「ボビー・フィッシャーを探して」は、チェスの天才少年が、周りの期待や強さゆえの苦悩を抱えながら成長していく姿を描いた１９９３年のアメリカ映画で、ＡＦＩ（アメリカン・フィルム・インスティチュート）が２００６年に発表した〝感動の映画ベスト１００〟の１本にも選出された、隠れた名作だ。

題名にもなっているボビー・フィッシャー（１９４３年生）は１９７２年、ソ連の強豪スパスキーを破り、米国人として初めて世界王者となった伝説のチェスプレイヤーで、本作の主人公ジョシュ・ウェイツキンは、そのフィッシャーの再来と呼ばれた実在の人物である。

将来の活躍を期待されたジョシュだが、映画公開からまもなくチェスの表舞台から退き、その後、歩む道をがらりと変更、なんと太極拳の世界王者になっていた。

映画は、スポーツ記者で作家のフレッド・ウェイツキンが、長男ジョシュの幼年期の暮らしを綴ったノンフィクションが基になっている。舞台は１９８０年代前半のニューヨークだ。

１９７６年生まれのジョシュがチェスと出会っ

ボビー・フィッシャーを探して

1993／アメリカ　監督：スティーヴン・ザイリアン
かつて全米にチェス・ブームを巻き起こし、その後忽然と姿を消した天才プレイヤー、ボビー・フィッシャー。そのフィッシャーの再来を思わせる天才少年ジョシュ・ウェイツキンの成長を、父フレッド・ウェイツキンが綴った同名ノンフィクションの映画化。

劇中で描かれるように、ジョシュは街頭チェスで非凡な才能を発揮した（実際の写真）

たのは6歳のとき。母親と散歩中にワシントン・スクエア公園で街頭チェスを目撃したのがきっかけだった。

たちまちチェスの魅力に取りつかれた彼は毎日のように公園に通い大人を相手に対戦、非凡な才能を発揮する。その姿を見た父親フレッドが、息子を本格的なチェスプレイヤーに育てるべく指導を頼んだのが、かつてチェスの世界的プレイヤーだったブルース・パンドルフィーニだ（劇中でベン・キングズレーが演じていた役）。

〝第2のボビー・フィッシャー〟を目標に1対1の特訓が進められると、ジョシュの才能は開花し、少年少女チェストーナメントを次々に制覇していく。そして、映画の最終盤で描かれる全米少年少女トーナメントでの優勝。ジョシュはまだ7歳だった。

ちなみに劇中では、この決勝戦のシーンでジョシュが対戦相手の少年を気遣い引き分けを提案し相手に断られているが、実際には引き分けが成立、再試合の結果、優勝を手にしている。

その後、ジョシュは全米チェストーナメントの21歳以下の部門で8回優勝。16歳で「インターナショナル・マスター」（国際チェス連盟が規定するレイティング2400以上の有資格者に与えられる称号。クラスは8段で、日本では2人しかいない）となる。ちょうど映画が公開された1993年頃のことだ。

映画は本編が終わると、こんな字幕が流れる。

「ジョシュは今もチェスを続け、18歳未満での全米第1位」

全盛期のボビー・フィッシャー本人

順調に進めば、フィッシャー以来のアメリカ人世界チャンピオンになることも夢ではなかった。が、本作公開をきっかけにジョシュの人生は大きく変わっていく。

映画がヒットしたことで、彼の名前は全米に知れ渡り、一躍セレブの仲間入りを果たす。チェスの大会に出れば黒山の人だかりで、女の子が電話番号を渡してくる。もっともジョシュはそれで有頂天になるような人間ではなかったが、本人曰く「競技者としての重力の中心を失った」らしく、彼はその頃出会った孔子の教えに導かれ、太極拳に没頭し始める。

何とも理解し難い選択だが、若くして天才の名を欲しいままにしたジョシュには思想哲学に傾倒する素養ができあがっていたようで、彼に言わせれば「チェスと太極拳はどちらも厳しい訓練が必要で、その経緯で自分探しをしているところが似ている」らしい。

その言葉どおり、ジョシュは本格的に太極拳を始めて数年で「推手(すいしゅ)」（投げ技中心の格闘技）で全米チャンピオン、そして世界王者まで上りつめる。まさに天は二物を与えたのだ。

なお、映画のもう1人の主人公とでも言うべきボビー・フィッシャーは奇行の人物として知られ、1972年に世界王者となり3年チャンピオンの座を守った後、行方不明に。1992年に突然姿を現しスパスキーと再戦、勝利するも再び表舞台から姿を消し、世界の様々な場所を転々とする。そして、2000年からは日本に住み、日本チェス協会事務局長の女性と事実婚の関係になったが、2004年にアイスランドに移り住み、2008年、64歳でこの世を去った。

映画公開後、人生が一変

ジョシュは2010年、脚本家の女性と結婚。現在、
チェスの世界から完全に退き、武術家として活躍中

プリティ・リーグ

主人公ドティのモデルになった2人の花形女子プレイヤー

チームの中心選手ドティを演じたジーナ・デービス（左）と監督役のトム・ハンクス。映画「プリティ・リーグ」より

FILMS

1943年〜1954年までの12年間、アメリカで「全米女子プロ野球リーグ」が運営されていた。第二次世界大戦下、多くの著名な大リーガーが出征し深刻な選手不足となった米野球界が、野球存続のため、あるいはメジャーリーグ再開までの繋ぎとして人々の関心を保持しようと創設した、女性だけのプロ野球リーグだ。

映画「プリティ・リー

グ」は、そこに参加した女子選手の活躍や葛藤を描いたスポーツドラマである。酔いどれ監督役のトム・ハンクス、主題歌を担当し選手の1人としても出演したマドンナなど豪華出演者が話題を呼んだが、物語の主役はジーナ・デービス演じる花形キャッチャー。チームを牽引した彼女の役には、2人のモデルがいる。

映画は、ソフトボールの名選手として活躍していた姉妹が創設されたばかりの女子野球リーグの一球団「ロックフォード・ピーチーズ」に入団するところから始まり、やがて妹がライバル球団の「ラシーン・ベルズ」に移籍、最後は妹の逆転サヨナラHRでベルズが優勝を飾り幕を閉じる。リーグ創設の1943年、優勝したのは確かにベルズである。が、対戦相手はピーチーズではなく「サウスベンド・ブルーソックス」であり、劇中のような姉妹が存在、活躍した事実はないが、姉ドティには、実在した女性選手2人のエピソードが詰め込まれている。

1人は映画同様、ソフトボールの花形選手としてスカウトに見出され、1943年、ピーチーズに入団したドロシー・カメンシェック（1925年生）。チームに在籍した10年間で、オールスタ

プリティ・リーグ

1992／アメリカ　監督：ペニー・マーシャル
1943年に創設された全米女子プロ野球リーグを題材にしたスポーツドラマ。映画公開によって、歴史に埋もれていたリーグの存在が広く世に知れ渡ることになった。

ジーナ・デービス扮する花形キャッチャーのモデルになった2人。ドロシー・カメンシェック（2010年5月、84歳で死去）は10年間の現役生活で7度オールスターに選ばれた有名選手

ー選出7回、首位打者2回、リーグ最多4度の優勝に貢献したスーパースターだった（映画の役名のドティは、彼女が仲間からドティと呼ばれていたことに由来する）。

もう1人は、本作に技術的なアドバイザーとしても参加したラヴォン・ペア・デイビス（1924年生）である。ドロシーと同じくソフトボールの名選手として活躍していた彼女が「ミネアポリス・ミルレッツ」に入団したのは、リーグ創設の翌年、1944年。映画のドティ同様、広い守備範囲と強い肩が魅力の捕手として、大いに球場を沸かせた名選手だ。ちなみに劇中、移動のバスで誰からと

ペア・デイビス（2013年2月、88歳で死去）は捕手として活躍、400打点を稼ぎ出した

もなくリーグの歌を作り始め、その後何度か流れるが、この曲の歌詞は、文才も持っていたペア・デイビス自身が当時書き上げたものである。

映画でドティは、戦地に赴いていた夫が帰還したことを機に引退、家庭に戻る。が、実際はモデルのドロシー、ペア・デイビスともに1953年まで活躍した。

ペア・デイビスが最後に在籍したのは「フォートウェイン・デイジーズ」で、このチームを率いていたのが、映画でトム・ハンクス扮する監督のモデルになったジミー・フォックスだ。ベーブ・ルース、ルー・ゲーリッグと並ぶ1930年代の強打者で、現役時代は三冠王、MVP、ワールドシリーズ制覇など、数々の成功を残した人物だが、劇中のトム・ハンクス同様、1941年頃からアルコール依存症を患い1945年に引退。1951年にアメリカ野球殿堂入りを果たし、翌年の1952年、デイジーズの監督に就任している。

実際にフォックスの指揮の下でプレイしたペア・デイビスの後のインタビューによると、フォックスも劇中のトム・ハンクスのように、試合中、ベンチに腰を下ろし居眠りしていたこともしばしばあったという。また、映画での監督は女子選手たちの頑張りに胸を打たれチームに残る決断をするが、フォックスがチームの監督を務めたのは1952年の1年だけだ。

4球団からスタートした全米女子プロ野球リーグは、1946年に8チーム、1948年には2リーグ制の10チームに拡張し、入場者数も91万人とピークに達した。が、兵役についていたメジャーリーガーたちが復帰し始めると、徐々に観客数が減少。運営が難しくなったチームが次々と脱退し、1954年、ついにリーグ閉幕へと追い込まれる。

それから30年余り経った1988年、アメリカ野球殿堂博物館に全米女子プロ野球リーグを称える常設展示が始まった。この頃から、同リーグの元選手たちは定期的に集まり懇親を深めるようになり、そのたびに、ペア・デイビスが歌詞を書いた「勝利の歌」が歌われ、在りし日が懐かしまれているという。

酔いどれ監督トム・ハンクスの役のモデルは ベーブ・ルースと並ぶ1930年代の強打者

トム・ハンクス演じる役のモデルになったジミー・フォックス監督（右端）が率いていた1952年の「フォートウェイン・デイジーズ」のメンバー。前列左から2番目がペア・デイビス

1988年、実際のカルガリー五輪でのジャマイカチームのスタートの模様

クール・ランニング

ジャマイカのボブスレーはカルガリー五輪の“大クラッシュ”に始まった

FILMS

1993年公開の「クール・ランニング」は、1988年カルガリー冬季五輪のボブスレー競技に参戦した常夏の国ジャマイカ代表チームの実話をベースに作られたスポーツ・コメディだ。映画は大幅な脚色が加えられ、登場人物も全て架空の設定だが、最後、選手たちが乗ったソリがコースの途中で横転、棄権を余儀なくされたのは紛れもない事実。ジャマイカのボブスレーの歴史は全て、この伝

説のクラッシュから始まったと言っていい。

中米カリブ海に浮かぶジャマイカは、ウサイン・ボルトをはじめ多くのアスリートを輩出する陸上大国だ。気候は熱帯。雪の降らない国に、冬のスポーツなど存在しようもない、というのが1980年代半ばまでの常識だった。

そんなジャマイカで働く2人の英国人実業家が、1987年、同国で流行っているプッシュカート（手押し車）ダービー（映画の冒頭シーンで出てくる）がボブスレー競技に似ていること、ジャマイカがアスリートの宝庫であることに着目し、同国オリンピック連盟の会長に翌1988年2月にカナダのカルガリーで開催される冬季五輪への参加を提言する。

首尾良く会長の支援を受けた2人は、まず選手集めに奔走した。映画ではソウル五輪（1988年9月）参加の道を絶たれた陸上選手たちが、オリンピックに出たい一心でメンバーになるが、現実には地元の新聞に選手募集の求人を出しても反応はゼロ。結局、ジャマイカ国防軍所属のアスリートに頼ることになった。欲しいのは、ボブスレーに重要なスタートダッシ

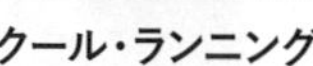

クール・ランニング

1993／アメリカ　監督：ジョン・タートルトーブ
常夏の国ジャマイカのボブスレーチームが、1988年のカルガリー冬季五輪に出場した実話を基にした映画。タイトルは、チームメンバーとコーチの合い言葉で「旅に無事あれ…！」という意味。

ュに長けた人物。頑丈なスプリンターが必要だった。

選手選抜のトライアルには約40人が参加した。が、ボブスレーの実写映像を見せ、それでも残ったのはわずか5人。映画でも似た場面があるように、ソリの豪快な横転シーンに大半が恐れをなしたのだ。いずれにしろ五輪に派遣する選手5人が確定、アメリカ人コーチを雇い入れ、ボブスレーの実戦特訓が始まった。装備やトレーニングの資金に関しては、言い出しっぺの実業家とマイアミ官公庁が提供したほか、オリジナルのTシャツを作製すると、彼らの挑戦が北米で話題になってきたこともあり、これが飛ぶように売れた。

そして本番。映画では4人乗り種目のみ描かれているが、実際には2人乗りにもエントリー

開会式で入場行進するボブスレー代表チームの面々。
ジャマイカが冬の五輪に参加するのも初めてだった（実際の写真）

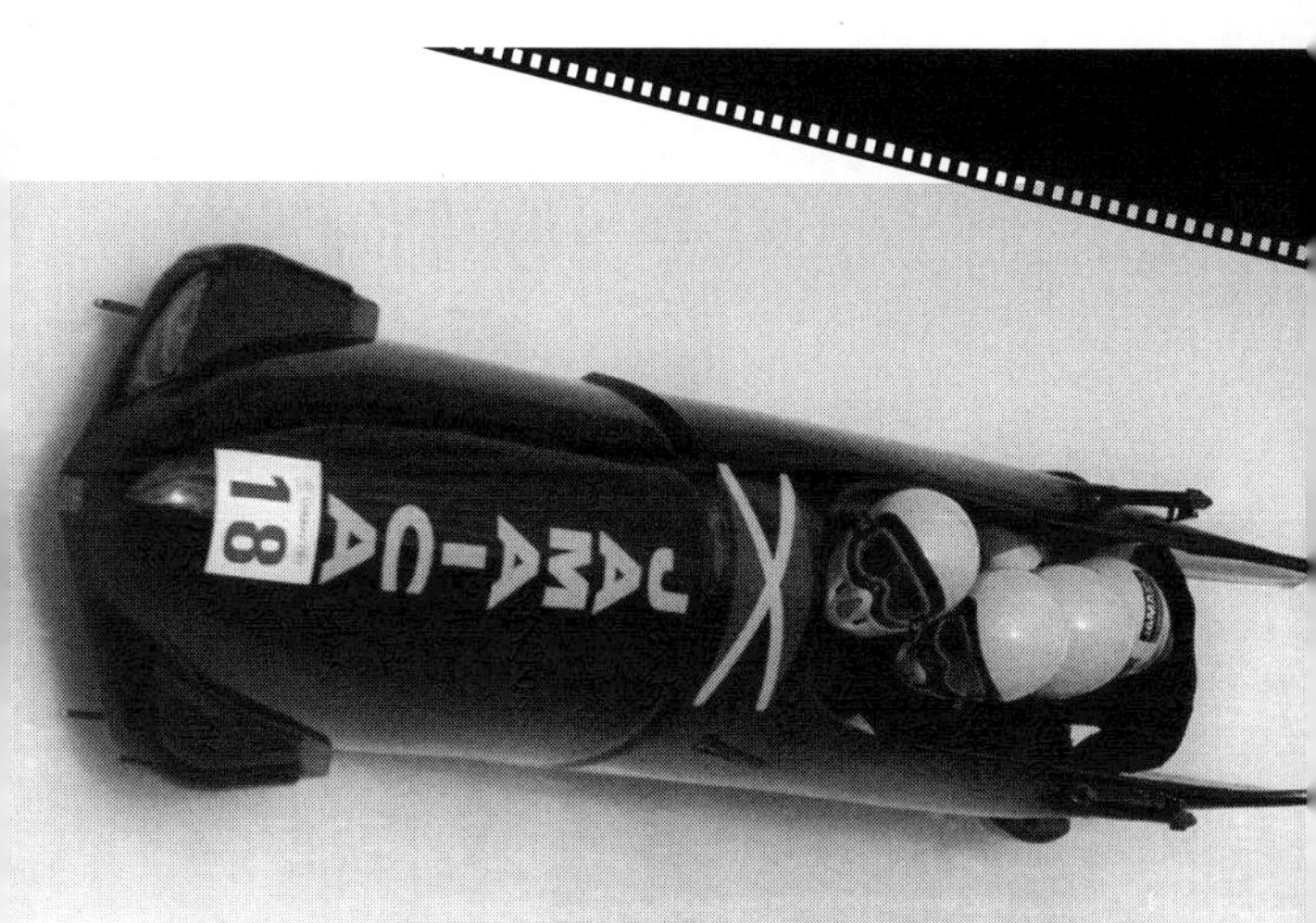
コースを滑走する4人乗りのソリ（実際の写真）

しており、こちらは45組滑って35位だった。
　4人乗りは2日間にわたって行われ、初日はなんとかゴールまで到達する。ただ完走したというだけで、ジャマイカ・ボブスレーチームは大反響を呼んだ。常夏の国からの挑戦という物珍しさに加え、活躍が期待されたアメリカのアイスホッケーチームが早々に敗退したため、代用のプログラムとして彼らの姿が全米にテレビ放映されたからだ。
　ちなみにこの日を境に、チームを率いたコーチはカルガリーを離れている。理由は不明だが、映画のように1人のコーチが大きな役割を果たしたという事実はない。

経験したことのないスピードにソリが制御不能に

転倒したソリで呆然とするドライバー（操縦手）のダドリー・ストークス

滑走2日目。ジャマイカチームは素晴らしい集中力を見せ、全チームの中で7番目に速いスタートタイムを記録する。チームにとっても経験したことのないタイムだった。が、ソリは制御不能となり（劇中ではソリの不具合となっているが、実際は技術不足）、約135キロのスピードで最終カーブの突端に突き刺さるように乗り上げる。大クラッシュ。結果は「棄権」となったが、このクラッシュがあったからこそ彼らは人気者になり、大ヒット映画が誕生し、ジャマイカにボブスレーが普及したのだ。

その後、ジャマイカ代表は五輪

ボブスレー4人乗り種目において、1992年アルベールビルで31チーム中25位、1994年リレハンメルで30チーム中14位（アメリカより上位）、1998年長野で32チーム中21位の記録を残しているが、2002年ソルトレイクの2人乗りに出場以降、選手育成のための深刻な資金不足で2大会連続で不参加。2014年ソチの2人乗りに出場し、全体の29位だった（2018年のピョンチャンは不参加）。

ちなみに、2006年トリノ五輪2人乗りで銀、2010年バンクーバー五輪4人乗りで銅メダルを獲得したラッセルズ・ブラウンは2004年までジャマイカで活躍していた選手で、後にカナダに移住、国籍を得て偉業を成し遂げた。

クラッシュ後、映画では選手4人でソリを抱えてゴールするが、実際は競技スタッフがソリを運び、選手は徒歩でコースを離れた。写真は、ダドリーの弟で、試合直前に急遽メンバーに加わったネルソン・ストークス。カルガリー後も3度の五輪に出場。後にジャマイカ・ボブスレー連盟会長の職に就いた

映画の主人公のモデル、ベンジャミンと、息子のマロイ、娘のエラ

幸せへのキセキ

主人公ベンジャミンが動物園を買った本当の理由

FILMS

映画「幸せへのキセキ」は、愛する妻を失った悲しみから立ち直るため、動物園付きの家を購入し、閉鎖されていた園を再建する父と子供の姿を描いた感動のドラマだ。マット・デイモン扮する父親のモデルになったのは、実在のイギリス人コラムニスト、ベンジャミン・ミーである。

映画は、半年前に妻を亡くし、14歳の息子と7歳の娘とともに悲しみから立ち直れないベンジャミンの様子から描き出す。仕事を辞め心機一転、郊外に引っ越してやり直そうと家を購入する主人公。だが、その家には閉鎖中の動物園が併設されており、一家は力を合わせ、動物園の再建に取り組んでいく。

ところが、実際の経緯は映画とは異なり、もう少し複雑だ。ベンジャミンがイギリスの南西部の田園地帯にある、当時休園中の動物園付き住宅を手に入れたのは、奥さんがまだ脳腫瘍と闘っている真っ最中の2006年10月のこと。きっかけは、ベンジャミンの妹メリッサが、夫を亡くして手持ちぶさたにしている動物好きな母親の行く末を心配し、ベンジャミンに物件の情報を与えたことだった。

フリーのコラムニストで、動物の研究をライフ

幸せへのキセキ

2011／アメリカ
監督：キャメロン・クロウ
2006年、休園状態にあったイングランドの「ダートムーア動物園」を購入し、約1年かけて動物園を再開させたベンジャミン・ミーの実話を映画化。

映画の撮影現場を訪れ、主人公のマット・デイモン（右）と顔を合わせるベンジャミン＆息子のマロイ

ワークとしているベンジャミンにとっては、またとない物件である。しかも、ベンジャミンが買わなければ動物園は完全につぶれ、飼育されている200頭の動物たちが殺処分され、飼育員たちも路頭に迷ってしまうという事情もあった。当初は反対していた奥さんも最終的には折れ、父親の遺産と、母親が住んでいたロンドンの家を売ったお金を注ぎ込んだのである。

買ったはいいが、開園しないことには収入がない。人件費や光熱費、エサ代でみすみす週に3千ポンド（約50万円）が飛んでいく。飼育員たちと力を合わせ、母親を含めたベンジャミン一家総出で園内の補修や動物のケアに明け暮れる過程で、次から次にトラブルが降りかかる。引っ越して4日目には檻の不備でジャガーが逃げ出した。このときは麻酔銃を撃ち、事無きを得たが、映画には描かれていない事件も数多い。

　例えば、姉妹のトラが険悪な関係になり、殺し合いを始めたことがあった。別々の檻に入れるスペースがなく、姉のトラを麻酔で眠らせ別の動物園で預かってもらうことになったものの、運んでいる最中に麻酔が切れ、朦朧（もうろう）としながらも起き上がってくる。幸い、足がすくんで皆が動かなかったのでトラも暴れず、再度麻酔で眠らせるこ

映画ではすでに死んだことになっている妻キャサリンは動物園オープン3ヶ月前まで存命

元気だった頃のベンジャミンの妻、キャサリン（手前）。
この写真が撮られた約半年後、40歳の若さでこの世を去った

劇中で動物園の飼育係員を演じたスカーレット・ヨハンソン（左）。
映画「幸せへのキセキ」より　

とができたが、ベンジャミン曰く、もし1人でも逃げ出していたら、トラは動くモノに飛びかかる性質なので犠牲者が出ていたのは間違いなかったという。

２００7年7月7日、ベンジャミンが園長を務める「ダートムーア動物園」は無事に再オープンにこぎつけた。朝10時、不安な面持ちでベンジャミンがゲートを開けようと出向くと、辺りは開園を心待ちにしていた多くの人で溢れていた。

再開した動物園には、現在、ライオンやヒグマなど47種類ほどの動物を約２５０頭所有。経営も上向きで、映画が公開された２０１１年には、25万人以上の来園者がいたという。ただひとつ残念なのは、ベンジャミンの妻キャサリンが、再オープンの3ヶ月前に亡くなったことだ。

絶望して涙するベンジャミンに、息子のマロイは次のように声をかけたという。

「パパいつまで泣いてるの？　僕は強くなってパパを助けてあげたい。だから絶対に泣かないんだ！」

2013年、クラウドファンディングによって資金を調達し慈善団体になった「ダートムーア動物園」で働く（左から）マロイ、エラ、1人おいてベンジャミン

1938年11月1日、最強の三冠馬ウォーアドミラルとのマッチレースを制したシービスケット

シービスケット

アメリカ大恐慌時代を駆け抜けた伝説の名馬シービスケットと主戦騎手ポラードの実録物語

「シービスケット」は1930年代後半、アメリカで活躍した映画と同名のサラブレッドと、同馬を取り巻く男たちの姿を描いた実話ムービーだ。全く勝てなかった駄馬が生まれ変わったような快進撃を続け大恐慌時代の国民に大きな希望と勇気を与える様子は、主戦ジョッキーだったジョン・ポラードの紆余曲折の騎手人生とも大きく重なる。

シービスケットは1935年1月、アメリカの競馬界にデビュー、その後1年半で48戦を走り、勝ったのは9回だけだった。そんな二流馬を発掘したのが、映画でクリス・クーパー演じる調教師トーマス・スミスだ。１９３６年夏、ボストンの小さなレースに出走したシービスケットを見て、自身が働く厩舎の経営者で競走馬のオーナー、チャールズ・ハワード（演：ジェフ・ブリッジス）に強く購入を勧めたのだ。

8千ドル（現在の日本円で約88万円）という破格値で買い入れたシービスケットをスミスが手厚く調教し始めた矢先、１人のカナダ人青年が厩舎に現れる。映画でトビー・マグワイア演じる騎手のジョン・ポラードだ。

15歳でジョッキー生活を始めたものの鳴かず飛ばずで、10年間の勝率はわずか６%。どんな馬でも乗るからと厩舎を回ったが相手にされず、最後に行き着いたのがスミスの厩舎だった。

劇中でも描かれているが、人が近づけば突っかかるのが常だったシービスケットは、ポラードが角砂糖を差し出すと、親愛の情を示すように鼻面で彼の肩に触れた。スミスはベテラン調教師の勘で即座にポラードを雇い入れる。

二流の競走馬とジョッキーは、スミスの調教・指導を受けながら、改めてレースに挑戦。３戦目のデトロイトで初勝利を挙げると戦いの場を西海岸に移し、ハンデキャップ戦を7連勝。そして

シービスケット

2003／アメリカ　監督：ゲイリー・ロス
1930年代のアメリカで、大不況にあえぐ庶民に希望と勇気を与えた実在の競走馬シービスケットと、騎手、調教師、馬主の3人の男たちの挑戦を描く。

シービスケットとジョン・ポラード騎手

1937年2月7日、優勝賞金10万ドルの一大レース「サンタアニタハンデキャップ」(ダート10ハロン=約2千メートル)に出走する。

6万人の大観衆を集めたこの大一番で、ポラードの乗るシービスケットは最後の直線で先頭に。さらに他の馬を引き離し優勝間違いなしと思われたゴール前200メートルで、突然スピードを緩める。結果はハナ差の2位。あまりに不自然な負け方だった。

実は、ポラードには秘密があった。新人騎手の頃、調教中の事故で右目の視力を喪失。ために、死角から追ってくる後ろの馬が見えなかったのだ。騎手生命が失われるのが恐く失明の事実を公にすることができなかったが、それでもスミスやハワードは彼をかばい、雇い続けた。

1937年夏、シービスケットは全米横断のレースに出発。1・3万キロを移動しながら10の主要レースで勝利し、当時の世界記録を倍以上上回る14万4千ドルもの賞金を獲得する。

そして、1938年3月、二度目のサンタアニタハンデキャップ挑戦。騎手は当然ポラードのはずだったが、前哨戦で落馬し、大ケガを負ってしまう。失意のどん底のなか、ポラードは昔からの騎手仲間だったジョージ・ウルフを鞍上に推薦する（このくだり、映画では後述するマッチレース前の出来事として描かれている）。結果はまたも写真判定によるハナ差の2位だった。

同年11月1日、シービスケットは、全米が待ち望んだレースに出走する。1937年の三冠を制し年度代表馬に輝いたウォーアドミラルとの直接対決。ハワードがこれまで二度話を持ちかけ、ようやく実現した大イベントだった。世界一を決める勝負は1対1のマッチレースで行われ、ウルフ騎乗のシービスケットが4馬身を離して圧勝する（384ページの写真参照）。全米で実に4千万人が耳にしたというレースのラ

1938年3月、サンタアニタハンデキャップに出走した際のシービスケット。左から馬主のハワード、ポラードのケガで交替騎手となったジョージ・ウルフ、調教師のスミス、ハワードに競馬界進出を勧めた二人目の妻マーセラ。ハワードは生涯、馬に関わり、1950年に73歳で死去。スミスは1943年、ハワードとの契約を終了させた後も調教師として活躍し、1957年に78歳でこの世を去った

ジオ実況は、映画でもそのまま音声が使われている。

6週間後、シービスケットに悲劇が襲う。レース中に左前脚の靱帯（じんたい）を断裂、競走馬生活を断念せざるをえないほどの大ケガだった。が、ハワードは決して引退を口にせず、シービスケットを厩舎に戻して療養させる。そしてここに同じくケガの療養中だったポラードと、入院中の看護師で彼の妻になったアグネス（映画には登場しない）の新婚夫妻を招き、人馬ともに復帰のためのリハビリに努めるよう促す。

1939年の夏から秋にかけ、シービスケットとポラードは互いを励まし合うかのように傷を癒やし、徐々に回復。そして1940年、シービスケットは7歳にして競走馬として復帰。同じく騎手に復帰したポラードとともにレースに出走する。目標は3月のサンタアニタハンデキャップだった。

前哨戦として3レースを戦い、3着、2着、1着。1年近くのブランクを経たわりには充分すぎる成績だが、それでもサンタアニタで優勝できるとは誰も思っていなかった。が、奇跡は起きる。7万8千人の大観衆を集めたビッグレースで、ポラード騎乗のシービスケ

シービスケットとポラードがともにケガの療養中だった1939年夏に撮られた1枚

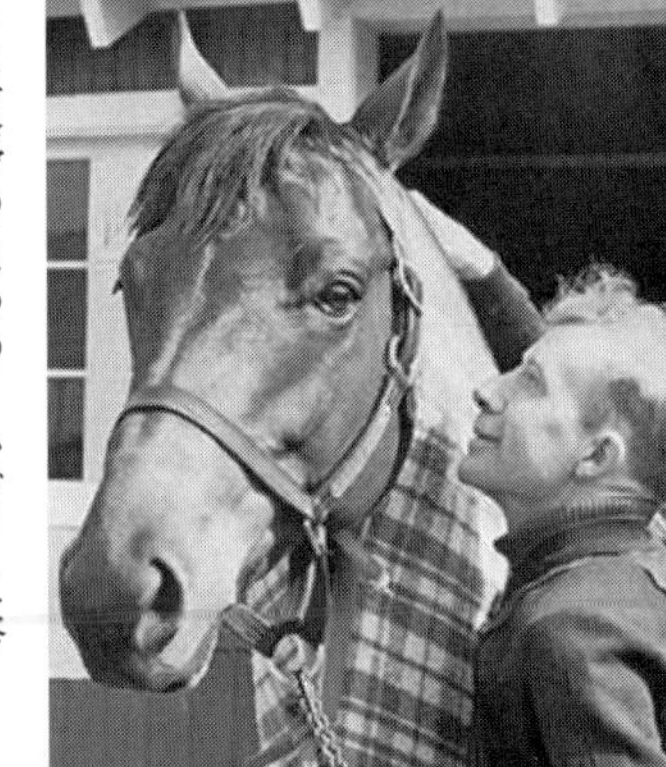

ットは、下馬評を覆し見事に優勝を果たしたのだ。

有終の美を飾ったシービスケットが引退したのは、レース1ヶ月後。その後、7年間で108頭の産駒（さんく）を出したが、競走馬として大きな活躍をした仔はおらず、1947年5月、13歳で死亡。

すでに満身創痍のポラードも現役を退き、ハワードの手引きで調教師に転身したが、その後、騎手に復帰する。しかし、以前と同じく落馬によるケガ、療養、復帰の繰り返しで、大きなチャンスに恵まれないまま1955年、45歳でジョッキー人生を完全に終了。その後、競馬場の郵便配達係や雑用係などで生計を立てていたものの、体調悪化で晩年はまともにしゃべることもできず、1981年3月、71歳でこの世を去った。

人馬ともに致命的なケガから立ち直り 10万ドルレースを制覇

1940年3月2日、1年のブランクを経て奇跡の優勝を遂げたサンタアニタハンデキャップのゴールシーン

遠い空の向こうに

宇宙を夢見る高校生4人組「ロケットボーイズ」はこうして地元炭鉱町の希望の星になった

FILMS

劇中のロケットボーイズ。左からロイ・リー、ホーマー（演：ジェイク・ギレンホール）、クエンティン、オデル役の各キャスト。映画「遠い空の向こうに」より

1999年公開の映画「遠い空の向こうに」は、手作りロケットに情熱を燃やすアメリカの田舎の高校生4人の姿を主軸に、夢、友情、親子の絆を描いたヒューマンドラマだ。映画ファンの間で忘れられない1本として挙げられることも多い本作は、物語の主人公で後にNASAの技術者となったホーマー・ヒッカム（1943年生）の自伝『ロケットボーイズ』を原作としている。

舞台は、1950年代後半の米ウエストバージニア州のコールウッドなる、当時人口2千人程度の小さな炭鉱

町。ここで生まれ育った男は将来、炭まみれの炭鉱夫になるか、アメフトで奨学金をもらい大学進学するか、2つの選択肢しかなかった。実際、ホーマーの父親は炭鉱の現場監督、兄は高校のアメフトの花形選手として活躍していたが、彼にはこれといった取り柄もなく、どちらかと言えば落ちこぼれ気味の少年だった。

そんなホーマーを一変させるのが1957年10月4日、ソ連が打ち上げた人類初の人工衛星スプートニクだ。冷戦の時代を背景に、以後1969年の月面着陸まで12年間続く米ソ宇宙開発競争のきっかけとなったこの衛星は、劇中のとおりホーマーの住む町の上空を横切り、彼もその姿を生で目撃する。

未知なる世界にすっかり魅了されたホーマーは、自らロケットを作ろうと思い立つ。当時彼は地元ビッグクリーク高校の1年生。さっそく友人のオデル、ロイ・リー、そしてクラスの変わり者として周りから敬遠されていた秀才・クエンティンを仲間に引き入れ、「ビッグクリーク・ミサイル・エージェンシー」というクラブを立ち上げる。

当初、自作ロケットは煙を噴いただけで倒れるなど失敗の連続で、町の人々から大いに迷惑がられていた。中でもホーマーの父親は、息子の馬鹿

遠い空の向こうに

1999／アメリカ　監督：ジョー・ジョンストン
1950年代後半、人類初の人工衛星打ち上げに感動したアメリカの高校生4人が、自分でロケットを作ろうと奮闘する姿を描く。原題の「October Sky」は、ホーマー・ヒッカムの原作『Rocket Boys』のアナグラムになっている。

実際のロケットボーイズ。左からホーマー、クエンティン、ロイ・リー、オデル（1959年撮影）

げた行動を激しく非難していたようだ。

町の厄介者でしかなかった彼らを唯一応援したのが、劇中でも良き理解者として登場する学校の科学・物理の女性教師、フリーダ・J・ライリーだ。時に高額な宇宙工学の本を買い与え、時に保守的な校長に反論してくれた彼女を、後にホーマーは自著の中で、自分たちにとって実に大きな支えだったと語っている。


ホーマーたちのロケットは徐々に改良され、その取り組みが地元紙に載るようになると、町の人々も少しずつ応援し始める。炭鉱に労働時間の規制、従業員の解雇など暗雲が立ちこめているなか、彼らのロケット開発だけが町の希望の星だったようだ。

映画では、それでもホーマーの父親は態度を変えない頑固な人物に描かれているが、実際は、彼らが科学フェアに挑戦する頃には資材供給や部品加工などで力になっていたらしい。

そして、ホーマーが代表として参加したこの科学フェアで、彼らは見事にグランプリを

上／自作ロケットに情熱を燃やしていた高校生の頃のホーマー（左）とオデル。
下／ホーマーは1971年から1998年までNASAのエンジニアとして活躍し、後に作家に転身。2018年にはドナルド・トランプ前大統領によって再建された国家宇宙会議のユーザー諮問グループのメンバーに任命された

獲得する。これは1950年に始まった世界の高校生を対象としたコンテストで、科学研究に関することなら分野は不問。現在は「インテル国際学生科学技術フェア」として、最優秀賞に7万5千ドルの奨学金が授与されている。

ちなみに、このシーンでグランプリに輝いたホーマーに声をかけ、劇

中何度もその名前が出てくるフォン・ブラウン博士とは、1950年代、アメリカのロケット技術開発におけるキーパーソンで、国家のロケット研究チームを率いていた人物である。

いずれにせよ、この功績によって彼らは町の英雄となり、その後の人生も大きく変わっていく。エンドロールで語られるとおり、ホーマーは奨学金でバージニア工科大学に進学。卒業後、アメリカ陸軍に入隊しベトナム戦争に従軍の後、NASAのマーシャル宇宙飛行センターの科学エンジニアとして27年間にわたり、宇宙飛行士の育成に尽力した。ロイ・リーは銀

彼らの良き理解者、ライリー先生は32歳の若さで死去

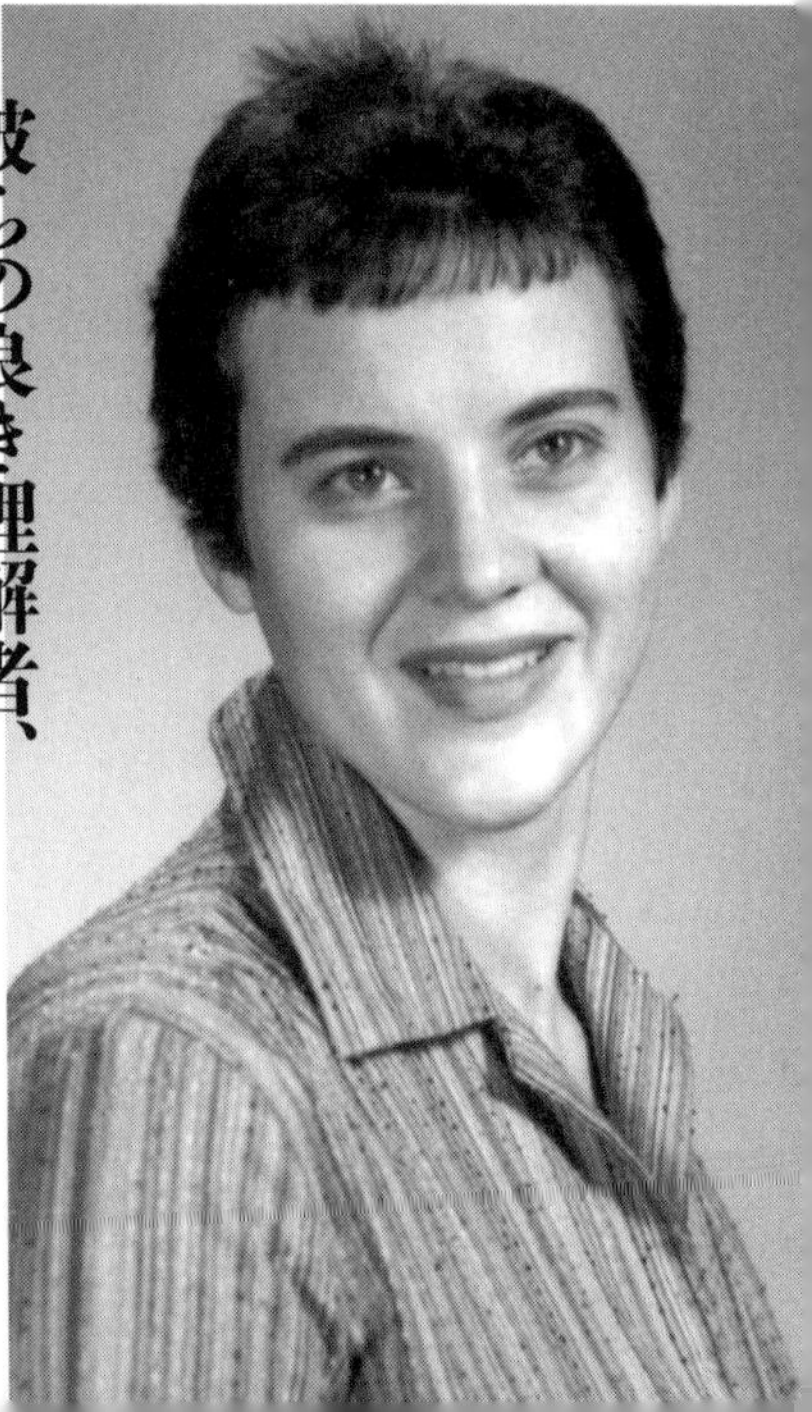

ロケットボーイズを支えた女性教師、フリーダ・J・ライリー本人

劇中でライリー先生を演じたローラ・ダーン。映画「遠い空の向こうに」より

行マンを経て講演家に、オデルは牧場主で保険代理店のオーナー、クエンティンは石油会社のエンジニアとなった（2019年8月死去）。

決して夢をあきらめてはいけない――。進む道は違えど、彼らは高校時代、ライリー先生が諭し勇気づけてくれた言葉どおり、それぞれが長じて花を咲かせた。が、そのライリー先生は在職中に悪性リンパ腫の一種、ホジキン病に侵され、1969年、32歳の若さで死去。後に、逆境を克服するアメリカの教師を称える「フリーダ・J・ライリー・ティーチャー賞」が設けられ、2021年現在も受賞者が選ばれている。

左端がフランキー・ヴァリを演じたジョン・ロイド・ヤング。映画「ジャージー・ボーイズ」より

ジャージー・ボーイズ

アメリカ音楽史に輝く稀代のヒットメーカー、フォー・シーズンズの光と闇

フォー・シーズンズ。1960年代、ミリオンヒットを連発し、これまで1億枚以上のレコード、CDを売り上げたアメリカを代表するポップス&ロックグループだ。クリント・イーストウッド監督による「ジャージー・ボーイズ」は彼らの青春時代にスポットを当て、成功を夢見るメンバーたちが味わう栄光と挫折を描いた音楽映画の傑作である。

舞台は1951年の米ニュージャージー州ベルヴィル。父親が経営する理髪店で働いていた当時16歳のフランキー・ヴァリ(1934年生)が、バンド「ヴァラエティ・トリオ」に参加するところから映画は始まる。リーダーでギター担当のトミー・デヴィート（1928年生）が、ヴァリの持つ高音美声に惚れ込み、メイン・ボーカリストとしてグループに迎え入れたのだ。

1952年末、ヴァラエティ・トリオは解散。ヴァリとデヴィートはバンドのバックメンバーとして活動した後、1956年「フォー・ラヴァーズ」を結成し、数枚のシングルを発表するがヒットには恵まれない。1958年にベース担当としてニック・マッシ（1927年生）、翌1959年にキーボード奏者でダンスナンバー「ショート・ショーツ」（1958年リリース。TV番組「タモリ倶楽部」のオープニングで使われている曲）を作曲したボブ・ゴーディオ（1942年生）がグループに参加。ゴーディオのメンバー入りが、後に「レイジング・ブル」「グッドフェローズ」「アイリッシュマン」など、マーティン・スコセッシ監督作の常連となる俳優ジョー・ペシの紹介だったことは嘘のような本当の話だ。ペシはヴァリと同じニュージャージー州ニューアーク出身で、役者になる以前、ヴァリやデヴィートと親しい間柄だった。

1960年、フォー・ラヴァーズはフォー・シーズンズと名を改め、黒人音楽の名門レーベル

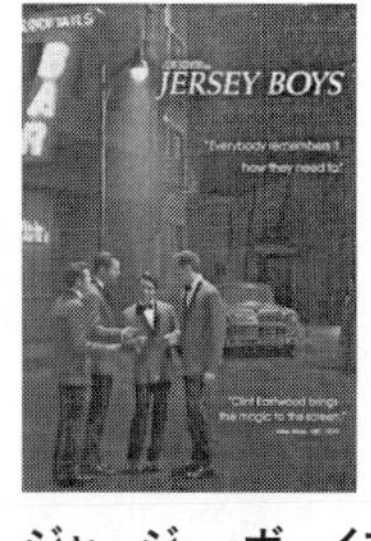

ジャージー・ボーイズ

2014／アメリカ　監督：クリント・イーストウッド
1960年代に世界的な人気を誇った米ポップス&ロックグループ「フォー・シーズンズ」の実話を舞台にした同名のミュージカルを映画化。2014年度キネマ旬報ベスト・テン外国映画第1位。

「ヴィージェイ」から再デビュー。このとき、彼らを担当することになったのが、劇中でオネエ言葉を発する音楽プロデューサーのボブ・クリューだ。

フォー・シーズンズは最初の2年間を主にアイドル歌手のレコーディングのバックボーカルとして活動した後、1962年、ゴーディオ作曲による「シェリー」でシングルデビューを果たす。ヴァリのパワフルなファルセットボイスが冴え渡るこのポップな曲はビルボードで5週連続1位を記録、続く「恋はヤセがまん」も5週連続1位、1963年発売の3枚目「恋のハリキリ・ボーイ」は3週連続1位となり、フォー・シーズンズはスターダムにのし上がる。

仕事は順調だったが、フォー・シーズンズには金銭トラブルがつきまとう。グループの経理を担当していたデヴィートが納付すべき税金約15万ドルを使い込み、さらにギャンブルで約50万ドルの債務を抱え、借金取りに追われていたのだ。映画の前半でも描かれるとおり、デヴィートは若い頃からマフィアと付き合いがあり、窃盗で刑務所送りも経験した

フォー・シーズンズのオリジナルメンバー。左からリードギターのトミー・デヴィート、メインボーカルのフランキー・ヴァリ、キーボード兼作曲担当のボブ・ゴーディオ、ベース兼サブボーカルのニック・マッシ

ヴァリ（左）と、音楽プロデューサーで大ヒット曲「君の瞳に恋してる」の作詞も手がけたボブ・クリュー

素行不良の人物だった（劇中での服役は1回だが、実際は7、8回あったそうだ）。

さらに、ヴァリの私生活も乱れていく。彼は1954年、2歳年上で、前夫と離婚後1人で娘を育てていたメアリー・マンデルと結婚。1958年に長女アントニア、1960年に次女フランシーンを授かるが、売れっ子になるとツアーなどで頻繁に家を空け、外に女を作った。それとなく気づいていた妻はヴァリに不満をぶつけ、家庭内に暗雲が立ち込める。

映画ではこの後、デヴィートの多額の借金をヴァリとゴーディオが精力的にステージをこなし返済する代わりに、デヴィートの活動をラスベガスのみと限定（実質の脱退）、ベースのマッシもグループを抜け、ヴァリは妻と離婚。娘フランシーンがドラッグの過剰摂取で死亡した後、気落ちするヴァリにゴーディオが曲を提供した「君の瞳に恋してる」が大ヒットする様が数年間の出来事として描かれる。

が、実際の時系列は映画とは異なる。まず、マッシがグループを抜けたのは１９６５年。それ以前からゴーディオとともにソロ活動を開始していたヴァリが「君の瞳に恋してる」（作詞兼プロデュースはボブ・クリュー）をリリースするのは１９６７年。１９７０年、デヴィートがグループを脱退し、翌１９７１年、ヴァリが離婚。愛娘で自身も歌手活動を始めていたフランシーンが20歳でこの世を去るのは１９８０年８月のことだ。劇中では描かれないが、その半年前、ヴァリは前妻メアリーの連れ子セシリアも不慮の事故で失っている。

映画は１９９０年、「ロックの殿堂」入り（活動歴25年以上のミュージシャンが対象）したフォー・シーズンズのオリジナルメンバー４人が久しぶりに再会、ステージに立つシーンで終わりを迎える。

このエンディングを見れば、フォー・シーズンズは１９６０年代前半に活躍したオール

ヴァリと最初の妻メアリー。
メアリーは2007年4月に死去

結成50年を経て今なお現役

1990年、「ロックの殿堂」入りを果たし、セレモニーに集まったフォー・シーズンズ。左からボブ・ゴーディオ、ニック・マッシ、フランキー・ヴァリ、トミー・デヴィート

ディーズ・ポップスのボーカルグループのように思えるが、実際は違う。1960年代後半のフォーク&ロックブームの際には、「ワンダー・フー」という別名を用いボブ・ディランのカバー曲で全米チャート12位を記録。1970年代のディスコブームにも乗り遅れず、1975年、「愛はまぼろし」でビルボード3位に。ヴァリもソロ活動で1974年、未だにカバーし続けられる大ヒット曲「瞳の面影」をリリース、1978年には映画「グリース」のテーマ曲を歌いビルボード1位に輝いた。

ヴァリ以外、メンバーは様々に変わったが、フォー・シーズンズはその後も精力的にライブツアーを開催し、2014年には日本公演も敢行。今なお現役として活動を続けている。

2021年6月現在、ヴァリ、ゴーディオは健在。マッシは2000年、クリューは2014年、デヴィートは2020年9月にこの世を去った。

右／キャサリン・ジョンソン本人（左／演：タラジ・P・ヘンソン）。映画「ドリーム」より

ドリーム

ドラマチックに改変されたNASA黒人女性職員のサクセス・ストーリー

FILMS

2016年公開のアメリカ映画「ドリーム」は、1960年代初頭、NASA（アメリカ航空宇宙局）で働く黒人女性スタッフ3人の知られざる実話を描いた人間ドラマだ。人種差別と闘いながら「マーキュリー計画」（アメリカ初の宇宙飛行プロジェクト。本書140ページ参照）を陰で支え、キャリアを積み上げていく彼女らの姿は賞賛に値するが、その内容は史実と少なからず相違点があり、ドラマチックに改変されている。

1961年、アメリカ南東部バージニア州ハンプトン。この地に建つNASAの航空機研究機関「ラングレー研究所」

に、キャサリン・ジョンソン（1918年生）、ドロシー・ヴォーン（1910年生）、メアリー・ジャクソン（1921年生）が出勤するシーンから映画は始まる。

彼女らが勤務していたのは、同研究所の「ウェスト・エリア・コンピューティング」（以下、西棟）なる施設で、そこでは黒人女性のみ数十人が航空研究データを処理する計算係として雇われていた。

1960年代初めのバージニア州はアメリカの中でも最も人種差別が激しかった地域。なぜ、ここで多くの黒人女性が働けたのか。映画では説明されていないが、計算係は機械に代わって計算を行う「コンピュータ」と蔑称された職で、なり手が少なかったことから、アメリカでは第二次世界大戦中から安い給与で多くの黒人女性を積極的に採用していた。

もちろん、彼女らが優れた計算能力を持っていたという事情もある。キャサリンは幼い頃から数学に長け、飛び級により14歳で高校を卒業。ウェストバージニア州立大学に入学し、18歳で数学とフランス語の学位を取得し、同州の黒人公立学校で教鞭を執った後、求人応募で1953年から計算係の職に就いた。

ドロシーは大学卒業後、14年間数学教師を務め

ドリーム

2016／アメリカ　監督：セオドア・メルフィ
ソ連との宇宙開発競争を繰り広げる1960年代初頭のアメリカNASAの研究所を舞台に、差別と闘いながら国家プロジェクトに尽力した黒人女性スタッフ3人の実話を映画化。原題の「Hidden Figures」は「隠された人々＝陰の立役者」の意。

上／ドロシー・ヴォーン本人
（下／演：オクタヴィア・スペンサー）。
映画「ドリーム」より

た後、戦時中の１９４３年からラングレー研究所に勤務したベテラン。また、メアリーも大学で数学と物理学を学んだ後、教師、国立の研究所の簿記係などの職を経て、１９５１年よりラングレー研究所に入所したエリートである。

しかし、黒人女性スタッフには激しい人種差別が待ち受けていた。「グリーンブック」（同２ページ）、「ラビング　愛という名前のふたり」（同３２８ページ）でも取り上げたように、当時、バージニア州などアメリカの南部ではジム・クロウ法が敷かれ、公共施設の使用は白人と黒人は全て別。劇中、それを最も端的に表しているのが、トイレを巡る問題だ。いち計算員だったキャサリンが能力を認められ、西棟から「スペース・タスク・グループ」（宇宙船管理セクション。以下ＳＴＧ）のスタッフに抜擢される。が、ＳＴＧのある施設（映画では東棟と呼ばれている）は白人スタッフばかりで、トイレに行くにもわざわざ８００メートル離れた西棟に徒歩で移動しなければならない。その事情を知ったケビン・コスナー演じるＳＴＧの責任者アル・ハリソン（架空の人物）が「白人専用」と書かれた東棟トイレのプレートをぶち壊す。

実に胸のすくシーンだが、この場面は事実ではない。そもそもＮＡＳＡが発足した1958年時点で、組織内の差別制度は全て撤廃されており、トイレも人種関係なく自由に使用できた。さらにこのエピソードはキャサリン絡みではなく、メアリーが東棟に送られトイレの場所を聞いた際、白人スタッフに鼻で笑われた出来事が基になっている。しかも、それは1953年のことだ。

ドロシーが西棟の代理スーパーバイザーから昇進を願い出て、却下されるシーンも改変されており、実際の彼女は1949年の段階で黒人女性初のスーパーバイザーに就任している。また、メアリーがエンジニアの職を得るため、それまで前例のなかった白人専用の学校への入学を裁判で勝ち取る場面も完全な脚色で、本物のメアリーは学校など通うことなく、1958年にＮＡＳＡの技術職に着任。さらに、ＩＢＭのコンピュータが導入され、人間による計算が不要になったため西棟が閉鎖されたのも1961年ではなく1958年のこと。閉鎖後、西棟の黒人スタッフはＮＡＳＡの各

上／メアリー・ジャクソン本人（下／演：ジャネール・モネイ）。映画「ドリーム」より

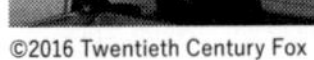

キャサリンが配属された宇宙船管理セクション「STG」の責任者アル・ハリソンを演じたケビン・コスナー（中央）。ハリソンは映画用に創作されたキャラクターで、1961年当時、STGの責任者はロバート・R・ギルラスなる人物だった。映画「ドリーム」より

部門に異動になっている。

つまり、劇中で描かれた差別的シーンはNASAの前身にあたるNACA（アメリカ航空諮問委員会。1915年発足、1958年解散）の時代の出来事で、映画「ドリーム」はそれを全て1961年のエピソードにまとめているのだ。

このように年代や史実の改変こそあれ、彼女たちがアメリカにおける宇宙開発の初期段階で人種差別を受け、その逆境を乗り越えキャリアを築いたのは紛れもない事実だ。

キャサリンはNASAの航空宇宙技術者として、1961年5月5日、アメリカ人初の宇宙飛行士アラン・シェパードの宇宙飛行の軌道を計算。1962年2月20日、マーキュリー・アトラス6号がアメリカで初めての地球周回軌道を飛行した際も、宇宙飛行士のジョン・グレンは劇中のとおり、キャサリンに懇願し彼女が軌道計算を確認しない限り飛ばないと主張を曲げなかった。その後、キャサリンは人類初の月面着陸（1969年7月20日）に成功したアポロ計画、それに

続くスペースシャトル計画にも参加し、1986年にNASAを引退。6人の孫と11人のひ孫に恵まれ、夫とともにバージニア州ハンプトンで過ごし、2020年2月、101歳で天寿を全うした。

ドロシーは、NASAに導入されたIBMコンピュータに精通したプログラマーとして多くのスタッフを育成するとともに、通算28年間、宇宙計画に貢献し、1971年、61歳で引退。2008年11月、98歳でこの世を去った。また、メアリーはNASAの最初の黒人女性エンジニアになった後、スーパーバイザーとして活躍する一方、NASAにおける女性スタッフの雇用、昇進に尽力。1985年に34年間勤めた職場を引退し、2005年2月、83歳で死去した。

米政府は2019年、キャサリン、ドロシー、メアリーの功績を称え、3人に議会名誉黄金勲章を授与している。

キャサリンは101歳で天寿を全う

映画「ドリーム」は2016年度のアカデミー作品賞にノミネートされ、授賞式当日、キャサリン・ジョンソン（左から2人目）は主演の3人とともにステージに上がった（2017年2月26日撮影）。2015年、当時の米大統領バラク・オバマはキャサリンの長年の功績に、大統領自由勲章を贈っている

パイレーツ・ロック

物語は、船の上で海賊放送が行われた事実に基づき展開する。
映画「パイレーツ・ロック」より

1960年代半ばは、世界の音楽界はビートルズやローリング・ストーンズを中心とするブリティッシュ・ロックが席巻していた。が、当時、民間放送局がなかったイギリスでは、公共放送BBCラジオがポピュラーミュージックを流すのは1日たった45分だけ。これに不満を持ったグループが船に送信機とアンテナを積み、どの国の規制も受けない公海上に停泊した船の上から、24時間ぶっ続けでロックやポップスをオンエアする。

2009年公開の「パイレーツ・ロック」は、当時、2千万人以上のリスナーを魅了した海賊放送局の熱

1960年代半ば、2千万人以上のリスナーを魅了した海賊放送局「ラジオ・キャロライン」の熱狂

FILMS

狂を描いた音楽映画の傑作である。

映画の舞台は1966年のイギリス。同国東側に広がる北海にはすでに多数の海賊ラジオ局が存在していた。その中で人気があったのは、北海からオランダに向けて放送を続けた「ラジオ・ベロニカ」（1960年～1974年。初の海賊ラジオ局）、「ラジオ・ロンドン」（1964年～1967年）、そして映画に登場する「ラジオ・ロック」のモデルとなった「ラジオ・キャロライン」（以下キャロライン）だ。

劇中に説明はないが、キャロラインは、海賊放送が金になると踏んだアイルランドの起業家ロナン・オラヒリー（劇中でビル・ナイ演じるオーナー、クエンティンのモデル）が、投資家や曲を宣伝したいレコード会社などから資金を調達して開局。初放送は1964年3月28日土曜日正午で、ビートルズの「キャント・バイ・ミー・ラブ」とともに「こちらはラジオ・キャロライン。あなたの音楽ステーションです」というナレーションでスタートした。

若者を惹きつけたのは24時間ノンストップでオンエアされるロック&ポップスはもちろん、曲を選び流す個性豊かなDJたちの存在も大きかった。

パイレーツ・ロック

2009／イギリス・ドイツ　監督：リチャード・カーティス
1960年代半ば、イギリスに民放ラジオ局が存在せず、ポピュラーミュージックの放送が制限されていた時代に、北海からロック音楽を流して人気を集めていた「海賊ラジオ局」を取り巻く人々を描く。

〝皇帝ロスコ〟ことマイク・パステルナク（1942年生。映画でフィリップ・シーモア・ホフマン演じるアメリカ人DJ〝ザ・カウント〟のモデル）、ジョニー・ウォーカー、トム・ロッジ、サイモン・ディー、ロビー・デイル、デーブ・リー・トラビスなどなど。DJは若い独身男性が中心で、中には女性ファンから毎週1千通を超えるファンレターが届いた者もいたらしい。ちなみに、当時は船とリスナーを繋ぐ電話がなかったため、キャロラインの停泊所に近いマン島（アイリッシュ海の中央に位置する島）の住所、「マン島私書箱3」に手紙が送られ、担当のスタッフが対応していたそうだ。

映画では、週末ともなればファンの女性たちが船に乗って来訪。船内のあちこちで乱交パーティに近いどんちゃん騒ぎが起きているが、実際もDJたちは「セックス、ドラッグ、ロックンロール」の日々を送っていたという。また、劇中で描かれるDJが船上で結婚するシーンは、キャロライン実在のDJミック・ルブジットのエピソー

ラジオ・キャロラインは北海上に停泊する船に設置されていた（実際の写真）

フィリップ・シーモア・ホフマン演じるアメリカ人DJ“ザ・カウント”（左）と、モデルとなった“皇帝ロスコ”ことマイク・パステルナク（右）。ロスコは現在もアメリカで活躍中

ドが下敷きになっている。彼は1966年9月、実際に船長が牧師役となり、当時のガールフレンドと生放送中に挙式。以後、海賊ラジオでの生放送挙式はポピュラー化したそうだ。

海上からの放送は、天候との闘いでもあった。嵐が続いて食料の補給ができなかったり、時には座礁して船が壊れたりもした。そこで、キャロラインは後発の「ラジオ・アトランタ」と合併。キャロライン北とキャロライン南の2隻で放送を行うことで、イギリス諸島のほとんどをカバーする。

当初のリスナー数は400万人。それが1966年8月には約2千300万人にまで達する。イギリスのバンドが上位を占めていたアメリカン・トップ40などをオンエアしまくっていたキャロラインには、ビートルズやローリング・ストーンズなど大物ミュージシャンが次々とゲストに訪れ、ファンが増大したのだ。

劇中のとおり、週末ごとに船にはファンの女性が押しかけた。
下は特に人気のあったDJジョニー・ウォーカー

こうした人気を快く思わなかったのがイギリス政府である。政府はラジオの電波が海難信号を妨害するとでっちあげ、1967年、無許可の海賊放送に対し、音楽、燃料、食料、水、そして広告を提供することを犯罪とする「海洋犯罪法」を成立。同年大晦日の午前0時から施行となる。

映画は、放送を続けるラジオ船を警察が妨害、船が沈みかけたところ、放送を聴いた大勢のリスナーたちがボートでDJら乗組員を救助に向かうという感動的なクライマックスを迎える。

が、実際はそんな騒動は起きていない。2隻のキャロライン船は1968年、海賊放送が違法ではなかったオランダ海域に移動。名前を「ラジオ・キャロライン・インターナショナル」に改めて放送を続けた。

海洋犯罪法が施行されて1ヶ月後、BBCはポップス専門局BBC1を立ち上げる。と、対立していたはずの海賊ラジオの人気DJたちがこぞって出演。もちろん、そこにはキャロラインのDJたちも含まれていた。ただし、イギリスに民放局が誕生するのはさらに6年待たなくてはならなかった。

「ラジオ・キャロライン」は1998年からは衛星放送に移行した後、ウェブラジオに形を変え、2021年6月現在も放送を続けている。

ビートルズやストーンズがゲストに

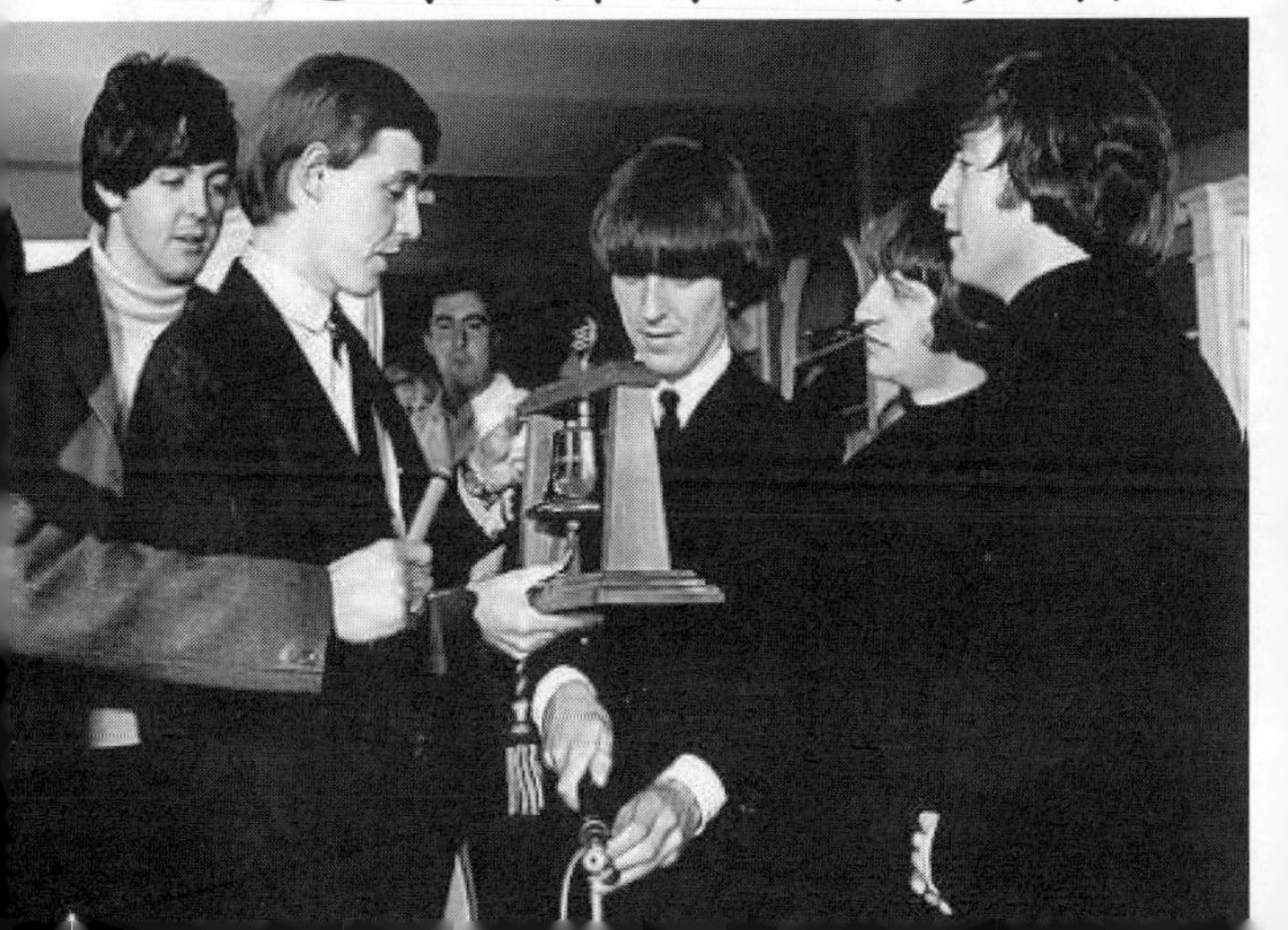

ラジオ・キャロライン放送1周年を記念し、最優秀アーティスト賞をビートルズのメンバーに手渡すDJ サイモン・ディー（中央左）

スプリームスの初期メンバー。
左からメアリー・ウイルソン、フローレンス・バラード、ダイアナ・ロス

ドリームガールズ

映画のモデルになった
黒人女性グループ
「ザ・スプリームス」の栄光と挫折

FILMS

２００６年公開の「ドリームガールズ」は、１９６０年代初めの米デトロイトを舞台に、３人組の黒人女性ボーカルグループがスターダムを駆け上がっていく輝かしさと、ショービズ界の内幕を数々の名曲に乗せて描くミュージカル映画の傑作だ。劇中、「ザ・ドリームズ」のグループ名で描かれる彼女たちのモデルとなったのは、ブラック・ミュージック中心のレコードレーベル、モータウンの伝説的なグループ「ザ・スプリームス」である。

１９５９年、スプリームスは後にアメリカで最も成功した黒人シンガーの１人と言われるダイアナ・ロス（劇中ビヨンセが演じていたディーナ・ジョーンズ）のほか、フローレンス・バラード（ジェニファー・ハドソンが演じたエフィ・ホワイト）、メアリー・ウイルソン、ベティ・マグロウンの４人で結成された。モータウン・レコードと契約したのが１９６１年（この時点でベティが抜け３人組に）。彼女たちを特にプッシュしたのが、映画でジェイミー・フォックス演じるベリー・ゴーディ・Jr（役名はカーティス・テイラー・Jr）だ。劇中では、中古車ディーラーから音楽業界に乗り出すプロデューサーの役どころだが、実際にはこのときすでにモータウンを創

ドリームガールズ

2006／アメリカ　監督：ビル・コンドン
同名のブロードウェイ・ミュージカルの映画化。1960年代のデトロイトを舞台に、黒人女性ボーカルグループ3人組が歩んだ栄光と挫折を描く。ジェニファー・ハドソンが2006年度のアカデミー助演女優賞に輝いた。

左からベリー・ゴーディ・Jr役のジェイミー・フォックス、ダイアナ・ロス役のビヨンセ、メアリー役のアニカ・ノニ・ローズ、フローレンス役のジェニファー・ハドソン。映画「ドリームガールズ」より

設、社長を務めていた。

映画の「ザ・ドリームズ」同様、スプリームスも当初は実力派シンガー、フローレンスがメインボーカルを取っていた。が、会社側が彼女よりダイアナの容姿の方が白人に受けるだろうとメインを交替させると、これが大当たり。「ベビー・ラブ」「ストップ・イン・ザ・ネーム・オブ・ラブ」「恋はあせらず」など数々の曲がヒットし、スプリームスは一躍、大人気グループにのし上がっていく。

1967年、かねてよりダイアナだけを前面に押し出す売り方に不満を募らせていたフローレンスが脱退。新たにシンディ・バードソングがメンバーに加わると同時に、グループ名も、「ダイアナ・ロス&ザ・スプリームス」に変更する。しかし、1969年、12枚目のシングルを最後にダイアナが抜けると、しだいにヒットチャートから遠ざかっていく。その後、新メンバーを加え活動は続けたものの、最後のオリジナルメンバーだったメアリーが1977年に独立。これをもってスプリームスは歴史に幕を閉じることになる。

一方、ソロシンガーとして独立したダイアナ・ロスは「エンドレス・ラブ」「イフ・ウィ・ホールド・オン・トゥゲザー」などのヒット曲を出す超人気ボーカリストに。彼女が現在もブラック・ミュージック界の大御所として君臨していることは周知の事実だ。

映画では、自分を売り込むためプロデューサーに肉弾戦を繰り広げたり、エディ・マーフィ演じ

スプリームスのアルバムを手にするモータウン・レコード創設者、ベリー・ゴーディ・Jr本人

ダイアナ・ロス（右）を前面に打ち出す売り方に、当初メインボーカルだったフローレンス・バラード（中央）はしだいに不満を募らせ、アルコール依存症に陥りグループを解雇。32歳の若さで死去した

る大物歌手（モデルはジェームス・ブラウン）に取り入ろうとするメンバーの姿が描かれる。華やかなショービズ界にはそんな内幕があってもおかしくないが、事実は違う。映画でプロデューサーのモデルとなったモータウンの創設者ベリーは、最初からダイアナがお気に入りで、自らモーションをかけたというが、スターになることだけを夢見ていたダイアナは一切なびかなかったらしい。ちなみに、ベリーは自伝『モータウン、わが愛と夢』の中で、ダイアナと男女関係は無かったが、一晩だけ共にしたことを暴露している。

映画のクライマックスは、エフィ（ジェニファー・ハドソン）がクビになり、ディーナ（ビヨンセ）が独立を決めた後、ザ・ドリームズの解散コンサートの様子が描かれる。バラバラになったはずの3人娘だったが、イントロが流れ始めると、グループを離れていたエフィが登場。映画は感動的なパフォーマンスで幕を閉じる。しかし、このシーンは完全な創作だ。エフィのモデルになったフローレンスがグループ脱退後、メンバーと同じステージに立った事実はなく、１９７６年、アルコール依存症が原因で、32歳の若さでこの世を去っている。映画「ドリームガールズ」は彼女の葛藤、挫折があったからこそ成立した作品とも言えるだろう。

メンバーがステージで再会する感動のラストシーンは完全な創作

グループを抜けたエフィ（右から2番目。フローレンス・バラードがモデル）が解散コンサートのステージに姿を現すクライマックスシーン。映画「ドリームガールズ」より

映画「キャッチ・ミー・イフ・ユー・キャン」より

第6章 アンビリバボー

キャッチ・ミー・イフ・ユー・キャン

アバグネイルを演じたレオナルド・ディカプリオ（左）と、アバグネイル本人。
アバグネイルは映画でフランス警察の捜査員の1人としてカメオ出演している

16歳の天才詐欺師が歩んだ ウソのような本当の人生

レオナルド・ディカプリオ主演の「キャッチ・ミー・イフ・ユー・キャン」は１９６０年代、アメリカを中心に世界26ヶ国で小切手偽造事件を働いた元詐欺師、フランク・アバグネイル（１９４８年生）の体験を基に作られた映画だ。ウソのような本当の話とは、弱冠16歳〜21歳の6年間で天才詐欺師の名を欲しいままにした彼の半生のためにあるような言葉だろう。

映画では、アバグネイルが悪事に走った背景に、両親の離婚が大きく影響しているように描かれているが、事実は違う。本人が15歳で父親のクレジットカードを悪用し現金を手に入れ、女性と遊びまくる快楽を知ってしまったからだ。口が達者で大の女好き。端緒は、享楽的な生活を好む彼の性格にあった。

一儲けを企み単身ニューヨークへ乗り込んだのが16歳のとき。だが現実は厳しく、マトモな仕事では生活さえままならない。そこで年齢を26歳に書き換えた偽造免許証を手に、小切手を現金化。銀行口座の残高が不渡りとなってもお構いなし。金の使い道は全て女だった。

キャッチ・ミー・イフ・ユー・キャン

2002／アメリカ　監督：スティーヴン・スピルバーグ
元詐欺師、フランク・アバグネイルの自伝小説『世界をだました男』の映画化。アバグネイルを追うFBI捜査官カール・ハンラティ（トム・ハンクス）は実在の人物ではなく複数の警察官をモデルとしている。作品タイトルは「できるもんなら捕まえてみろ」の意味で、鬼ごっこの際の掛け声。

ある日、街角でＣＡ数人を連れた大手航空会社のパイロットに遭遇した。その華麗な出で立ちに惚れ惚れしつつ、邪悪なアイデアを思いつく。パイロットなら社会的信用は大。小切手を簡単に現金化できるのでは？　さっそくパンナム航空の副操縦士を騙り「盗難された」と言って本物の制服、制帽を入手。さらに高校新聞の記者を装ってパンナムの本物の機長に取材し、そこで得た情報を基に偽のＩＤやパイロットライセンス証を作る。

こうして彼はパイロットになりすまし、全米の航空会社のカウンターで小切手を金に換えていく。移動は全てデッドヘッド（航空会社の社員が業務のために無料で飛行機に搭乗できる制度）

1977年、テレビ番組「本物は誰だ？」に出演した際のアバグネイル（中央）。
番組の司会者に勧められ自伝を執筆、3年後の1980年に出版した『世界をだました男』がベストセラーになった。このテレビ出演シーンは、映画の冒頭でも描かれている

美人CAを引き連れ、機長のふりをして空港内を歩く有名なシーン。このエピソードも実話で、アバグネイルは、アリゾナ大学でCAを志望の女学生を面接し12人を選抜。彼女らとヨーロッパに詐欺旅行に出かけている。学生たちには研修が目的と信じ込ませていたという。映画「キャッチ・ミー・イフ・ユー・キャン」より

で、行く先々の都市でCAと一夜を共にしたらしい。

18歳。1人の機長に偽パイロットであることがバレたことで、アバグネイルはアトランタの高級アパートに移り住み、今度は医師と詐称。パーティで知り合った医師の紹介で地元病院の当直医に就く。といっても、インターンと看護師を監督するだけの役割なのだが、短期間で身に付けた医学知識で彼は周囲を欺き、医師免許の提示を求められることもなかった。

深夜、運ばれてきた救急患者の処置を頼まれる劇中のシーンも事実で、このときアバグネイルも映画同様、インターンに意見を聞いただけで、窮地をしのいだらしい。

この後、映画では病院の看護師と恋に落ち、彼女の両親に挨拶に行った場で、実は医師の他に弁護士資格も持っていることを告白。本物の弁護士だった彼女の父親にウソを見抜かれるが、その後、司法試験にパスし、父親の弁護士事務所で働く展開となる。

一方、実際の状況は多少異なり、アトランタの病院を出た後、アバグネイルはガールフレンドを介して知り合った1人の法務官の勧めで司法試験を受験し、3回目のトライで見事合格。実際にルイジアナ州の法務官に採用され、民事訴訟の補佐役として1年近く働いていた。さらにその後はユタ州で偽の大学講師として教鞭を執るという信じられない行動に出た後、再びパンナム航空のパイロットを騙り、偽造小切手で大金を詐取。その額、当時のレートでトータル250万ドル以上。FBI当局から世界中に手配書が出回っていた。

逮捕は1969年、21歳のときだ。エールフランス機に乗った際、以前デートしたことのあるCAがアバグネイルを確認し通報。フランス警察に逮捕され、1年間の服役後、アメリカへ移送される。この途中、飛行機の着陸と同時に、アバグネイルがトイレから機外に脱出するのは映画のとおりだが、数日後には2万ドルの隠し金庫を開けようとして訪れたモントリオールで拘束され、12年の懲役刑を言い渡される。

数年後、仮釈放となってからはピザ店のコック、スーパーの在庫管理者など職を転々とし、経験を生かした小切手詐欺に対するコンサルタント会社を起業。元一流詐欺師の防犯ノウハウはまたたく間に評判となり、現在では全米でも有数のセキュリティコンサルタント会社に成長させている。ＦＢＩと交流を持つのは１９７５年くらいからで、以来35年以上にわたって捜査に協力。ちなみに、劇中でアバグネイルを逮捕したトム・ハンクス演じるＦＢＩ捜査官カール・ハンラティのモデルの１人になったジョー・シアとは、彼が２００５年に亡くなるまで親友の間柄だったそうだ。こんな人生もあるのだ。

服役後、その才能を生かしてコンサルタント会社を設立し大成功

アバグネイルの近影。正業に就いてまもなく結婚した妻との間に息子が3人おり、うち1人は現在FBIに勤務しているそうだ

フィリップ、きみを愛してる！

刑務所内の図書室で2人が出会う場面は、全て実話に基づいている。
右がフィリップ役のユアン・マクレガー、左がスティーヴンを演じたジム・キャリー。
映画「フィリップ、きみを愛してる！」より

ゲイの恋人に会うため詐欺師スティーヴンが使った脱獄手口

FILMS

ジム・キャリー演じる詐欺師が、ゲイの恋人フィリップ（演：ユアン・マクレガー）に、ただ会いたいがために脱獄を繰り返す――。2009年公開の映画「フィリップ、きみを愛してる！」はあらすじだけ追うと、いかにも作り話という印象が強いが、これが実話だから驚き。一途に一人の男を愛し続けた本作の主人公、スティーヴン・ラッセルの、世にも奇妙な半生を紹介しよう。

スティーヴンは1957年9月、米ノースカロライナ州で生まれた。生後まもなく両親が離婚し、食品会社を営む夫婦のもとへ養子に出される。裕福な家庭で何不自由なく育ち、長じて警察官へ。結婚した妻との間に娘も授かる。

そんなある日、彼は実の母親に会いに行く。映画でも描かれているとおり、実は警官になったのも実母捜しの情報を得るためだった。が、そこで見たものは、実の父親と再び結婚していた母と、すでに3人の子供がいる幸せな家族の風景。ショックは相当なもので、警察官の職を辞めてしまうほどだった。同時に彼には大きな悩みがあった。女性以上に男性が好きと

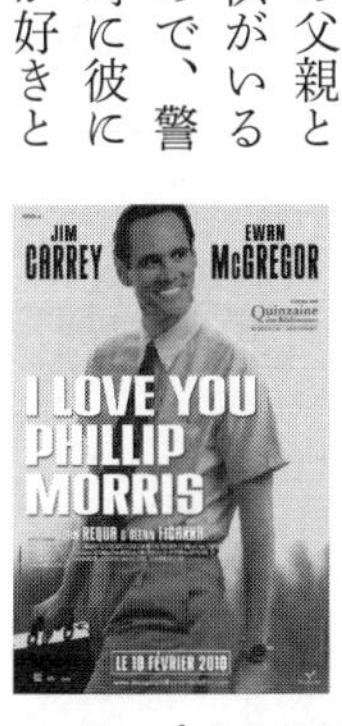

フィリップ、きみを愛してる！

2009／アメリカ・フランス
監督：グレン・フィカーラ&ジョン・レクア
刑務所内で出会った運命の相手に「愛してる」と伝えるため、詐欺と脱獄を繰り返した男、スティーヴン・ラッセルの実話を基にしたラブストーリー。

フィリップ・モリス本人。レンタカーを返却しなかったなどの微罪で何度か刑務所を行き来し、最終的に2006年に釈放されている

いう性癖である。家庭を持つ立場と世間体ゆえ、表向きは隠し通していた。

転機が訪れるのは1985年。養父が死んだショックから内面に変化が起き、ゲイとして生きることを決意する（映画では、交通事故に遭ったのがきっかけになっている）。妻と子供を捨て、第二の人生を歩み始めたスティーヴンは1992年、初めて犯罪に手を染める。当時働いていた食品会社でゲイであることがバレ、解雇の憂き目に。無職になった恐怖から、背中に傷を負ったと偽りの主張を行い、詐欺罪で逮捕されてしまうのだ。

しかし、収監されたテキサス州の刑務所を彼はまんまと脱獄する。医務室から盗んだ女性用の黒いパンツと携帯無線機を使って作業員に偽装。堂々と門から外に出たの

スティーヴン・ラッセル本人。IQ160の天才詐欺師としてアメリカ犯罪史上では、S・スピルバーグ監督作「キャッチ・ミー・イフ・ユー・キャン」(本書422ページ参照)でレオナルド・ディカプリオが演じたフランク・アバグネイルと並ぶ人物と言われる

である。

運命の相手フィリップ・モリスと巡り会うのは、別の詐欺容疑で捕まった1995年。映画同様、図書室が出会いの場で、法律関係の本を返却した際にフィリップに一目惚れしたらしい。同年、仮釈放を許された2人はヒューストンの家で一緒に暮らし始める。稼ぎ手はスティーヴンで、彼は愛するフィリップのため、偽の履歴書で雇われた保険会社の財務担当として、5ヶ月間で80万ドルを着服。その金でベンツやジェットスキー、ロレックスの時計を買い、さらには歯のセラミック処置、目の整形手術まで施す。

そのせいで再び刑務所に戻されることになるのだが、彼はフィリップに会うため、ここでも脱獄に成功する。手口は、アート教室から盗んだ大量のインクに囚人服を浸して手術着の色に変更、医者のフリをするというものだった。

　もっとも、彼の行き先がフィリップのもとであることは当局も察知済みで、まもなく御用となり3度目の刑務所へ。ここで彼は一世一代の大芝居を打つ。映画の最後で、ジム・キャリーがエイズ患者を装い脱獄に成功する場面。到底事実とは思えないのだが、スティーヴンは、実際これをやってのけた。１９９８年の10ヶ月間ほとんど何も食わず、やつれた感じを出すため大量の下剤を飲用。さらには、偽の健康診断記録をタイプライターででっちあげた。結果、医師たちは彼を本物のエイズ患者と思いこみ、民間の医療施設送りとすることを承認。その施設で主治医を装い刑務所に電話をかけ、スティーヴンが死んだことを告げたのだ。

　こうしてまたまたフィリップのもとに戻ったのだが、隠れ家は簡単に見つかり4度目の監獄行き。度重なる

ジム・キャリー（左）とフィリップ・モリス本人。フィリップは映画のコンサルタントを務めカメオ出演も果たしている

詐欺と脱獄が悪質極まりないと、異例の167年の懲役刑に処せられた。

2021年6月現在、スティーヴンはノースカロライナ州の矯正施設で厳戒監視体制のもと、監禁生活を送っている。フィリップとの交流は一切途絶えたものの、実の娘が時々面会に訪れているという。また、映画化が決定した際は一種のセレブのように扱われ、囚人や刑務官からサインをねだられたらしい。

「もう二度と脱獄はしない」

スティーヴンは言うが、それを真に受けている人は少ない。

懲役167年で現在も監獄の中に

2016年に撮影されたスティーヴン

サヴァン症候群の兄、ダスティン・ホフマン演じる役のモデルになったキム・ピーク

レインマン

モデルになった「サヴァン症候群」患者キム・ピーク、その驚異の記憶力

自由奔放な弟（演：トム・クルーズ）と、サヴァン症候群の兄（演：ダスティン・ホフマン）の絆を描いたロードムービー「レインマン」。作品は数々の映画賞に輝き高く評価されたが、特筆すべきはアカデミー最優秀主演男優賞に選出されたホフマンのリアルな芝居である。重い障害を抱えながらも天才的な記憶力で周囲を驚かす男。このモ

デルとなったのが、実在のアメリカ人男性、キム・ピークである。

暗記した電話帳のデータから偶然出会ったウェイトレスの電話番号を引き出す、カードを瞬時に覚えカジノのポーカーでボロ儲け、過去の飛行機事故をくまなく記憶――。

映画でホフマン演じる兄レイモンドは、弟との旅の途中、様々な特殊能力を発揮する。これは知的障害者の中でも、特定の分野（音楽、芸術、数学など）で常識を超えた驚異的な能力を示す、いわゆる〝サヴァン症候群〟患者に見られる大きな特徴だ。その１人でもあるキム・ピークに、作家のバリー・モローが面会したのは１９８４年のこと。モローはピークの能力に驚愕し、映画の原作となる小説を書き上げる。それを基に完成した脚本では、当初、ホフマンは弟の役だった。が、兄レイモンドの役柄に大きな感銘を受け、自分が演じることを直訴。兄役に決定してからは何度もピークに面会し、役作りに励んだという。天下の名優、ダスティン・ホフマンをそこまで魅了したキム・ピークとはどんな人物なのか。

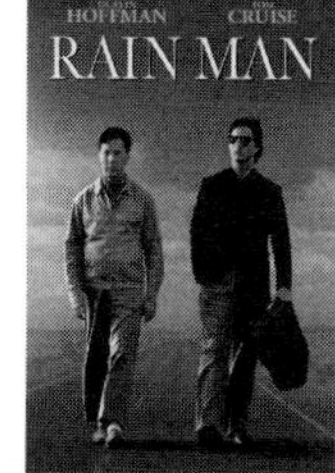

レインマン

1988／アメリカ　監督：バリー・レヴィンソン
自由奔放な青年が重度のサヴァン症候群の兄と出会い、忘れていた愛情を取り戻していく過程を描いたロードムービー。1988年度アカデミー賞の作品賞、主演男優賞（ダスティン・ホフマン）、監督賞、脚本賞を受賞。設定は全てフィクションだが、兄役のキャラクターは実在の人物、キム・ピークをモデルに描かれている。

兄をダスティン・ホフマン（左）、弟をトム・クルーズが演じた。映画「レインマン」より

ピークは１９５１年、小脳の障害、脳梁（のうりょう）の発育不全を伴って米ユタ州に生まれた。当初、先天性の知能発達障害者として診断された彼だが、生後18ヶ月で母親の読んで聞かせる話をそのまま暗記してみせ、長ずるにつれ驚異的な記憶力を示すようになる。例えば、

- ９千冊の本を暗記し、ページ数を言うだけで該当ページの文章を諳（そら）んじる。
- すべての年月日の曜日を言い当てる。
- 全米すべての町の地図を記憶。
- 過去に聴いた音楽のアンサンブル構成をすべて記憶しているため、同一楽曲の異なる編成&異なるヴァージョンを聴いても即座に言い当てることが可能。

他にも、床に落ちた数百本の爪楊枝の数を瞬時に計算してみせたことがあり、このエピソードは映画でそのまま再現されている。

ここまでの能力を持つピークだが、生活は親による

介護を要し、シャツのボタン掛けにも苦労する有様。映画で描かれているような憧れの自動車運転などは困難を極めた。またIQ自体は平均を下回り、「100ドルの所持金から50ドル分の買い物をした場合のお釣りは?」という計算もできなかった。その一方で問題のタイプによっては、突出した成績を残すピーク。なぜ、こんなギャップが生じるのか。2004年、NASAがコンピュータ化されたX線断層撮影と磁気共鳴映像法を含む一連のテストでピークの頭脳の検査を試みたが、明確な答えは出ていない。

サヴァン症候群は「レインマン」

天才的な記憶力でカードを覚え、カジノで大儲けする劇中シーン。
映画「レインマン」より

映画撮影時、現場を訪れたピーク(左)。
ホフマン(右)の着ているTシャツにはピークが描かれている

で有名となり、ピークもテレビや雑誌で取り上げられるようになったが、彼の暮らしはそれまでと同じだった。毎日を図書館で過ごし、小説から図鑑、電話帳、住所録までを読破し、つぶさに記憶する。その日課は生涯変わらなかった。ピークが心臓発作でこの世を去ったのは2009年12月19日、58年の人生だった。

サヴァン症候群。この特異な才能を持った日本人では、放浪画家・山下清が有名である。清は旅先でほとんど絵を描くことなく、実家や施設に戻ってからキャンバスに向かった。その驚異的な映像記憶力の賜だという。

9千冊の本を暗記し
全米すべての町の地図を記憶

ピークは図書館で本を読み、記憶するのが日課だった

シャルル・ド・ゴール空港内でのマーハン・カリミ・ナセリ。
身なりの悪い旅行者かホームレスのようにしか見えなかった

ターミナル

トム・ハンクス演じる主人公のモデルは仏ド・ゴール空港で18年間暮らしたイラン人

２００４年に公開され世界的大ヒットとなったスティーヴン・スピルバーグ監督作「ターミナル」は、クラコウジアなる国からアメリカのジョン・Ｆ・ケネディ国際空港に到着したものの、入国直前に母国でクーデターが勃発、国が消滅したため入国ビザを取り消され、空港に足止めを余儀なくされた男の物語だ。空港で過ごす数ヶ月間に芽生えた空港労働者との友情や、ＣＡの女性との恋模様など、劇中描かれるファンタンジーなエピソードは全て架空である。が、トム・ハンクスが演じた主人公には実在のモデルがいる。１９８８年からパリのシャルル・ド・ゴール空港で18年間も生活したイラン人、マーハン・カリミ・ナセリだ。

フランスで「ターミナルマン」と呼ばれるマーハンは、１９４２年、イランで生まれた。１９７０年代にイギリスのブラッドフォード大学に留学、イラン国王の統治に反対するデモに参加したことで運命が狂い出す。１９７６年に帰国したところ、デモ活動を理由に空港で勾留され、国外退去を命じられてしまったのだ。すぐにイギリスに舞い戻ったものの、当局は政治亡命者であるマーハンの入国を拒否。ベルギーや西ドイツ、フランス政府にも

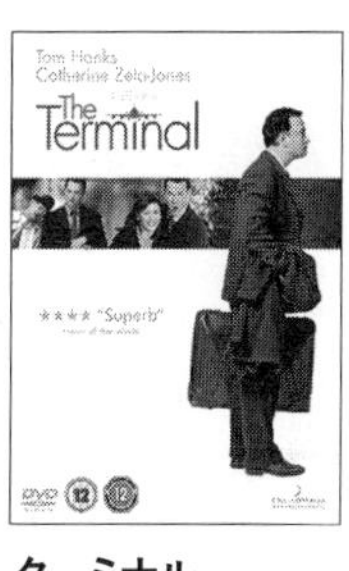

ターミナル

2004／アメリカ
監督：スティーヴン・スピルバーグ
パスポートが無効になり空港に閉じ込められてしまった男（演：トム・ハンクス）と、空港内の従業員との交流や恋模様を描いたロマンス・コメディ。

政治亡命申請を却下され、ヨーロッパ各国を転々とする生活が始まる。

1980年、マーハンは難民として認められ1986年までベルギーに滞在するが、若い頃に住み慣れたイギリスに戻ろうとフェリーに乗り込む。が、ここで痛恨のミスをおかす。ベルギーを出国した後は、難民認定書とイギリス領事館発行の入国許可証は不要だと思い込み、フェリーのポストから国連高等難民弁務官事務所に宛て、投函してしまったのだ。果たして、イギリスで入国を拒否されベルギーに送還されたが、身分証明書がないためここでも入国を拒否される。その後も同じことを何度か繰り返すうち、イギリスの係員がフランスなら入国できるかもしれないと、パリ行きの旅客機にマーハンを乗せたのである。

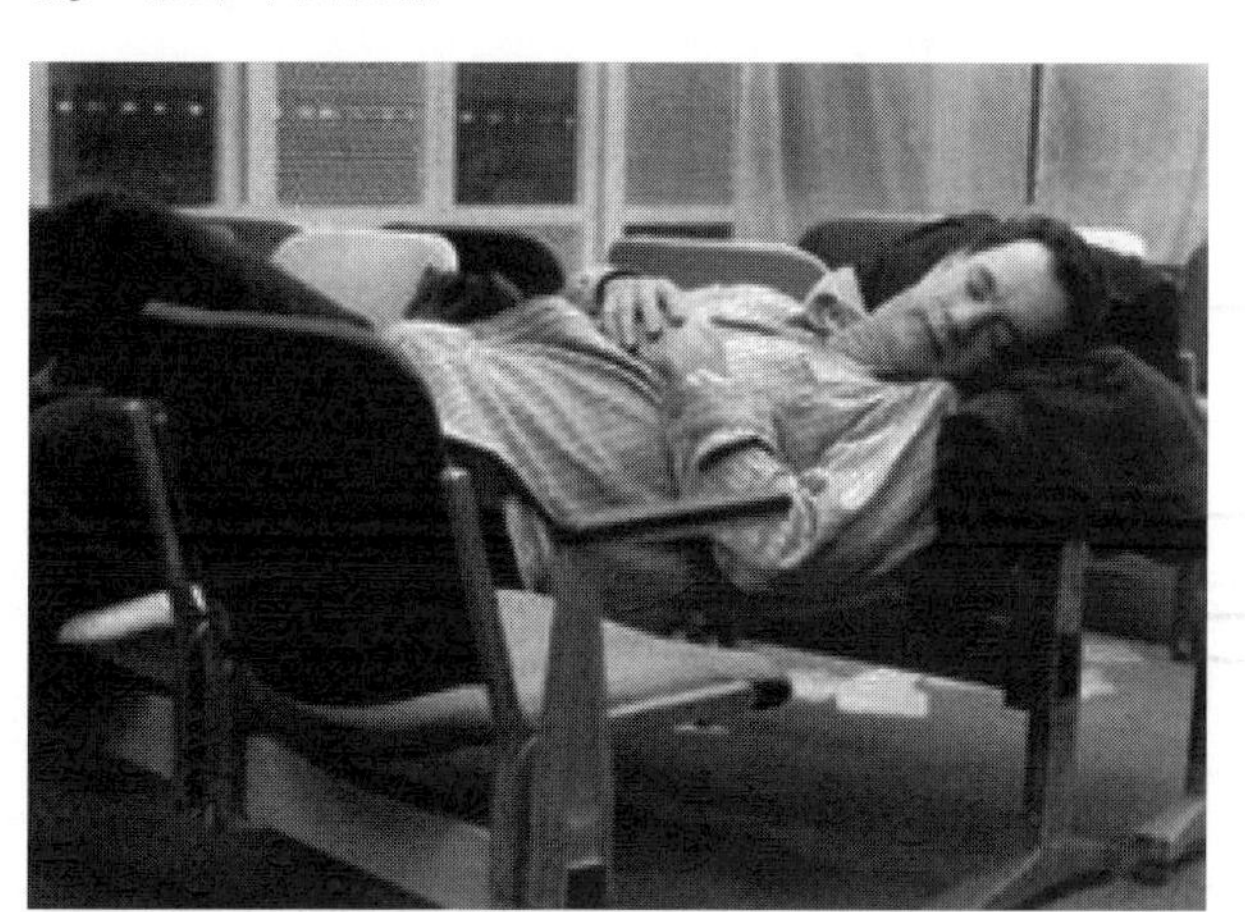

映画は、トム・ハンクス演じる主人公ビクターが、架空の国クラコウジアから父の夢を叶えるためアメリカにやってきたという設定。映画「ターミナル」より

　1988年8月8日、マーハンを乗せた飛行機は、シャルル・ド・ゴール空港に到着。迎えに来た入国管理局の係員は、彼が入国審査を通過すると、人々が行き交う第一ターミナルに置き去りにした。もはや送還すべき国もないマーハンを放置するしかなかったのだ。もし空港から出れば不法滞在者として逮捕され、飛行機に乗れば行った先の入国審査を通過できずにシャルル・ド・ゴール空港に送還されるのは目に見えている。マーハンには、空港に留まる以外、採るべき道がなかった。

　マーハンの毎日は、朝5時半の起床から始まった。人の少ないときに男子トイレに行き、体を洗うと、バーガーキングでクロワッサンとコーヒーを買い、定位置となった赤いベンチに座って午前中はラジオでニユースを聴きながら過ごす。昼間はマクドナルドのフィレオフィッシュを食べ、1時間ほど日記を付けると、午後は新聞や読書の時間だ。徐々にマーハンの存在がテレビやニュースで世間に伝えられると、世界中から送られてくる手紙を読むのも午後の日課に加わり、1993年には、マーハンをモデルにした映画「パリ空港の人々」が作られた。

「ターミナル」の主人公ビクターは、返却デポジットを得るため旅客用カートを回収したり、ターミナルの内装を手伝って金を稼ぎ、空港職員とも打ち解けている。が、マーハンは、最終的に18年に及んだ空港暮らしの間、ペルシャ語の通訳を頼まれたとき以外は自ら空港の職員たちと話をすることもなく、友達も作らなかったそうだ。

1999年、フランス政府がついにマーハンを難民として受け入れることを認める。が、長年にわたる空港生活で精神を病んでいた彼は、自分がイラン人ではなく〝アルフレッド・マーハン卿〟だと主張、本名が書かれた入国書類へのサインを拒否。2006年8月、体調を壊して空港内の病院に入院。翌年1月に退院した後は、フランス赤十字により、パリ郊外のホームレス支援施設に移送され、現在も住み続けている。

ちなみに、マーハンは2004年、書き続けていた日記を基に自伝『ターミナルマン』を出版。また、映画「ターミナル」の映画化権料として、ハリウッドから30万ドル（日本円で約3千300万円）を手にしている。

映画の主人公とは異なり 誰とも話さず友達も作らなかった

身分証を得た1999年以降は、自らの意志で空港にいることを選択

主人公のモデルになった元MITの学生、ジェフ・マー。
劇中にディーラー役でカメオ出演している。
現在はスポーツの勝敗を予想するギャンブルの会社を経営しているという

ラスベガスをぶっつぶせ

マサチューセッツ工科大学の
学生が6億円を荒稼ぎした
ブラックジャック必勝法

FILMS

映画「ラスベガスをぶっつぶせ」は、マサチューセッツ工科大学（以下ＭＩＴ）の学生たちが、ラスベガスのカジノでブラックジャックに大金を賭け、連戦連勝を収める痛快作だ。まさに映画だからこそと言いたいところだが、全て本当の話なのだから恐れ入る。

１９９０年代に起きたこの驚くべき実話の主役は映画同様、米ボストンにある理系大学の最高峰ＭＩＴの学生たちだ。劇中ではジム・スタージェス演じる現役大学生が主役でチームは４人編成だが、実際はアジア系の学生６人で、主人公のモデルはジェフ・マーという名の元ＭＩＴ生だ。

彼らが用いた方法は、「カードカウンティング」なる戦術である。これは場に使用された（すでに見えてしまった）カードを記憶し、未使用の山にどんなカードが残っているかを探るもので、具体的には、これからディーラーが配るカードの中に、どれだけ強い絵札かエースが残っているかを知る高等テクニックだ。

彼らは、瞬時にカードを覚える訓練を日々こなしつつ、カードが１枚出るごとに以下の計算を行った。

マイナスが多くなれば、絵札やエースなど強い

ラスベガスをぶっつぶせ

2008／アメリカ
監督：ロバート・ルケティック
1990年代、ラスベガスで実際に起きた、ブラックジャックの「カードカウンティング事件」を題材とした頭脳派サスペンス。原題はブラックジャックの最高点を表す「21」。

劇中では男女学生4人がチームを組んでいたが、実際は6人編成だった。下は彼らを指導する教授を演じたケビン・スペイシーで、エドワード・ソープなる元MITの数学講師がモデルと言われている。映画「ラスベガスをぶっつぶせ」より

「A」「絵札」「10」＝−1

「7」「8」「9」＝±0

「2」「3」「4」「5」「6」＝＋1

カードが場にたくさん出ているので勝ちにくい状況。逆にプラスが増えると、これから強いカードが多く出る可能性大。つまり、ここが勝負時というわけだ。もっとも、これを1人で行うと、カジノ側にすぐバレてしまう。わずかな金で遊んでいたのが突然、大金を賭け始めたら、いかにも怪しい。カードカウンティングは違法ではないが、カジノ側は店に不利とみなした客に対し、いつでもプレイや入店を拒否できる権利を有していた。

そこで、MITチームはメンバーで3つの役割を分担する。

●スポッター／テーブルに着き、カードカウンティングを行う。10〜15ドルの低い額を賭けながらカードの出方を監視。仲間にサイン（頬杖をつくなど簡単な動作）で状況を伝える。
●ゴリラ／スポッターと同じテーブルに着き、大はしゃぎしてカジノ側の目を自分に集中させるオトリ役。
●ビッグプレイヤー／スポッターからのサインを受け、強いカードが多く残っているテーブルにさりげなく着席。大金を賭ける。

カジノ側を欺くため、1日ごとにメンバーの役割を代え、会話は厳禁、変装も欠かさない徹底ぶり。彼らは週末になるとベガスに飛び、確実に勝ちを手にしていく。

カードカウンティングが実施されていることは、カジノ側も当初から気づいていた。しかし、どこの誰がどの店で行っているか全くわからない。MITチームの作戦はそれほど巧妙だった。映画では、カジノ側の強面スタッフが監視カメラの映像を見て人物を特定するまでにさほど多くの期間を要していないように思われるが、実際にはなんと5年間もかかっている。

MITチームを突き止めたのは、カジノ側が雇った監視専門の調査会社だ。彼らはベガスの全店、全テーブルに監視カメラを設置、カジノ側が大敗したテーブルでプレイしていた全ての客を1人残らず調べ上げた。結果、何人かの共通人物が浮かび上がる。不審者を尾行すると、彼らはみな同じホテルに宿泊し、平日になるとみな同じ大学で授業を受けていた。てっきりプロの仕業だと思い込んでいたカジノ側の驚きは尋常ではなかったという。

こうしてMITチームの栄光は終焉を迎えるのだが、彼らが受けたペナルティは出入り禁止のみ。映画のように暴力を振るわれることもなく、最高2日間で5千万、5年間のトータルで約6億円もの大金を手にした。勝負は完全にMITチームの勝利で幕を閉じた。

ちなみに、彼らの行為が発覚した際、MITの写真入りの学生名簿が300万円でカジノ側に売られ、以来、ベガスのカジノでは毎年MITの新入生の名簿を入手。新たなギャンブルの天才が現れぬよう、厳重なチェック体制を敷いているという。

人物特定までに5年間。ペナルティは出入り禁止のみ

ジェフ・マー本人（左）と、ジェフ役（劇中の役名はベン）のジム・スタージェス。
アジア人を白人俳優が演じたことで、アジア系コミュニティから非難の声が上がったという

リリーのすべて

世界初の「性別適合手術」を受けた男性とその妻の驚くべき実生活

妻ゲルダの絵のモデルとして
パリで暮らしていた頃のアイナー、44歳

２０１５年公開の映画「リリーのすべて」は１９２０年代半ば、世界初の性別適合手術を受けたデンマーク人男性画家アイナー・ベルナー（女性名リリー・エルベ）と、妻ゲルダ・ゴトリプの実話を描いた作品だ。映画は、１９３３年にリリーの日記を基に出版された『男から女に』を原作に制作されたが、事実と異なる点も多い。

アイナーは1882年に生まれ、1904年、当時学んでいたデンマーク王立美術院で出会った女性画家ゲルダと結婚した。運命が変わるのは1908年。ゲルダに絵の女性モデルの代わりを頼まれ、女性もののストッキングやドレスを身に付けたことで、彼の中に眠っていた本来の女性としての人格が目覚める。

映画ではその後、アイナーが女装してパーティに出席し、男性にキスを求められたことで女性としての気持ちが決定的になったように描かれているが、実際にアイナーが日常的に女装を始めるのは1912年にゲルダとともにパリに移り住んでからだ。また、デンマークではアイナーが高く評価される一方、ゲルダは陽の目を見ていなかったが、パリでは彼女のキャリアが開花する。リリーをモデルにしたスケッチで新聞社の賞を獲ると、ファッション・イラストレーターとして人気を博し『ヴォーグ』誌にもたびたび掲載される。が、1913年にはゲルダのイラストに登場するアーモンド形の目が魅力的なショートボブの女性が夫のアイナーであることが発覚。スキャンダラスに取り上げられたという。

驚きなのは、ゲルダがレズビアンを公言し、セクシュアルなヌードイラストを描いていたという

リリーのすべて

2015／イギリス・アメリカ・ドイツ　監督：トム・フーパー
世界初の性別適合手術を受けたデンマーク人画家アイナー・ベルナー（女性名リリー・エルベ）と、その妻ゲルダとの愛を描いた伝記ドラマ。「博士と彼女のセオリー」（2014）でアカデミー主演男優賞を受賞したエディ・レッドメインがリリーを演じた。

アイナーが初めて自分の中の女性を感じるシーン。エディ・レッドメインが複雑な役どころを好演。映画「リリーのすべて」より

事実だ。彼女はアトリエに仲間を呼んでは夜な夜な刺激的なパーティを開いていたらしい。アイナーは女性として妻のイラストのモデルになり、ゲルダは夫に化粧やファッションのアドバイスをしながら、性に寛容なパリで自由な生活を謳歌していた。

映画では、パリに移り住んですぐにアイナーが性別適合手術に踏み切ったように描かれているが、実際に彼が手術を行うのは1930年、48歳のときだ。現代のように様々な〝ジェンダー〟に対する研究も理解も進んでいなかったため、アイナーは心と体の不一致に悩んで医師の診察を受けたものの、当時の医学では「服装倒錯（異性の服装を身に付けることで性的満足を得る癖）」か「ゲイ」という診断しか下されなかった。

が、しばらくしてアイナーは月に1度、まるで女性の生理のような周期で出血するようになる。そして、ジェンダー研究の最先端だったドイツで驚くべき診断が下る。なんと、アイナーの体内に未発達の卵巣があり、それが女性の人格を生み出しているというのだ。ここで初めてアイナーに、体を女性に作り変えるという選択肢が与えられた。

劇中では、「性別適合手術」について、1度目の手術で男性器を切除し、体力が回復したら2度目の手術を行って膣を形成すると大雑把に説明。女性になることを焦ったアイナーが、1度目の手術の後、体力が満足に回復しないうちに2度目の手術を受け、それが元で亡くなってしまう。しかし、実際は、最初にまずベルリンで睾丸を取り

リリーをモデルにしたゲルダ作の絵画の前に立つゲルダ（左）とアイナー（右）。ゲルダはアイナーの死後、再婚したものの1936年に離婚。1940年に無一文で亡くなったという

妻ゲルダはレズビアンだった

ゲルダはレズビアンを公言し、こんなイラストでも人気に

出す手術を行った後、映画で描かれているようにドレスデンの産婦人科に転院。2度目の手術で陰茎を切除し、同時に膣を形成、提供された26歳女性の卵巣を移植した。ところが、この卵巣が拒絶反応を起こしたため、3度目と4度目の手術で再摘出。1931年、5回目の手術で子宮が移植され、アイナーは50歳を目前に、念願の「女性」の体になることができたのである。

実はアイナーが危険な手術を繰り返したのは、フランス人の画商クロード・ルジューヌと恋に落ち、完全な女性、つまり子供を産める母の体になりたいと望んだからだった。しかし「女性」になったのも束の間。手術からわずか3ヶ月後の1931年9月13日、拒絶反応が原因で息を引き取る。亡骸はドレスデンに埋葬された。

当時、デンマークは刑法によって同性愛を犯罪と規定していたため、アイナーの手術を知った1930年当時のデンマーク国王はアイナーとゲルダの婚姻を無効と決定。それでもゲルダはアイナーの性別移行を支援し、アイナーは法的性別の変更とともに「リリー・エルベ」と記された真新しいパスポートを手にすることができたそうだ。

2度目の手術の後のアイナー（左）

唯一の生存者、ユリアナ・ケプケ。写真は事故から27年後の1998年、墜落現場を訪れ、放置されたままの機体と一緒にカメラに収まった1枚

奇跡の詩

「ランサ航空508便墜落事故」唯一の生き残り少女に待ち受けていた過酷なその後

1971年、ペルーの首都リマを飛び立った航空機が空中分解、乗員乗客92人中91人が死亡する惨事が起きた。3年後の1974年に公開された「奇跡の詩」は、この事故で唯一生き残った少女が、恐怖と闘いながらアマゾンを彷徨い救助されるまでの過程を追ったサバイバル劇だ。生還後、彼女の人生には映画では描かれない過酷な運命が待ち受けていた。

主人公はユリアナ・ケプケという事故当時17歳の女子高生である。両親はドイツ人の動物学者で、ペルーのプカルパという町に研究所を置き、野生動物の生態を調査していた。

1954年、彼女はジャングルに囲まれたこの町で生まれたが、長じるにつれ仕事に没頭して家庭を顧みない父親との間に溝を深め、15歳のとき母親と2人、首都リマに移り住む。

1971年12月24日、クリスマス休暇を家族で過ごそうという母の提案で、2人はランサ航空508便に搭乗する。フライトは1時間の予定だった。離陸から30分後の午前9時半、高度6千メートルに達したとき、突然、508便は乱気流と落雷に遭遇する。右翼を損傷して急降下中に分解、

奇跡の詩

1974／アメリカ・イタリア　監督：ジュゼッペ・スコテーゼ
1971年、ペルーで起きた航空機墜落事故で唯一死を免れた少女が、ジャングルの中を10日間、200キロを歩いた後に救助された実話を映画化。実際に事故や捜索活動に関わった人物が多数、本人役で出演している。

アンデスの密林に墜落。ユリアナは座席ごと空中に投げ出され、約3千メートルの高さから地上に叩きつけられた。落下時間は約60秒、時速は2千200キロ。即死は免れない状況だったが、彼女は墜落から22時間後、失っていた意識を回復させる。脳しんとうによる頭痛が酷く片目は損傷、鎖骨も折れていた。周りを見回しても、隣に座っていた母はもちろん乗客の姿はどこにも無かった。

ユリアナは、落ちていたわずかなキャンディ（機内で乗務員が配ったもの）を手にジャングルを彷徨い始める。と、すぐにジャガーに遭遇した。襲われれば確実に殺される肉食獣だ。彼女は息を殺し、その場に佇んだ。「驚いたり、脅かしたりしなければ彼らは決して襲ってこな

高校時代のユリアナ

い」。動物に精通する父から以前聞いた話を思い出し、その言葉に従った。果たして、ジャガーはユリアナと目を合わせたものの、そのまま森の中へ消えていった。

ユリアナは迷っていた。動かずに救助を待つべきか、歩き続けるべきか。が、またもここで父の言葉を思い出す。
「ジャングルで迷ったら小川を見つけて下流に行けば、必ず助けになる何かが見つかる」

あれほど嫌っていた父の教えを頼りにユリアナは下流に向かって歩き出す。

一方、捜索隊は事故から4日経っても、遺体はおろか機体の残骸すら見つけられずにいた。密林が空からの視界を完全に

共に動物学者だった父ハンス（2000年死去）と母マリア（1971年の墜落事故で死亡）

遮っていた。

5日目、ユリアナの唯一の食料であったキャンディも底をつき、さらにハエが傷口に産みつけた卵がかえり、皮膚の下にウジ虫がわき出した。体は日ごとに衰弱を増し、確実に死が近づいていた。10日目、ペルー政府が正式に捜索打ち切りを発表。助かる見込みは完全に消え失せた。が、ここで奇跡が起きる。森林の伐採に来ていた男たちが、意識朦朧のままカヌーに横たわっていたユリアナを発見したのだ。

映画は、ユリアナが運ばれた病院で父と再会するシーンで終わる。しかし、2人の仲が修復されることはなかった。そもそもユリアナの〝わがまま〟でリマに越さなければ、母親は死なずに済んだ。父は娘をどこかで許せず、娘も後悔の念から抜け出せずにいた。

会話さえなくなった父親との暮らしに耐えきれず、ユリアナはリマに戻り、改めて高校に通う決心をする。と、今度はマスコミが学校まで押しかけてきた。事故直後から、ユリアナはパニック障害に陥っていたが、メディアからの取材攻勢で深刻に追い詰められた。そこで、祖母の住むドイツへと移住。その祖母から「あなたは幼い頃から自分も動物学者になると言っていた」と聞かされ、ゆっくり心を開いていく。

やがて、彼女は両親と同じ道を目指すべく、高校卒業後、キール大学で動物学を専攻し、1980年に卒業。1987年には動物学の博士号を取得した。1989年には同じ動物学者の男性と結婚。さらに1998年、墜落現場を再訪し（458ページの写真参照）、偶然、母と座っていたシートを発見する。母の死を受け入れ、トラウマから解放された瞬間だった。

現在、ユリアナはミュンヘン動物学収集博物館に哺乳類学者として勤務し、長年にわたりペルーのコウモリ生態学を研究。2019年、同政府から功労賞を贈られている。

事故後、ユリアナはドイツに移住したが、空港までマスコミが追いかけてきた

生還後のパニック障害、父との不仲、行き過ぎた取材攻勢

LION ライオン 25年目のただいま

オーストラリアへ里子に出された5歳の少年が故郷を見つけ出すまで

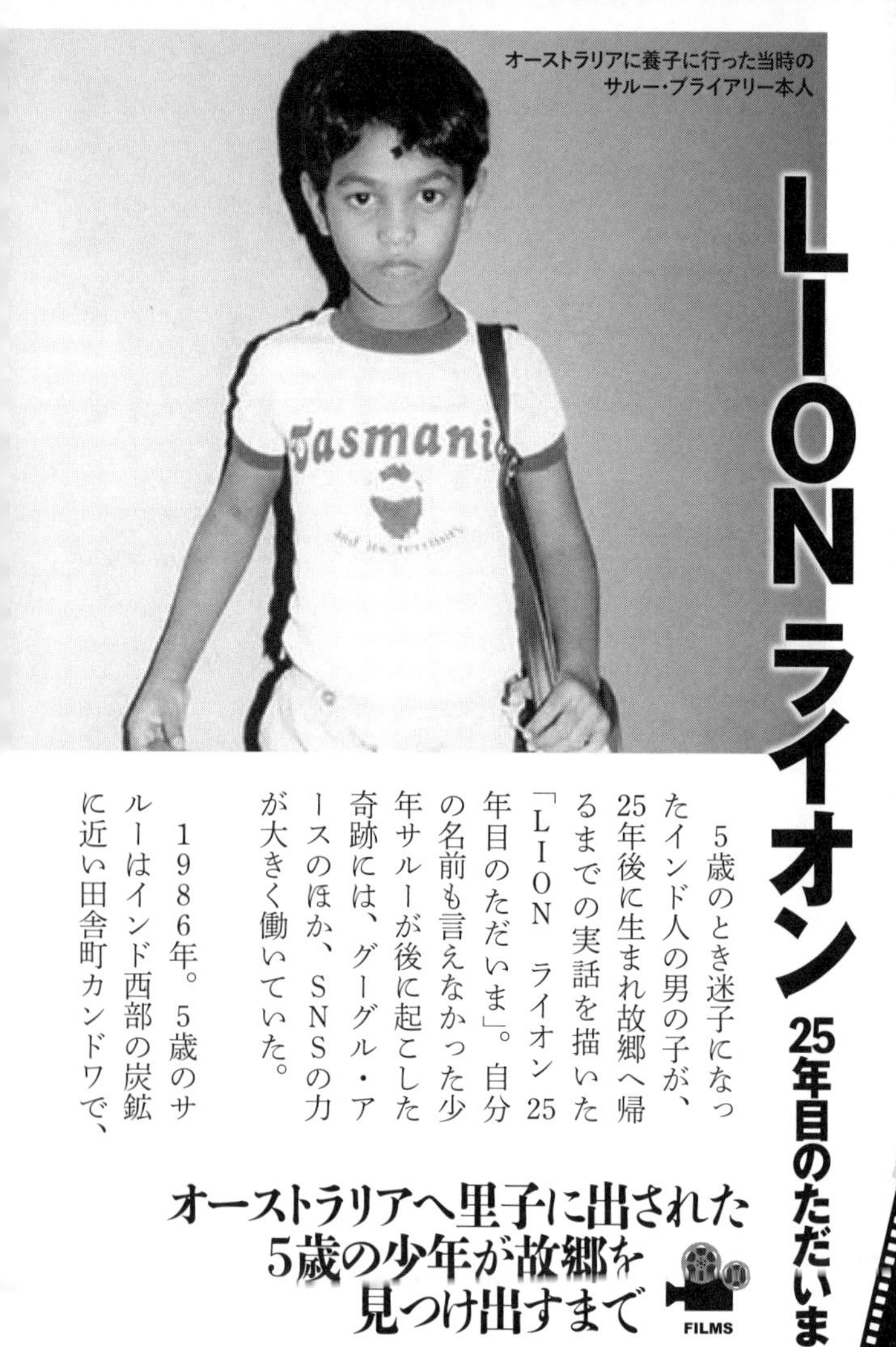

オーストラリアに養子に行った当時のサルー・ブライアリー本人

5歳のとき迷子になったインド人の男の子が、25年後に生まれ故郷へ帰るまでの実話を描いた「LION ライオン 25年目のただいま」。自分の名前も言えなかった少年サルーが後に起こした奇跡には、グーグル・アースのほか、SNSの力が大きく働いていた。

1986年。5歳のサルーはインド西部の炭鉱に近い田舎町カンドワで、母親と兄妹3人と暮らしていた。映画ではよくわからないが、父親は一夫多妻が認められているイスラム教徒のため、サルーが3歳のときに別の女性と結婚して家を出ていき、サルーは数えるほどしか父親と会ったことがないという。女手一つで子供たちを養う母親には3人の子供を学校に通わせる余裕もなく、サルーら兄妹も駅で物乞いをしたり、列車の掃除をするなどして母を助けていた。

その日、長兄グドゥが最寄り駅から2時間も離れた大きな駅に小銭を拾いに行くという話を聞いたサルーは、自分も一緒に行くと頼み込む。が、いざ駅に着くとサルーは疲れ果てており、グドゥが1人で小銭探しに出かける。劇中だと、兄を待ちながらサルーが回送列車内で眠り込み、そのままコルカタ（かつてのカルカッタ）まで1千600キロも運ばれてしまったように描かれているが、実際は、いつまで経っても兄が戻ってこなかったため気が動転。停車中の回送列車に探しに入った途端、列車が動き出してしまったそうだ。

実はその頃グドゥは、何らかの理由で列車から転落して亡くなったものとみられている。サルーが行方不明になってから1ヶ月後、彼の遺体が鉄道線路付近で発見されたのだ。原因は今なお不明

LION ライオン　25年目のただいま

2016／アメリカ・オーストラリア・イギリス
監督：ガース・デイヴィス
インドで迷子になった5歳の少年が、25年後にグーグル・アースを使って故郷を探し出したという実話を映画化。2016年度のアカデミー賞で6部門にノミネートされた。

生まれ故郷を探すサルー役のデヴ・パテル。映画「LION ライオン 25年目のただいま」より

という。

コルカタに着いたサルーは、大勢のストリート・チルドレンに交じってのサバイバル生活を余儀なくされる。日本人にとってわかりにくいのは、同じ国内でなぜサルーの話す言葉が通じないかということだろう。国土が広く、多民族国家であるインドは多言語国家でもある。サルーがヒンディー語しか話せないのに対し、コルカタで使われているのはベンガル語。しかも文盲の母親に育てられたサルーは字が読めず、自分の住んでいた町の名前はもちろん、自分の名字さえ知らなかったのだ。

映画には、サルーを騙してどこかへ売り飛ばそうとしたカップルが登場す

故郷を特定する手がかりとなったブルハンプールの給水塔
（実際のグーグル・アースの画像）

るが、あれも事実どおりで、現在でもコルカタでは何十万人ものストリート・チルドレンが路上で生活し、彼らを狙って臓器売買や児童買春、人身売買など様々な犯罪が当たり前のように行われているという。

サルーがラッキーだったのは、通りかかった男性が気の毒に思い、保護してくれたことだ。劇中とは違い、男性は自宅で3日間ほど預かった後、地元の刑務所へ。そこから移送された少年院が、映画で描かれた孤児院のモデルだ。地元の言葉で「リルア」と呼ばれ、本来は窃盗や殺人などの罪を犯した子供たちを収容する「少年拘置センター」だが、精神病や迷子の子供たちも収容しており、所内ではイジメや暴力が日常茶飯事だったとか。

サルーの幸運はまだ続き、わずか1ヶ月ほどで養子縁組をサポートするNPO法人「インド里親・養子縁組協会」のミス・スードが、彼をオーストラリアのブライアリー家へ里子に出してくれる。そこで何不自由なく暮らし、後に大学に進学、インド系留学生と出会ったことで自分のルーツを知りたいという気持ちが生まれる。映画は、過去の記憶を頼りに移動距離を計算しながらグーグル・アースを使って故郷を探すサルーの姿を描く。大学を卒業しても就職せず、ひたすら家にこもって朝から晩までリサーチするサルー。見覚えのある駅前の給水塔を見つけ出すシーンは、実に感動的だ。

しかし、当初の捜索場所は映画とは違い、パソコンの回線速度が速い恋人のアパートで、グーグル・アースでこれと思った場所を特定すると、フェイスブックで支援者を見つけながら現地調査を行っていたのだという。しかし映画のスポンサーがグーグルだったためか、劇中ではフェイスブックについては一切、触れられていない。また、映画ではよくわからないが、サルーが故郷に帰って母親に再会したのは、自分のルーツを探し始めてから実に6年目のことだった。が、ヒンディー語を忘れていたサルーは、母や妹、親戚との会話もままならなかったとか。

自伝本のヒットと映画化権（約14億2千万円）で大金を得たサルーは当初、インドの家族をオーストラリアに呼ぼうとしたが、互いに会話ができないため断念しインドに家を新築。仕送りも欠かさず、年に2回は里帰りしているそうだ。現在は講演活動で忙しく、いずれは自分を助けてくれた「インド里親・養子縁組協会」のミス・スードのように、貧しい子供を助ける仕事に就くことを望んでいるのだという。

ちなみに、本作のタイトルは、サルーの本名から取っている。なんと「サルー」は彼の聞き間違えで、本当は「シエルゥ」、ヒンディー語で「ライオン」という意味だったのだ。

母親と再会したもののヒンディー語を忘れており会話は成立せず

2011年、生みの母親カムラさんとの再会時に撮られた1枚

劇中では、一組の夫婦を福山雅治と尾野真千子、
もう一組をリリー・フランキーと真木よう子が演じた。映画「そして父になる」より
©2013「そして父になる」製作委員会

そして父になる

映画のモチーフになった「取り違えられた新生児」2人のその後

FILMS

2013年に公開された「そして父になる」は、6歳まで育ててきた息子が、実は出生時に病院で取り違えられ、本当の我が子は別の親のもとで育った子供であることを知らされた2つの家族の苦悩と葛藤を描いた人間ドラマだ。本作のベースになった実話がある。1971年、アメリカ施政下の沖縄で起き、日本返還後の1977年に発覚した「赤ちゃん取り違え事件」だ。ジャーナリストの奥野修司氏が25年にわたって取材したルポルタージュ『ねじれた絆』には、映画を凌ぐ重い深い真実のドラマが記録されている。

1977年、沖縄在住の稲福スミ子さんの6歳の長女、美由紀さんが幼稚園でもらってきた健康診断の結果書類に血液型が「A型」と記されていたことで事が発覚する。スミ子さんはO型、夫はB型。この組み合わせの夫婦からA型の子供が産まれることはありえない。

がく然とした2人が出産した病院に問い合わせたところ、本当の娘は近くの町に住む板金業を営む島袋家の長女、初美さんだと判明する。両娘が産まれた1971年は第2次ベビーブームの真っ盛り。出産ラッシュの混乱の中、看護師のミスで取り違えが発生した。

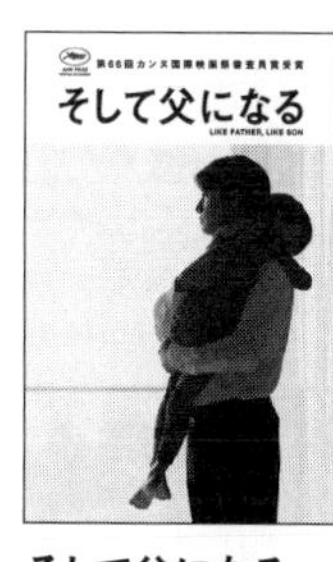

そして父になる

2013／日本　監督：是枝裕和
息子が出生時に病院で取り違えられた別の子供だったことを知らされた父親が抱く苦悩や葛藤を描く。第66回カンヌ国際映画祭審査員賞受賞。
DVD販売元：アミューズソフトエンタテインメント

6年間育てたのに…

実は他人の子だった

病院が取り違える

双方、実子引き取りへ

すでに子どもとも接触

沖縄市

事件は地元の新聞で大きく報じられた

映画のモチーフとなった
奥野修司著『ねじれた絆　赤ちゃん取り違え事件の十七年』

稲福・島袋両夫妻は話し合いのうえ、病院との裁判と同時進行で互いに交流し、週末ごとに子供を交換して泊まらせ、最終的には小学校入学直前に実の親が血の繋がった子供を引き取ることとした。女の子が男の子に変わっている以外、映画の設定とほぼ同じだが、実際の事件にはリアルな〝その後〟がある。

1978年3月30日、取り替え実施。稲福家の娘となり、父親から「真奈美」と名付けられた初美さんが新たな暮らしに馴染むまでに、さほど時間はかからなかった。が、美由紀さんは違った。幼い頃から漢字や計算の勉強をしていた彼女にとって、字を読むことすらままならない本当の両親をなかなか受け入れられない。彼女の実母である島袋公子さんは、自分を本当の母親として認めてくれない我が娘に悩み、酒浸りとなる。

美由紀さんはともすれば育ての親のもとに帰り、真奈美さんと言い争うこともしばしば。そんな姿を見て、稲福夫妻は大胆な行動に出る。空き地だった島袋家の隣に一家ごと引っ越してきたのだ。互いに気を遣うことはわかっていても2つの家族を思ってのことだった。

数年後、美由紀さんと真奈美さんは同じ中学校に通うようになる。友達以上、姉妹未満の同級生。当時、美由紀さんは「私にはお母ちゃんが2人いる」と〝事件〟のことを友達にも比較的簡単に打ち明けていたが、真奈美さんは隠したがった。複雑な関係だった。

中学を出て地元の進学校へ入学した真奈美さんに対し、美由紀さんは商業高校に進み、卒業後、東京の大手量販店に就職。取り違えられた子供として同情される沖縄より、自分を誰も知らない東京の方が安心できた。

10年働いた頃、実の父が脳梗塞で倒れた。知らせてくれたのは育ての母のスミ子さん。美由紀さんは介護のため東京を引き払い、沖縄へ戻った。生活のためマッサージ師の資格を取って開業。店は、育ての親が経営する重機リース会社の敷地内にあるプレハブだった。

一方、真奈美さんは地元で結婚し、3人の子供の母親となり、その重機リース会社で働いていた。忙しく働く真奈美さんの代わりに、美由紀さんが子供たちの面倒をみた。2人は大人になってから、姉妹のように助け合うようになったのだ。その後、美由紀さんは2012年に結婚。籍だけ入れ式を挙げていなかった真奈美さんと一緒に合同結婚式を行った。美由紀さんは「これでようやく事件の清算ができた」という。

2人の女性と2つの家族が人生を狂わされたことは間違いない。しかし、現実にはもっと悲惨な例もある。

2013年11月、東京地裁は、病院を運営する某社会福祉法人に対し、損害賠償を訴えていた60歳の男性に3千800万円を支払うよう命じた。判決によると、本来、この男性が育つはずだった家は、庭に池もある豪邸。彼と間違われた男性は4人兄弟の長男として育ち、大学を出て、現在は不動産会社を経営しているという。

　それに対し、被害者男性の育ての父は2歳のときに亡くなり、母親が生活保護を受けながら3人の子供たちを育てた。この男性は中学卒業後就職し、定時制高校を卒業。現在は独身で、トラックの運転手をしながら血の繋がらない兄の介護もしているらしい。

　新生児取り違えは、悲劇以外の何物でもない。

取り違えから42年、2人の娘は合同結婚式を挙げた

2013年10月11日放映、
フジテレビ系「実録ドラマスペシャル　ねじれた絆～赤ちゃん取り違え事件 42年の真実～」で公開された合同結婚式の様子（実際の映像）

実際のカレンダー・ガールズたち。左からリンダ、ベリル、トリシア、
クリスティン、アンジェラ、ロス(映画化を承諾した6人)

カレンダー・ガールズ

白血病研究の寄付のため自身のヌードカレンダーで30万部を売り上げた平均年齢56歳のイギリス婦人たち

FILMS

1999年、欧米で1冊のカレンダーが大きな話題を呼んだ。平均年齢56歳のイギリス人女性11人がモデルになったヌードカレンダーである。白血病の研究に対する寄付を日的に、ごく普通の主婦たちが作ったカレンダーは実にトータル30万部を売り上げ、この信じられない話を基に2003年、「カレンダー・ガールズ」のタイトルで映画化された。

イギリスをはじめ、カナダ、南アフリカ、ニュージーランドの女性が所属する「ウィメンズ・インスティテュート」（通称WI）という婦人会がある。農村の活性化や食糧増産を趣旨に作られ、イギリスではエリザベス女王も参加し、英国内で約7千支部20万人が慈善事業や料理講習などの活動に勤しむ一大コミュニティだ。

1998年7月、イギリス中東部に位置するヨークシャーに住む婦人会メンバーの1人、アンジェラ・ベイカー（当時52歳。映画での役名はアニー）の夫ジョンが白血病で死亡したことが全ての始まりだった。落ち込むアンジェラを励ますため、親友のトリシア・スチュワート（同49歳。ヘレン・ミレン扮する映画の主人公。役名はクリス）がとんでもないアイデアを思いつく。毎年恒例の、風景や料理写真を使った婦人会カレンダーを、今年

カレンダー・ガールズ

2003／イギリス・アメリカ
監督：ナイジェル・コール
1999年、イギリス・ヨークシャーで世界初の“婦人会ヌード・カレンダー”が制作され、30万部を売り上げ大きな話題となった実話を基にしたヒューマン・コメディ。

は自分たちがモデルになったヌード写真で作ろうと言い出したのだ。

売上金で、ジョンがお世話になった病院に、看病する家族がゆっくり座れるソファーを寄付するのが主目的だったが、その背景には彼女たちの平凡な日常生活もあった。

田舎の主婦にとって、婦人会は唯一の社交場。ところが毎週の議題といえば秘伝のジャムの作り方だの健康法だの退屈なものばかり。トリシアならずとも、大半が刺激のない毎日に物足り

実際のカレンダー。
左から1月ベリル（撮影当時最高齢の65歳）、
7月リンダ、10月トリシア

なさを感じていた。映画では、婦人会の支部長ら幹部がヌードに強く反対したように描かれているが、実際には意外にもすんなり皆の賛同を得られたという。

モデル募集に応じた11人を1月〜11月はそれぞれ単体で、12月はクリスマス・キャロルを歌う集合写真で構成されたカレンダーは1999年4月12日に発売され、1週間で初版2千部が完売。増刷に次ぐ増刷で、半年間で販売数は8万8千部に達する。

この異例なムーブメントはやがてアメリカに渡り、新聞が彼女らを「カレンダー・ガールズ」と名づけ記事に取り上げ、テレビはトークショーのゲストとしてスタジオに招いた。

さらには、アメリカ版のカレンダーが発売されると、これが大ヒット。2001年の1

年間で20万2千部を売り上げ、最終的にトータル30万部のセールスを記録する。結果、彼女たちは当初目的にしていた病院へのソファーの寄付はもちろん、国内の大学に白血病研究資金として2億円を寄付することになる。

２００1年、ハリウッドから映画化のオファーが舞い込み、11人中6人が契約書にサイン。彼女らの全面協力のもと作られた映画は、胸を隠すはずのパンケーキが小さすぎて豊満なバストがはみ出したなど、カレンダー撮影時のエピソードも事実どおりに描かれている。

実際との違いは2点。劇中ではカメラマンを広告で募集したことになっているが、メンバーの1人であるリンダの夫がかつてプロカメラマンだったため、探す手間は要らなかったこと。また、カレンダー販売後、トリシアとアンジェラがいがみ合ったように描かれているシーンについても、2人は声を揃えて否定している。

彼女たちが巻き起こした奇跡はこれで終わらない。２００3年に映画が公開されると、ヨーロッパ最大の劇場「オデオン・レスター・スクエア」で行われたプレミア試写会でハリウッド女優と肩を並べてレッドカーペットを歩き、その後もテレビドラマや舞台などでカレンダー・ガールズの物語は繰り返し語られ続けている。

ちなみに、婦人会のヌードカレンダーはその後も毎年更新され、２０１3年版をもって終了した。

2013年までカレンダーを更新

カレンダー発売10年目に集合したカレンダー・ガールズ。
左からトリシア、アンジェラ、ベリル、リンダ、クリスティン、ロス

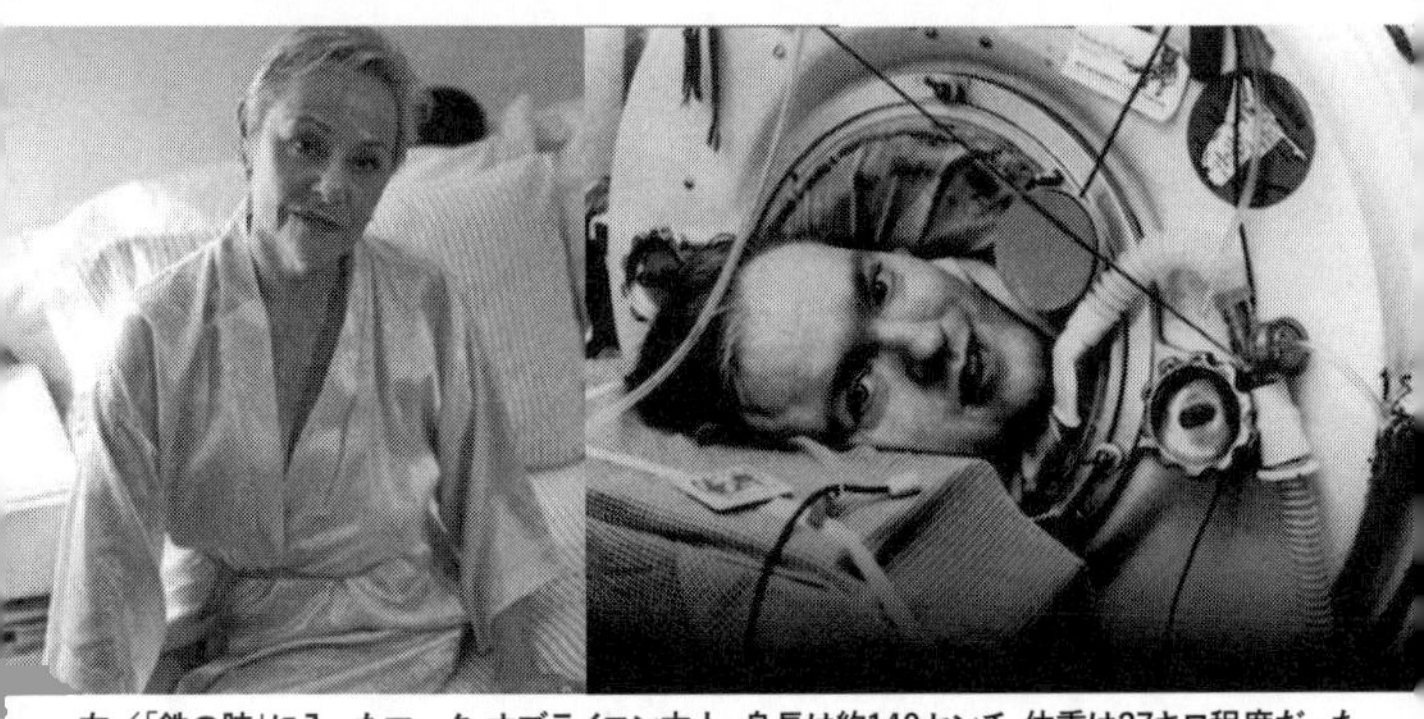

右／「鉄の肺」に入ったマーク・オブライエン本人。身長は約140センチ、体重は27キロ程度だった。
左／オブライエンの童貞を卒業させたセックス・サロゲートのシェリル・コーエン・グリーン本人

セッションズ

童貞卒業を願った重度障害者の男性と、セックス・サロゲートの女性の“セッション”

FILMS

2012年に公開されたアメリカ映画「セッションズ」は身体障害者の性を題材に、全身麻痺の男性が「セックス・サロゲート」（セックス代理人）の助けを借り、童貞を卒業するまでの過程をユーモラスなタッチで描いたヒューマンドラマだ。

主人公のモデルとなったのは、実際に障害を負ったジャーナリストにして詩人のマーク・オブライエン。映画は彼が1990年、雑誌に寄稿した体験記「セックス・サロゲートについて」がモチーフになっている。

オブライエンは、1949年、米マサ

チューセッツ州ボストンで生まれた。1955年、6歳のときに「ポリオ」（急性灰白髄炎。日本では小児麻痺とも呼ばれる）に罹患。一命は取り留めたものの、首から下の全身に麻痺が残ってしまう。同時に重度の呼吸器障害を併発、長時間の自発呼吸ができないため「鉄の肺」と呼ばれる負圧人工呼吸器の中での生活を余儀なくされる。

そんな状態でも、オブライエンは自力で動かすことができる唇にマウススティックをくわえてパソコンを操作。熱心に勉強を続け、名門カリフォルニア大学バークレー校に進学する。

驚くべきことに、彼は電動ストレッチャーを使い一人でキャンパスへも通った。日に約3～4時間なら「鉄の肺」から出て、携行用の人工呼吸器で過ごせたのだ。結果、オブライエンは大学院まで通って英文学の学士号とジャーナリズムの修士号を取得。卒業後はジャーナリストとして自宅で執筆活動をする傍ら好きな詩作をし、ヘルパーに日常生活を手助けしてもらいながら日々を過ごしていく。

映画は、38歳になったオブライエンのもとに新たなヘルパーがやってくるところから始まる。大学生のアマンダだ。優しく笑顔の絶えない彼女に恋心を抱くオブライエン。アマンダも紳士的でウィットに富んだ彼を好ましくは思ったが、その障害を受け止めきれず辞めてしまう。

セッションズ

2012／アメリカ　監督：ベン・リューイン
幼少期、ポリオにかかり首から下が麻痺してしまった男性が、女性と肉体的に繋がりたいという願いを叶えようと奮闘する日々を描く。監督自身もポリオ罹患経験者である。

2時間の
セッションで費用は300ドル

劇中の「セッション」シーンは事実をそのまま再現している。左がセックス・サロゲートのコーエン・グリーンを演じたヘレン・ハント。右がオブライエン役のジョン・ホークス

劇中では、アマンダとの出会いが、オブライエンが健常な男性と同様「愛する女性と肉体的にも繋がりたい」と願うきっかけになったように描かれているが、このエピソードはフィクションだ。オブライエンの残した著作に、女性ヘルパーに恋した記述は一切ない。

実際のきっかけになったのは、1983年、34歳のとき、ジャーナリストとして活躍していた彼に、障害者のセックスについての原稿依頼が舞い込んだことだ。それまで彼は、自分が性的感情を持つことに罪悪感を覚えていた。全身に麻痺があっても性器の勃起機能は正常な自分に対し、オブライエンは神から与えられた呪いではないかと考えていたという。

だが、原稿を執筆するにあたり、障害者たちを取材したところ、彼らの中にセックスを謳歌している者が多くいることを知る。オブライエンはここで初めて、自分も女性に抱かれてみたいと思うようになった。

1985年、オブライエンはセラピストの話から、女性と深い関係を持てるよう心身と

もに導いてくれるセックス・サロゲートの存在を知る。日本では馴染みが薄いが、障害者だけでなく性生活に不安や不満を持つ人なら誰でも「セックス・セッション」を行う、欧米では一般的な職業だ。

オブライエンはサロゲートに童貞を卒業させてもらおうと考える。が、すぐには行動に移せなかった。背骨も首も曲がった洗濯板のような胸の、青白くて薄い体を見られるのが恐ろしかったからだ。

決心がついたのはそれから2年後の1987年、38歳のとき。セラピストの紹介でサロゲートのシェリル・コーエン・グリーン（1944年生。当時43歳）と出会う。彼女は1972年にサンフランシスコの看護師のグループによって設立された、セックスに関する実践的なカウンセリングを行う「サンフランシスコ・セックス・インフォメーション」のメンバーで、1973年からサロゲートとして活動。私生活では夫と2人の子供を持つ主婦でもあった。

オブライエンとコーエン・グリーンの「セッション」のプロセスは、映画で描かれているとおりだ。初日の最初の1時間はオブライエンの状況や望みを聞き、次は2人で裸になって「身体意識運動」を行う。これは、コーエン・グリーンがオブライエンの体をあちこち触り、どこが感じるのかを探る作業だ。映画の中でコーエン・グリーンがオブライエンの髪をなでながら「柔らかくて気持ちいい」と言うシーンがあるが、彼は後に自分に魅力

オブライエンと晩年の5年間を共に過ごしたガールフレンドのスーザン・ファーンバッハ

的な部分が少なくとも一つあったことで大きな自信になったと記している。

結局、その日はおしゃべりをしながらコーエン・グリーンがペニスに軽く触れたときにオブライエンは射精してしまう。コーエン・グリーンがありのままの自分を不快に思わなかったことで、オブライエンは泣きそうになったそうだ。

2度目のセッションでは2回射精しながらも性交に至らず、3度目も不成功。そして4度目に無事、セックスを成し遂げる。このとき映画では、高さが2メートル以上もある姿見をコーエン・グリーンが担いでいるシーンがある。実際、彼女がベッドルームに持ち込んだのは1メートル足らずの鏡で、オブライエンが自分の体をひどく卑下しているのを聞き、現実を見せようとしたのだ。ポリオにかかって以来、己の裸体や性器を見たことがなかったオブライエンは、そこに映った自分の姿が想像とは違いごく普通なことに驚き、子供時代と違った男らしい性器にも自信が持てるようになったそうだ。

1990年、オブライエンはこの体験を雑誌『サン』に寄稿。誰かを愛して拒絶されることが恐いが、誰かに受け入れられ愛されることも恐れているると書き綴った。

映画の最後にナレーションで伝えられるように、1994年、オブライエンは停電の日に「鉄の肺」が動かなくなり入院。そのとき、病院でボランティア活動をしていたスーザンと出会い、恋仲となる。2人で過ごした詳細については不明だが、1999年7月にオブライエンが49歳で亡くなるまで、5年間を共に生きたそうだ。ただし、2人の間に性的関係があったかどうかは不明である。

一方、コーエン・グリーンは2012年の映画公開時、メディアの取材に答え、2時間のセッションは300ドルで、これまで900人以上と寝たと発言。売春と何が違うのかと物議を醸したが、翌2013年にはイギリスのドキュメンタリー番組で45歳童貞男性とのセッションを公開し、セックス・サロゲートが単にセックスを売っているわけではなく、性機能障害を克服するためのエクササイズであることを体を張って示した。

2013年、コーエン・グリーン(右)が69歳のとき、45歳童貞男性とのセッションの様子を映したドキュメンタリー番組のカット

映画「潜水服は蝶の夢を見る」より ©Pathe Renn Production, France 3 Cinema, CCRAV 2007

第7章 運命

フランスの名優マチュー・アマルリック(左)が
主人公ジャン・ドーを演じた。映画「潜水服は蝶の夢を見る」より

潜水服は蝶の夢を見る

元『ELLE』誌編集長が20万回の瞬きで綴った奇跡の手記

FILMS

2008年2月、フランスの栄誉ある映画賞、セザール賞の各部門にノミネートされた「潜水服は蝶の夢を見る」は、突然の病気で体の不自由を奪われたファッション誌の編集長が、唯一動く左目の瞼(まぶた)の瞬きだけで書き上げた同名の手記を映画化した作品である。映画は随所に幻想的な映像をちりばめ、実に詩的でアートな作品に仕上がっ

ているが、順風満帆な人生から絶望の淵に落とされた男の驚異的な行動力は、まさに奇跡と呼ぶにふさわしい。

物語の主人公は1952年生まれのフランス人、ジャン＝ドミニック・ボービー（通称ジャン・ドー）。新聞数紙の記者を経て、雑誌『ELLE』の編集長に就いた人物である。『ELLE』は現在、60以上の国で43の版が発行されている世界最大手のファッション誌で、その編集長ともなれば、パリ・コレクションにおいて『ヴォーグ』『マリ・クレール』の編集長と並び、彼らが会場に現れない限り、いくら時間が押していてもショーが始まらないほど影響力のある立場だ。

そのイメージどおり、ジャン・ドーは男の魅力に満ち溢れていた。流行のファッションを着こなし、スポーツカーに乗り、食と旅と文学とサッカーと音楽を愛し、気の利いたジョークを飛ばす。プライベートでも一男一女（劇中では一男二女）に恵まれ、順風満帆を絵に描いたような人生。しかし、それは彼が働き盛りの43歳のとき、あっけなく幕を閉じる。

1995年12月8日、ジャン・ドーは突如、脳

潜水服は蝶の夢を見る

2007／フランス・アメリカ　監督：ジュリアン・シュナーベル
順風満帆な人生から一転、体の自由を失った男が、唯一動く左目の瞼の瞬きだけで自伝を書き上げた奇跡の実話を映画化。元『ELLE』誌編集長、ジャン＝ドミニック・ボービーの手記が原作。

ファッション誌『ELLE』の編集長として業界の一線で活躍していた頃のジャン・ドー本人。私生活では、2人の子供を持つ良き父親でもあった

出血に襲われる。北フランスの病院に運ばれたときはすでに昏睡状態で、20日間生死の境をさまよった後、目を覚ます。しかし、その体は完全に機能を失っていた。手足を動かすことはもちろん、唾を飲むことも、自力呼吸も不可能。医学的には「ロックトイン・シンドローム」と呼ばれる、脳梗塞の中でも最も重度とされる非常に珍しい症状に侵されていた。

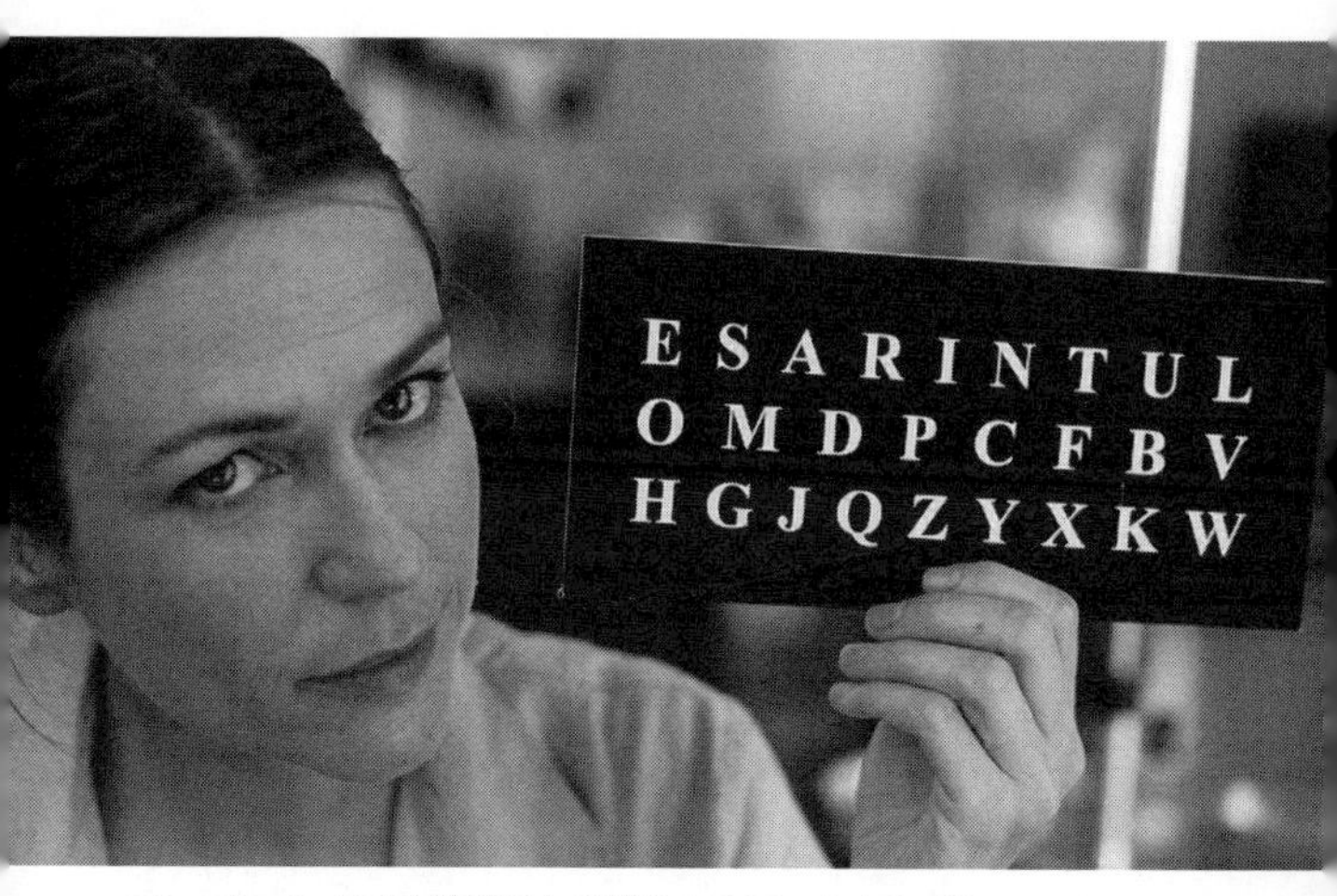

コミュニケーション用に言語療法士が考案したアルファベットの一覧。
「E」から使用頻度の高い順に並べられていた。映画「潜水服は蝶の夢を見る」より

絶望的な状態で、唯一、彼の自由が利く部位があった。左目の瞼である。容体を見守り続けていた友人たちの「僕らのことがわかったら瞬きをして」という言葉に、彼が左目の瞬きで応えたのだ。肉体に致命的なダメージを負いながらも、ジャン・ドーの意識と知力が完全に機能していることに周囲が気づいたのは、このときだった。

やがて、ジャン・ドーは瞬きによるコミュニケーションを身に付ける。1度の瞬きなら「イエス」、2度なら「ノー」。自分から何か発したいときは、使用頻度に応じて並べられたアルファベットを1

字ずつ読み上げてもらい、該当の文字に来たとき、左目で瞬きするというものだった。この原始的ながらもジャン・ドーにとっては画期的なコミュニケーション法を作り出したのが、映画でも重要な役割を担う女性言語療法士サンドリーヌだ（劇中の役名はアンリエット）。「ドアを閉めてほしい。枕を少し上げてほしい。彼女はアルファベットの一覧ボード（493ページの写真参照）を片手にジャン・ドーの瞬きを根気強く、かつ正確に読み取り、彼の要望に応えたという。

まもなく、ジャン・ドーは自身が置かれた状況を本にすることを思いつく。映画のとおり、それは決して悲壮な覚悟ではなく、生きるための極めて前向きな判断だった。その意に応え、出版社のロベール・ラフォン社がフリーの女性編集者であるクロード・マンディビルをジャン・ドーのもとへ派遣する。口述筆記による書き取り作業は、毎日午前11時半から3時間にわたって行われた。ジャン・ドーはクロードが病室を訪れる前に文章を全て完成させており、即興で作る文章は一つとしてなかったという。

計2ヶ月、20万回の瞬きを費やした聞き取り作業によって完成した本はジャン・ドーによって『潜水服と蝶々』（原題）と名付けられる。潜水服とは、閉じ込められた彼自身の身体的な不自由さの象徴。蝶々は、そんな状態の中で自由にできる想像や希望を意味していた。実際、プロローグと28の短いエッセイで構成されたその著作は、夢と愛と幻想とユーモアに溢れ、闘病記とはほど遠い内容である。

本が出版された2日後に死亡

ジャン・ドーが45歳でこの世を去ったのは、本がフランスで出版されたわずか2日後、1997年3月9日のこと。死後、彼の著作は世界28ヶ国で翻訳されるベストセラーとなった。

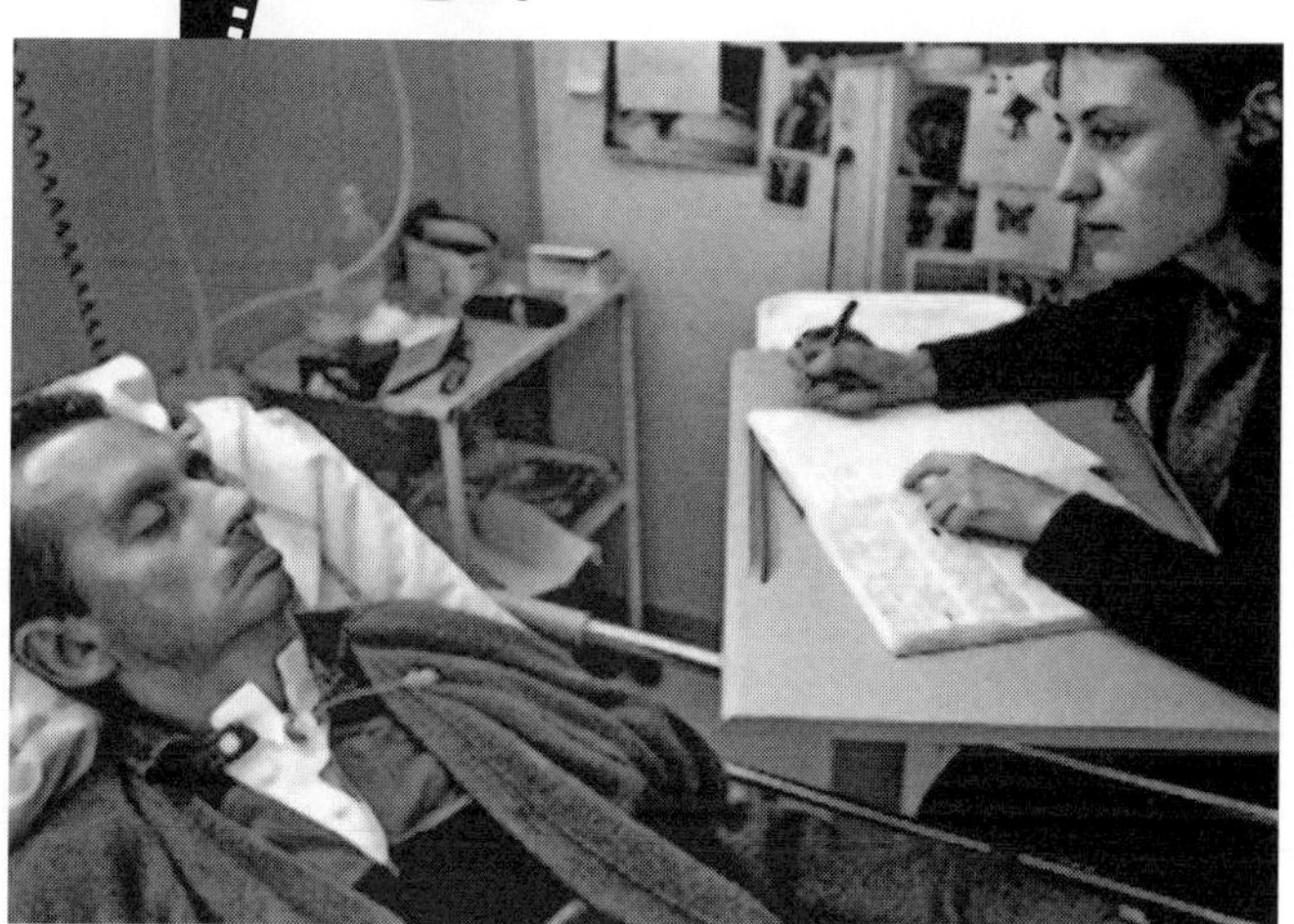

執筆作業はジャン・ドーが瞬きで伝え、女性編集者が書き取った（実際の写真）

ワールド・トレード・センター

九死に一生を得た元警官、ジョン・マクローリン（手前）と
部下のウィル・ヒメノ本人

9.11の生き埋め地獄から
奇跡的生還を果たした
2人の警察官

２００１年９月11日に発生したアメリカ同時多発テロ。３千人強と言われる犠牲者の８割は、２機の旅客機が激突したワールド・トレード・センター（世界貿易センタービル。以下ＷＴＣ）で命を落とした人々で、その中には60人もの警察官が含まれている。

映画「ワールド・トレード・センター」は、倒壊したビルの瓦礫（がれき）の中で20時間以上も地獄を味わった末、奇跡的な生還を果たした警察官２人の実話が基になっている。

多くの警察官たちがＷＴＣで命がけの救出活動を行う人間ドラマ。タイトルやポスター写真のイメージから、そう思った人も少なくないだろう。が、本作に派手なシーンは一切ない。主に描かれるのは瓦礫の中で救出を待つ警官２人の重苦しい姿である。あの日起きた出来事を数々の証言から忠実に描いた映画「ワールド・トレード・センター」は、ハリウッド俳優を起用した豪華な再現ドラマと言っても過言ではない。

物語の主人公は、ニューヨーク・ニュージャージー港湾公社に勤務する警官、ジョン・マクローリン巡査部長（演：ニコラス・ケイジ）と新人のウィル・ヒメノ（演：マイケル・ペーニャ）。彼らはニューヨーク市警の警官とは異なり、ニュー

ワールド・トレード・センター

2006／アメリカ　監督：オリバー・ストーン
「プラトーン」「JFK」などで知られるオリバー・ストーンが、9.11アメリカ同時多発テロで崩壊したWTCから救出された警察官2人の実話を映画化。

2001年9月11日午前9時3分、
2機目の旅客機が世界貿易センタービルの
ツインタワー南棟に突入する瞬間

ヨークの空港や主要ビル、海運ターミナルなどの警備が主な任務で、その対象にはWTCも含まれていた。

2001年9月11日午前8時40分過ぎ。通常どおりパトロールに出かけていた港湾警官たちは、WTC北棟への旅客機激突の一報を受け全員が招集される。マクローリン（当時48歳）を班長に救出活動のため現場に向かった（その途中で2機目が南棟に激突）のは10数名。このちヒメノ（同33歳）を含む4人の警官が班長と共に北棟へと入る。

ビルが崩壊したのはまさにその瞬間。マクローリンの咄嗟の判断でエレベータシャフトに逃げたものの、彼らはたちまち瓦礫の中に埋もれてしまう。すぐに2人が命を落とし、1時間後に1人が息絶える（映画ではピストル自殺しているが真偽は不明）。ここから瓦礫に囲まれた暗闇の中で、マクローリンとヒメノの2人は生き地獄を味わうことになる。

瓦礫が体を圧迫し身動き不可能、火は迫り、熱で拳銃が暴発。いつ死んでもおかしくない状態のなか、彼らは互いを励まし合う。どのように脱出するか、いかに外部と連絡を取るか、話題は互いの家族のことにも及んだが、そのうち話すネタも尽き、3時間が過ぎた後は、ひたすら祈りに時間を費やした。ちなみに、このときヒメノは瓦礫の山のてっぺんから下6メートル、マクローリンはさらにその下3メートルの位置で恐怖にさらされていた。

生存者を見つけるため現場を探索していた救助隊が2人を発見したのは、ビル

主人公の巡査部長を演じたニコラス・ケイジ。映画「ワールド・トレード・センター」より

倒壊から10時間が過ぎた9月11日午後8時過ぎのこと。体力を失いつつヒメノが必死で打ち鳴らしていた鉄パイプの音に、救助隊の1人である元海兵隊員が気づいたのだ。

そこからニューヨーク市警、消防隊総出の救出作戦が始まったが、二次被害も想定されるなか、2人の体力を温存させつつ瓦礫を除去するのは容易ではなく、4時間後にようやくヒメノを救出。マクローリンが病院へ搬送されたのは、翌12日朝7時だった。その後、ヒメノは13時間で手術を8回、マクローリンは6週間の昏睡状態を経て27回の手術が施される。が、負ったダメージは決して軽くなく、2人ともに職場復帰は叶わなかった。

約1年後の2002年6月、港湾公社はマディソン・スクエア・ガーデンに彼らを招き、功労のメダルを授与する。が、そのときマクローリンが松葉杖をついた痛々しい姿だったことは劇中で描かれるとおりである。

それから3年、映画化の話が舞い込んだとき、2人はアドバイザーとして制作に参加。事実に忠実に撮影するよう進言する。例えば、劇中でニコラス・ケイジがビル内で崩壊寸前に別の部署の警官と話すシーンがあるが、オリバー・ストーン監督はここで話す相手は消防署員の方がしっくりくるものと演出を変更しようと考えた。が、マクローリンは「あのとき出会ったのは警官だった」と譲らず、結局、監督の方が折れざるを得なかったという。

ちなみに、警官役で映画にカメオ出演も果たしたヒメノは、現役時と比べ激太りしている。恐怖体験で発症したPTSDから逃れるため、食に走ったのが原因らしい。

撮影現場にて。右からマクローリン本人、マクローリン役のニコラス・ケイジ、ヒメノ本人、ヒメノ役のマイケル・ペーニャ

救出された警官の1人 ウィル・ヒメノは PTSDの影響で激太り

ヒメノは警官役でカメオ出演を果たしている

裸足の1500マイル

豪政府による隔離政策の犠牲になったアボリジニの混血少女たち

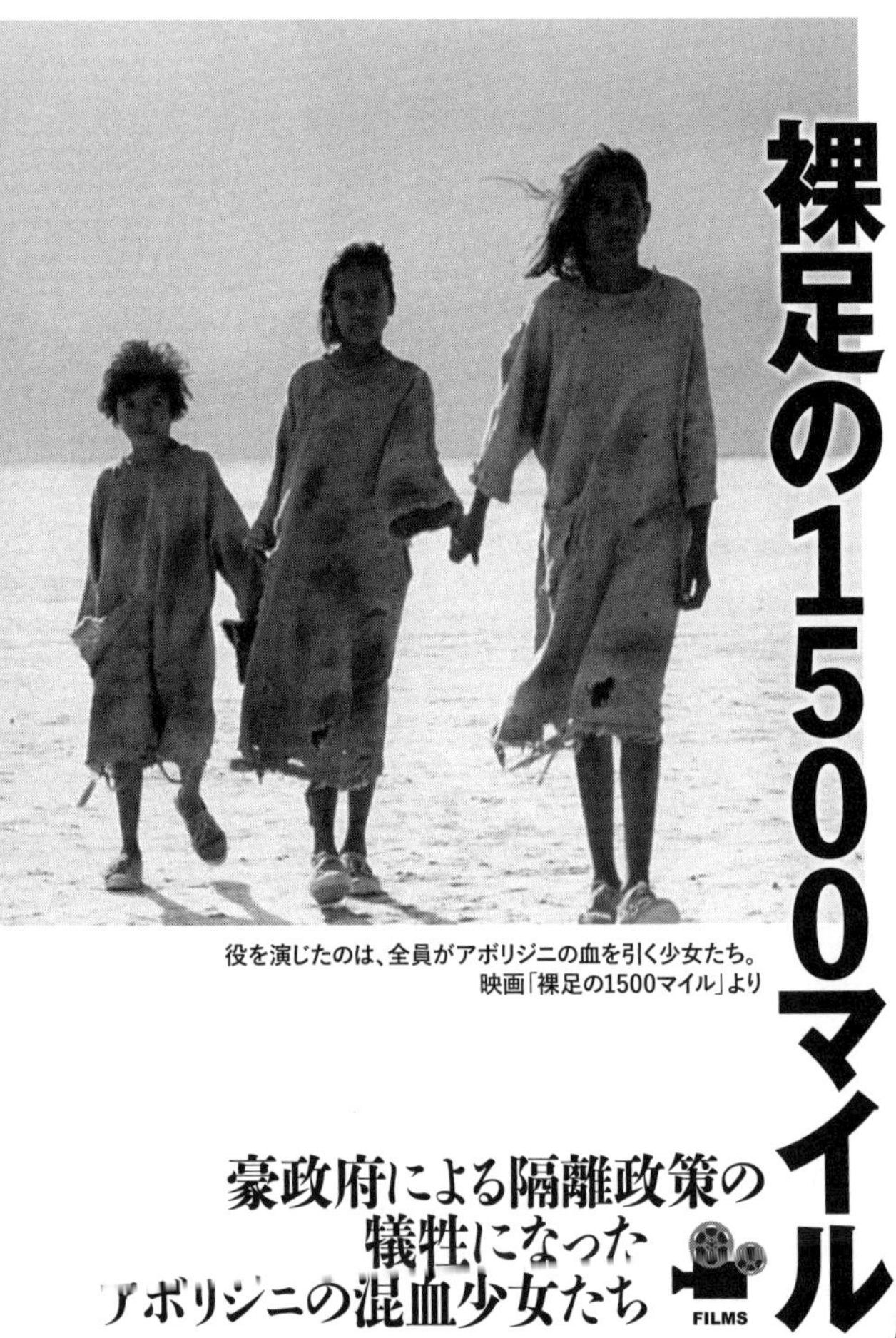

役を演じたのは、全員がアボリジニの血を引く少女たち。
映画「裸足の1500マイル」より

19世紀後半から20世紀前半のオーストラリアでは、白人男性と、先住民であるアボリジニの女性との間に産まれた混血児を家族のもとから引き離す隔離政策が行われていた。映画「裸足の1500マイル」は、この無慈悲な政策に巻き込まれた3人の少女たちの実話に基づく作品である。

舞台は1931年、西オーストラリア・ジガロング。大好きな母親と幸せに暮らしていた14歳の混血児モリーは、ある日突然、白人によって6歳下の妹デイジー、4歳下の従妹のグレイシーと共に連れ去られ、遠く離れた収容所に入れられてしまう。そこで待っていたのは、白人の使用人になるための教育だった。英語を話すことを強制され、食事の前には祈りを捧げる。用はバケツで済まさなければならなかった。

モリーはそんな過酷な暮らしを受け入れられず、妹ら2人を連れて母の待つ故郷へ帰ることを決意する。その距離、なんと1千500マイル（約2千400キロ）。当時は幹線道路も鉄道も整備されておらず、歩く以外に方法はない。湿原や砂漠が代わる代わる現れる過酷な環境下で、食糧の確

裸足の1500マイル

2002／オーストラリア　監督：フィリップ・ノイス
1931年、オーストラリアの先住民・アボリジニと白人の混血の少女3人が、政府の隔離政策のもと親から引き離された後、収容所を抜け出し、1500マイルもの道のりを歩き家族と再会した実話を基にした作品。

保もままならないなか、背後から迫る追っ手を振り切り進む彼女たち。映画はこの奇跡の旅路を忠実に再現している。

一方で、本作は白人による悪しき支配の歴史を声高に叫ぶ。オーストラリア政府による隔離政策は、そもそも混血児の「救済」として位置づけられていた。純血のアボリジニから混血児を「保護」し、白人社会に適応するように育て、その3世代先には外見上、白人と見分けがつかないようにさせる。それは子供自身のためだ、という独善的なものだった。

対象者の多くは少女たちで、一定の教育を受けた後に白人家庭の養女や、使用人になることが多く、時にはその家の主人の性の奴隷となることもあったという。が、そもそもが白人化した子孫を繁殖させることが目的の政策だったため、その行為が咎められることもほとんどなか

映画の原題「Rabbit-Proof Fence」(ウサギ除けフェンス)は、西オーストラリアを縦断する5000マイル(約8千キロ)もの柵。白人入植後に大量繁殖したウサギの侵入を防ぐために設置された。この柵を頼りにモリーたちは故郷を目指した

（右から）実際に1500マイルを歩いたモリー・ケリー本人、ドリス（モリーの娘で映画の原作者）、デイジー本人。モリーは2004年に死去

った。また、混血児たちは、アボリジニのコミュニティで浮いた存在になることもしばしばあった。映画では描かれないが、混血児の母親たちは白人男性の子を産んだふしだらな女だと後ろ指をさされ、モリーたちも、同世代のアボリジニたちからは肌の色をからかわれる辛い時期を経験している。

その一方、白人の考えるシステムの中に積極的に身を投じていくアボリジニも存在した。映画に登場する収容所に雇われた追跡人は架空の設定だが、実際に彼女たちの追っ

映画で重要な役割を担う隔離政策の法的責任者、アボリジニ保護局長のネヴィル。下が本人で、劇中では名優ケネス・ブラナー（上）が演じている。映画「裸足の1500マイル」より

政府が謝罪したのは映画公開の6年後

手となった警察官の中には、アボリジニも含まれていたという。彼らもまた、生き延びるために白人の手先となることを選ばざるを得なかったのだ。

9週間の彷徨の後、グレイシーと生き別れながらもデイジーと2人で母親のもとへ生還したモリー。映画はここで終わるが、エンドロールで触れられるとおり、彼女たちのその後の生涯も、政府の政策に翻弄され続けた。

帰郷した当初こそ砂漠の奥深くへ身を隠したものの、モリーは大きな牧場で家事手伝いとしての訓練を受けた後、牧童と結婚して家庭を持ち、デイジーもまた家政婦として牧場を転々とした後、牧場労働者と結婚。牧場で出産すると、我が子、すなわち混血児の存在は、いくら隠そうとしても牧場主によってアボリジニ保護局へ筒抜けとなった。

1940年、モリーは政府の召喚によって2人の娘と共に再び収容所に移送される。翌年、生後18ヶ月の下の娘を抱えて逃走。かつてのルートをたどって故郷へ戻ったものの、3年後、娘は再び南へ連れ去られ、モリーは二度と娘と会うことはなかった（ちなみに、映画の原作を書いたのはモリーの上の娘ドリスで、彼女は収容所で母と妹と生き別れになったが、長い年月を経て母と再会している）。

こうした人権無視の政策はその後四半世紀以上も続き、1970年にようやく廃止される。豪政府が公式に謝罪したのはこの映画が作られた6年後、2008年のことだ。

サウンド・オブ・ミュージック

実際のトラップ一家。中央で赤ん坊を抱いているのがマリアで、
その右が夫のトラップ大佐

映画とはまるで異なる
主人公マリアと
トラップ一家の激動の人生

主人公マリアに扮したジュリー・アンドリュースの奇跡的な名演技、「エーデルワイス」「ドレミのうた」などの劇中歌、アルプスの絶景――。映画「サウンド・オブ・ミュージック」は、ミュージカル映画の金字塔とも言うべき名作中の名作である。

本作が実話を基にしているのは有名だが、映画化にあたり、原作となった主人公マリア・トラップの自叙伝は大幅に脚色された。

マリアが、元オーストリア海軍将校トラップ大佐の家の住み込み家庭教師となるのは1926年、21歳のとき。それまで働いていた修道院からの紹介だった（劇中、マリアは修道女のままトラップ家にやってくるが、実際は体調を崩しての転職）。

大佐には死別した妻との間に子供が7人おり、マリアは長女に勉強を教えたり、他の子供ともハイキングやバレーボールなどで心を通わせる。特に彼女が大好きだった音楽が、トラップ家の子供たちも好きだったことで絆が深まった。やがて大佐と恋仲になり、1927年11月、25歳の年齢差を乗り越えて結婚。ちなみに映画では、大佐は厳格で気むずかしい人物に

サウンド・オブ・ミュージック

1965／アメリカ　監督：ロバート・ワイズ
ナチス・ドイツが台頭する第二次大戦勃発前のオーストリアを舞台に、後に家族合唱団となるトラップ一家にまつわる実話を映画化。アカデミー賞で作品賞はじめ5部門を獲得。

マリア役のジュリー・アンドリュースは、この作品で世界レベルのブレイクを果たした。
映画「サウンド・オブ・ミュージック」より

描かれているが、実際は愛情深く優しい性格だった。

映画は、マリアと子供たちとの交流、大佐との恋、ナチスが台頭するなか合唱団を結成し音楽コンクールに出る一家の姿などを描いていくが、史実とは大幅に異なる。

実際の一家は結婚7年目の1933年、大きな苦難に襲われる。ウォール街に始まった大恐慌の影響がオーストリアにも押し寄せ、資産を預けていた銀行が倒産、無一文になってしまう。すっかり意気消沈した人佐に対し、マリアは屋敷の空いてる部屋を神学生向けの下宿として貸し出し、さらにはそれまで一家の趣味でしかなかった歌を各地の催しで披露して現金収入を得ようと思いつく。下宿人の中に教会音楽に精通した神父がおり、子供たちの音楽指導は彼が行ったという。

こうしてオーストリア各地を巡り始めた一家の歌声は評判を呼び、1935年にザルツブルク音楽祭に参加して見事に優勝。以降、一家はヨーロッパ全域を巡り、「トラップ室内聖歌隊」としてコンサートツアーを行うようになる（映画ではマリアと7人の連れ子で合唱団を結成しているが、実際には後にマリアが産んだ3人の子供も加わっていた）。

ようやく安定した一家の暮らしは、1938年、ナチス・ドイツがオーストリアを併合したことで再び窮地に陥る。映画では、有能な軍人であった大佐がドイツ軍の召集を受けるものの、これを拒否。ここから一家の亡命劇が描かれる。

1927年のマリアと大佐の結婚式（実際の写真）

劇中でも描かれるように、大佐が召集令状を拒否したのは事実だが、亡命を決意したのはドイツ軍からヒトラーの誕生日に合唱団が歌を披露するよう命じられたのが直接の原因である。屋敷にナチスの旗を掲げることを拒み、召集も断ったとなれば、もはや国外脱出よりほかに手立てはなかったのだ。

亡命に関しても、映画のようにコンクールの途中で徒歩で逃げ出し、ぎりぎりのところでナチスの追跡をかわすといったドラマチックな脱出劇があったわけではない。ちょうど聖歌隊にアメリカ公演の依頼が入っていたこともあり、普通に列車を乗り継ぎ、イタリア→スイス→フランスと移動した後、イギリスから船で渡米したのが真相だ。

一家はその後、ビザが切れるとヨーロッパに帰ってはドイツの勢力圏外で公演していたが、ナチスのポーランド侵攻をみてアメリカに亡命。大手音楽事務所に所属、「トラップ・ファミリー合唱団」としてフォークソングを中心に全米各地でコンサートを行い大人気を博した。トラップ大佐は1947年に肺がんで死去。翌1948年に一家はようやくアメリカの市民権を取得し、1949年にマリアが家族の歴史を綴った自叙伝を発表する。

合唱団が活動を停止したのは1956年。同じ年、ドイツの映画会社がマリアの著作とそれに関する全ての権利を9千ドルで買い取る。その9年後に公開された映画を観て、マリアと子供たちは、あまりに現実とかけ離れた物語、特に夫であり父親であるトラップ大佐の人物造形に大きな落胆を覚えたという。

マリアはその後、数人の子供たちとバーモント州に「トラップ・ファミリー・ロッジ」を開き訪問者をもてなす傍ら精力的に講演活動を行い、1987年3月、82歳でこの世を去った。なお、ファミリー合唱団はいったん解散したものの2人の次男に引き継がれ、現在もその息子の子供たち、つまりマリアのひ孫の世代が世界中で公演を行っている。

晩年のマリア本人

映画を観たマリアは、実際とはあまりに異なる夫の描写に大きく落胆

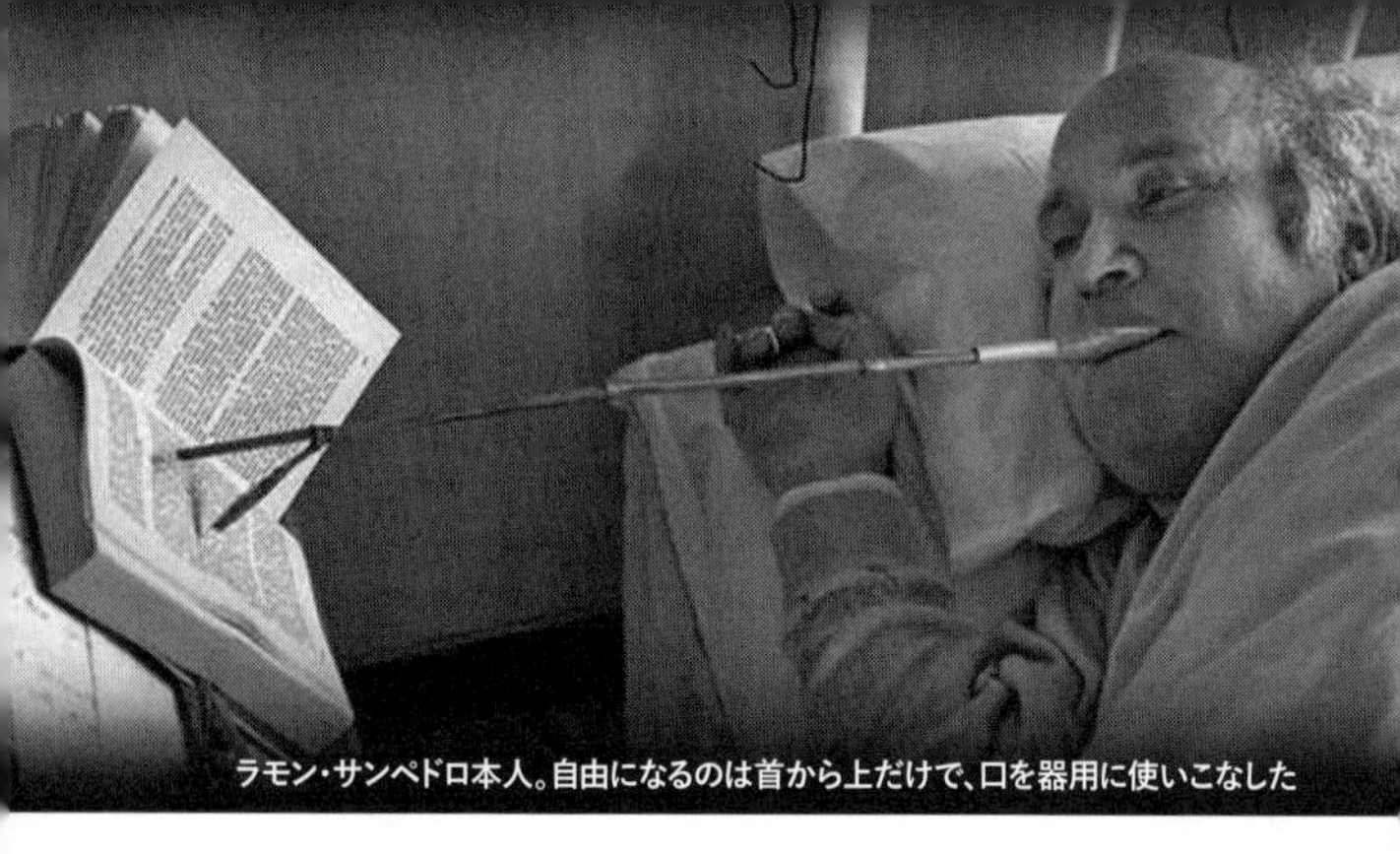
ラモン・サンペドロ本人。自由になるのは首から上だけで、口を器用に使いこなした

海を飛ぶ夢

全身不随と30年間闘ったラモン・サンペドロの偉大なる尊厳死

FILMS

尊厳死。末期がん患者など治癒の見込みのない人々が本人の意思に基づき延命措置をしないで死を迎えることだ。2021年6月現在、欧米の大半の国がこれを合法と定めているが（日本は違法）、他人の手を借りた薬物投与などによる自殺幇助を認めているのは、オランダ、ベルギー、ルクセンブルク、スイス、およびアメリカの一部の州のみである。

2004年公開の映画「海を飛ぶ夢」は不慮の事故で頸椎を損傷、以来30年間、全身不随と闘った末、人間としての尊厳を保つため、自殺幇助により命を絶った実在のスペイン人、ラモン・サンペドロの生き様を描いた人間ドラマだ。

本作の主人公ラモン（演：ハビエル・バルデム）は１９４３年、スペイン・ガリシア州の田舎町ポルト・ド・ソンに生まれた。22歳から船員として働き世界の49の港に出向くなど精力的な日々を送っていたが、１９６８年８月23日、25歳のとき、二日酔いの体で岩の上から誤って浅瀬の海に飛び込み首の骨を損傷、首より下が全く動かせない四肢麻痺の状態に陥ってしまう。

以来、両親、兄、兄嫁の助けを借りベッドで寝たきりの生活が始まる。寝返り、食事、排泄など全ての行為を人に委ねねばならない己に絶望し、ラモンは幾度も死を口にする。が、弟のため漁師を辞め自宅近くで農場を開いた兄をはじめ、家族はラモンに励ましの言葉をかけ、献身的に面倒をみ続けた。

しかし、寝たきり生活が生きるに値しないとのラモンの考えは年を経るごとに強固なものとなり、事故から25年後の１９９３年、尊厳死の支援団体を通じて、死の幇助を認めるよう国に訴えを起こす。

カトリック国家スペインでタブー視されていた尊厳死を求める提訴は国内初の出来事で、新聞、テレビはこれを大々的に報道。ラモンは一躍有名人となる。映画には、そんな彼を支援する人物として、自らも難病を抱えたフリアという女性弁護

海を飛ぶ夢

2004／スペイン・フランス・イタリア
監督：アレハンドロ・アメナーバル
25歳のとき事故で四肢麻痺に陥り、以来30年間寝たきりの生活を強いられた男ラモン・サンペドロの手記『地獄からの手紙』を映画化。2004年度のアカデミー賞で最優秀外国語映画賞に輝いた。

士が登場する。ラモンが口にペンをくわえて書いていた自伝の出版を勧め、既婚の身ながら彼と愛情を通わせ合う役どころだ。この女性は、ラモンに密着取材を行い、自叙伝出版の手伝いをしていた地元テレビ局の女性記者がモデルだが、プライバシーの問題で、本名もラモンとの具体的な関係も明らかになっていない。

劇中にはもう一人、ロサというシングルマザーが、ラモンを支える大きな存在として描かれている。彼女は、ポルト・ド・ソンの隣町の魚介類を缶詰にする工場で働いていた実在の女性ラモナ・マネイロがモデルで、映画のとおり離婚後2人の息子を育て、夜は地元ラジオ局でDJを務めていた。

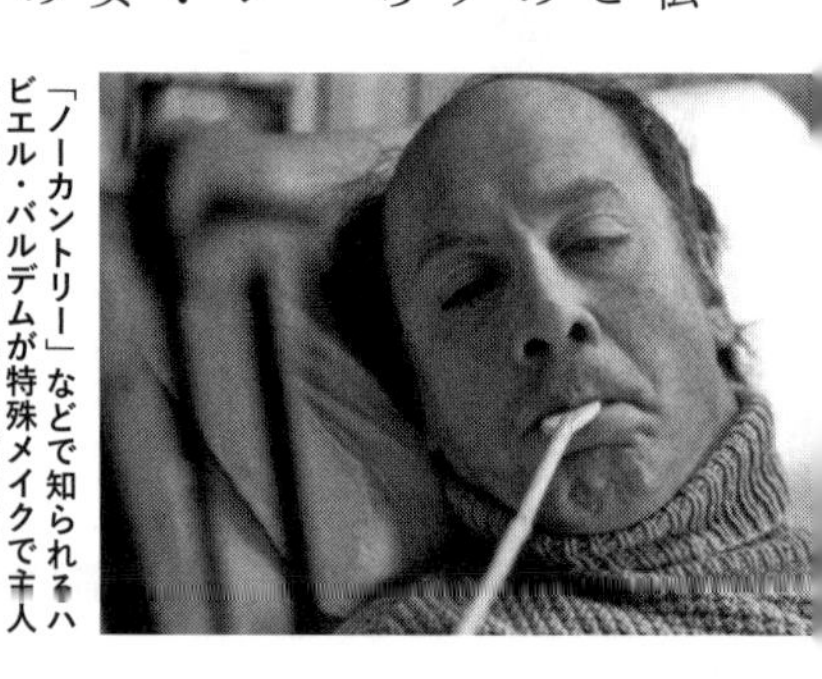
「ノーカントリー」などで知られるハビエル・バルデムが特殊メイクで主人公を演じた。映画「海を飛ぶ夢」より

重い闘病生活を強いられながらも、明るくユーモアをまじえ話すラモンをテレビで見て惹かれたラモナは、自身のラジオ番組のファンの紹介で1996年6月、ラモンに初めて対面する。このときラモナは35歳。会った瞬間に恋に落ち、以降、彼女は毎日のようにラモンのもとを訪れるようになる。

裁判所が提訴を退けた4年後の1997年9月、ラモンは控訴審でも敗れる。訴えは理解できるが、自殺幇助は犯罪とみなすというのが司法の判断だった。ちなみに、このときラモンは劇中のとおり、車椅子で法廷に出向き自ら証言することを求めたが、控訴事実は全て提出されたとして、裁判官がそれを認めることはなかった。

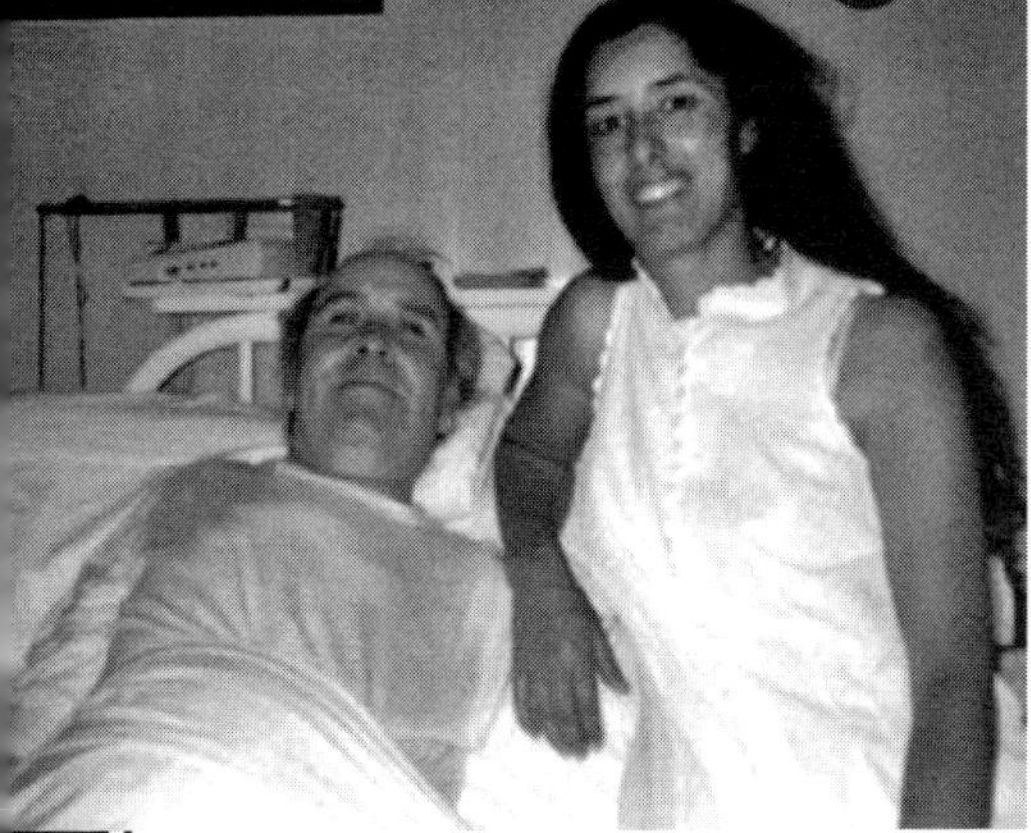

ラモンに好意を寄せ、彼の自殺を手助けしたラモナ・マネイロ（右）

判決を知り、ラモナは意志を固める。それまで愛する人に少しでも長く生きてほしいと願っていた思いが、重度の障害を抱え死にたくても死ねないラモンのような人間を助けることは決して間違っていないと確信に変わったのだ。

家族の反対を押し切り、ラモナはラモンを自宅から25キロ離れたボイロという町の、海が見える家に車で連れ出す。映画では、この後、すぐに自殺が実行されたかのように描かれているが、実際は死の2ヶ月前、1997年11月のこと。その後、ボイロの家には頻繁に家族が顔を出し、ラモンの55回目の誕生日（1998年1月5日）には杯を傾けて祝ったそうだ。

それから1週間後の1月12日19時過ぎ、ラモンが口を開いた。

「今夜、旅立とうと思う」

　劇中では描かれない、自殺の具体的経緯は以下のとおりだ。ラモンによって作成された「安楽死マニュアル」に沿って、ラモナはまず手袋をはめ、別の協力者から手に入れた致死量相当の青酸カリをグラスに溶かし、ラモンがストローで飲めるようベッドの脇に置く。この後、ベッドの前に8ミリビデオカメラを設置、自らは映らない場所に身を隠した。

　ラモンがカメラに向かって語りだす。

「裁判官、政治家、宗教家の先生方、あなた方にとって、尊厳とは何を意味するのでしょうか。あなた方がどんな意識を持たれようとも、私にとって、これが尊厳のある生き方だとは思えません。今日、私は最低でも尊厳を持って死のうと思います」

　長年の苦悩を話し終えたラモンは、グラスのストローに唇を添え、透明の液体を一気に吸った。数秒後、体に反応が起きる。

「はー、来たぞ。熱い！」

1997年9月、自殺幇助を含む尊厳死の合法化を求めた控訴審に車椅子で出廷したラモン

ラモンが叫んで絶命するまで約30分。その間、ラモナは悶絶する彼の姿を見るに見かね、トイレに駆け込み耳を塞いでいたという。

遺体となったラモンをベッドに残し、彼の友人を電話で呼ぶ。これも事前に指示されたとおりの行動だった。さらに、友人たちはラモンに「ラモナが処罰されることだけは避けなければならない」とも聞かされていた。

絶命するまで30分間悶絶

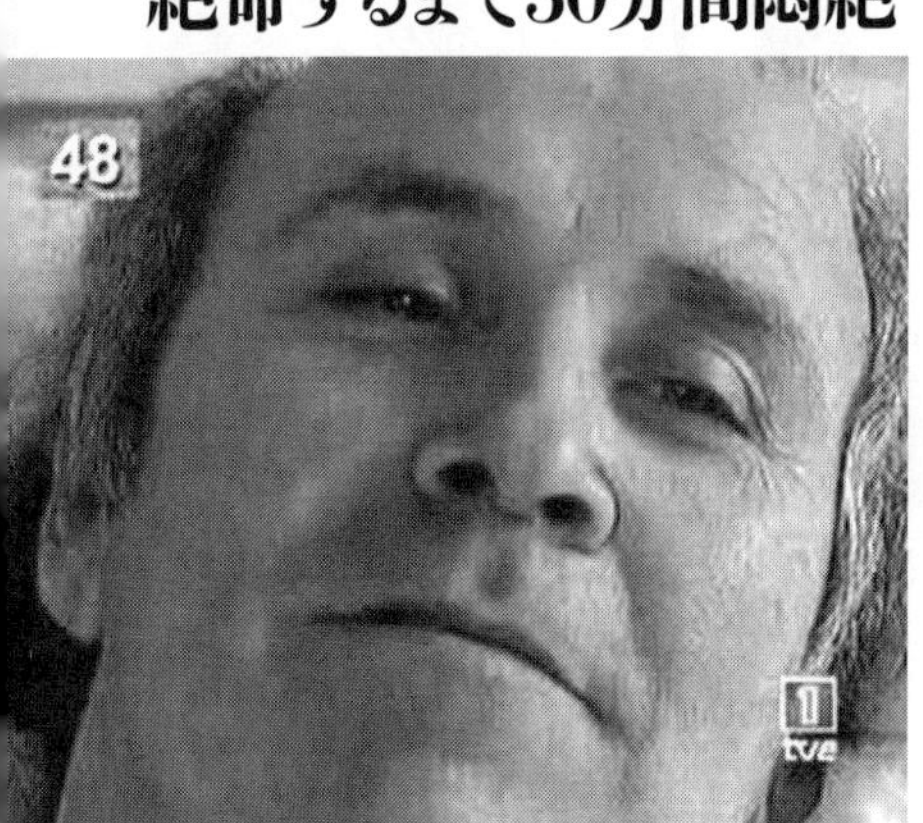

1998年1月12日夜、ビデオカメラに向かい最後のメッセージを。2ヶ月後、映像はスペイン国内で放映された（実際の映像）

友人たちからラモンの言葉を伝え聞いた弁護士は、逮捕されたラモナに取り調べや公判において、黙秘権の行使を指示。果たして、ガリシア地方裁判所は「証拠不十分」として、ラモナを釈放処分とする。

7年後の2005年、時効が成立し、ラモナは自身が自殺幇助およびビデオ撮影したことを正式に認めた。対し、ラモンの家族は現在も彼女を「人殺し」として、一切の交流を絶っているそうだ。

左が物語の主人公の1人、エイブラハムス。映画「炎のランナー」より

炎のランナー

1924年パリ五輪の英国人金メダリスト、エイブラハムスとリデルの劇中では描かれないその後

海辺を走るランナーのバックにかかる流麗なメロディ。2012年ロンドン五輪の開催式&表彰式であの有名なオープニング曲が使われ、久々に脚光を浴びた1981年公開の映画「炎のランナー」。本作は、1924年パリ五輪の陸上競技で金メダルを獲得した2人のイギリス人ランナー、ハロルド・エイブラハムスとエリック・リデルの実話を題材とした人間ド

ラマだが、2人がその後歩んだ人生は大きく異なる。

主人公の1人、エイブラハムスは1899年、ロシア・ポーランド系ユダヤ人移民の子供として貧しい家庭に生まれた。ユダヤの血を引いていることから潜在的な差別と偏見を受けていたが、若い頃より短距離走と幅跳びに非凡な才能を見せ、学業優秀で名門ケンブリッジ大学進学後もアスリートとして活躍していた。

劇中では描かれないが、彼が初めてオリンピックに参加したのは1920年、ベルギーのアントワープ五輪である。この大会で100メートル、200メートルともに準々決勝敗退。走り幅跳びは20位と惨敗し、4年後のパリ五輪でもメダルを期待できる選手とは思われていなかった。

しかし、映画のとおり非英国系のプロコーチから本格的な指導を受けた結果、100メートルで並み居る強豪を押しのけ見事に金メダルを獲得。200メートルは6位に終わったものの、第1走者として出場した4×100メートルリレーで銀メダルを手にした。

もう1人の主役、リデルはスコットランド人の宣教師の息子として1902年、中国の天津で誕

炎のランナー

1981／イギリス　監督：ヒュー・ハドソン
1924年開催のパリ五輪で周囲の予想を覆し、陸上競技金メダルに輝いた2人のイギリス人青年の実話を映画化。第54回アカデミー賞で最優秀作品賞、脚本賞、作曲賞など4部門で栄冠に輝いた。

生。６歳で母国に戻り、エジンバラ大学進学後に陸上選手としての才能を開花させる。

パリ五輪ではエイブラハムスと同様、１００メートルに出場する予定だったが、その予選日が日曜（キリスト教の「安息日」）だったことから、敬虔なクリスチャンである彼は出場を断固拒否。代わって出た４００メートル走で優勝大本命のホレーショ・フィッチ（アメリカ）ら強豪を下し、47・6秒の世界新記録で金メダルを獲得。さらに２００メートルでも銅に輝いた。

映画ではこの交代劇を巡り脚色が施されている。劇中、リデルはパリに到着後、１００メートルの出場を拒否。本来４００メートルに出場する予定だった選手が「自分はすでに１１０メートルハードルで銀メダルを獲得しているので、その枠を彼に譲る」と申し出たことで、急遽リデルの出場が決まる。が、１００メートルの予選日は五輪開催の数ヶ月前からわかっており、実際のリデルは短期間ながら４００メートルのトレーニングに励んでい

日本でもお馴染みの劇中曲「タイトルズ」が流れる海辺のシーン。映画「炎のランナー」より

ハロルド・エイブラハムス本人（左）と演じたベン・クロス

エリック・リデル本人（左）は43歳でこの世を去ったが、役を演じたイアン・チャールソンも1990年、エイズのため40歳で死亡している

映画「炎のランナー」より

た。さらには、パリ五輪の110メートルハードルでイギリス人選手がメダルを獲得した事実もない。映画のように紳士的な申し出をしたのは架空の人物である（1928年アムステルダム五輪の400メートルハードルで金メダルに輝いたデヴィッド・バーリーがモデルという説もある。バーリーはパリ五輪で110メートルハードルに出場、予選で敗退）。

パリ五輪で世紀の番狂わせをやってのけたエイブラハムスとリデルは本大会を最後に選手生活を終了。その後の2人の人生について、映画では詳しく触れられていない。

エイブラハムスはパリ五輪の翌年のケガで現役を引退後、40年にわたってスポーツジャーナリスト、BBCラジオのスポーツ解説者として活躍したほか、ユダヤ人運動協会の会長、アマチュア運動協会の会長に就任。その功績から大英帝国勲章を授与されている。

私生活では1936年、オペラ歌手のシビル・エバーズと結婚したものの子供に恵まれなかったため、1942年に生後8週の男の赤ん坊アラン、1946年に3歳の幼女スーを養子に迎えている。死亡したのは1978年1月。1963年にこの世を去った妻シビルと同じ墓に埋葬された（享年78）。

一方、リデルはパリ五輪の翌年に大学を卒業すると、父親と同じ宣教師として中国に渡る。1931年、満州事変が勃発。中国は外国人にとって極めて危険な場所となったが、彼はそのまま中国にとどまる。第二次世界大戦が始まり1941年、イギリス本国から待避勧告が出た後は、妻と3人の娘を出国させ、本人は中国に残留した。

1943年、日本軍に抑留され収容所へ。このとき、イギリスと日本の間で捕虜交換の話が出て、イギリス側はパリ五輪の英雄を救い出そうと画策するも、リデルは自分の代わりに妊娠中の女性を帰国させるよう申し出たという。

彼が脳腫瘍により43歳の若さで世を去ったのは、終戦半年前の1945年2月。仲間の宣教師によれば、最期の言葉は「完全に降伏した」だったという。

リデルは第二次世界大戦中日本軍の収容所に抑留され43歳で病死

1934年、中国・天津で結婚式を挙げたリデル（右）と、6歳年下のカナダ人宣教師フローレンス・マッケンジー。フローレンスは1984年に死去。夫と同じ墓に眠っている

医師マルコム・セイヤー役のロビン・ウィリアムズ(左)と患者レナードを演じたロバート・デ・ニーロ。映画「レナードの朝」より

レナードの朝

FILMS

嗜眠性脳炎の治療法を開発した医師オリバー・サックスと、長い眠りから覚めた患者たち

1990年に公開された「レナードの朝」は、全身が硬直する難病の治療法を発見した医師と、数十年ぶりに人生を取り戻した患者の姿を描いた医療ドラマの傑作である。

映画は、劇中でロビン・ウィリアムズ扮するマルコム・セイヤー医師のモデルとなった実在の神経科医オリバー・サックスが自身の体験を綴った著作『目覚め』(1973年刊)に基づいている。

オリバー・サックスは1933年、英ロンドンのユダヤ人家庭に生まれた。父親は内科医、母親はイギリスで初の女性外科医の1人で、親戚には著名な科学者や医師、政治家、ノーベル賞受賞の数学者などがいる。

そんな環境下、思春期の頃から学者を志したサックスは、名門オックスフォード大学に進学し、生理学と生物学、さらに医学と外科で学位を取得。1965年からは米ニューヨークに居を構え、1966年よりニューヨーク市ブロンクスにあるベス・アブラハム病院の顧問神経科医に就任する。映画のモチーフになったのは、この病院での体験だ。

ベス・アブラハム病院は、別名〝不治の家〟と呼ばれる慢性的神経疾患患者のための収容施設で、特に「嗜眠性脳炎」の患者が大勢、何十年にもわたって入院していた。嗜眠性脳炎とは、第一次世界大戦中の1916年から1927年にかけて大流行した脳炎で、世界中で約500万人が罹患。そのうち3分の1が死亡し、一命を取り留めた人たちも半分昏睡したまま硬直して動かない「嗜眠」状態に陥った。

アメリカでは1935年までに流行は終わったが、何千人もの半昏睡の患者が残され、サックスが赴任したベス・アブラハム病院には多くの嗜眠性脳炎の患者が収容されていた。彼らは半分意識はあるものの、しゃべらず、動かず、食べず、感

レナードの朝

1990／アメリカ　監督：ペニー・マーシャル
30年にわたる昏睡から目覚めた患者レナードと、彼を救おうとする医師セイヤーの闘いを、神経科医オリバー・サックスの実体験による著作を基に描く。

右／11歳で発病、30年間嗜眠状態だった実際のレナード・ロウ
左／1966年、ベス・アブラハム病院に赴任した当時のオリバー・サックス（当時33歳）

情や欲望は皆無。完全に受動的で、サックスは彼らを「幽霊のように実体がなく、ゾンビのよう」と表現している。

しかし患者たちを診たサックスは気づく。例えばボールを放るととっさに手を出したり、音楽に思わず反応するなどの反射神経が残っていたのだ。そこで、ボールや音楽を使った訓練を施したところ、今まで何十年も〝凍結〟していた患者の中に、目を開けたり手の指を動かせるようになった者が現れた。

そしてサックスは、さらなる治療法を思いつく。嗜眠性脳炎と症状が似ているパーキンソン病の新薬「Lードパ」を、最も症状の重い患者レナード・ロウに試してみようというのだ。映画でロバート・デ・ニーロが演じたレナードのモデルになった人物だ。

レナードは11歳で発病。30年前から入院し、寝たきりのままだった。が、奇跡は起きる。上司とレナードの母親の許可を得て新薬を投与した結果、ある夜、レナードが自力でベッドから起き上がり、サックスと言葉を交わしたのである。

映画では、その後、セイヤーがレナードを自宅に招待するなど、医者と患者を超えた友情を育み、さらにレナードが女性に恋心を抱いたかのようなシーンや、薬を投与された他の患者たちも皆が起き上がり、手に手を取って喜び合う姿が描かれている。

これらのストーリーはフィクションが交じっているが、「Lードパ」がレナードをはじ

嗜眠状態の患者たち。体が常に震え、自分で立つこともできない

ボールを放るとキャッチし投げ返す、反射運動が健在な患者もいた

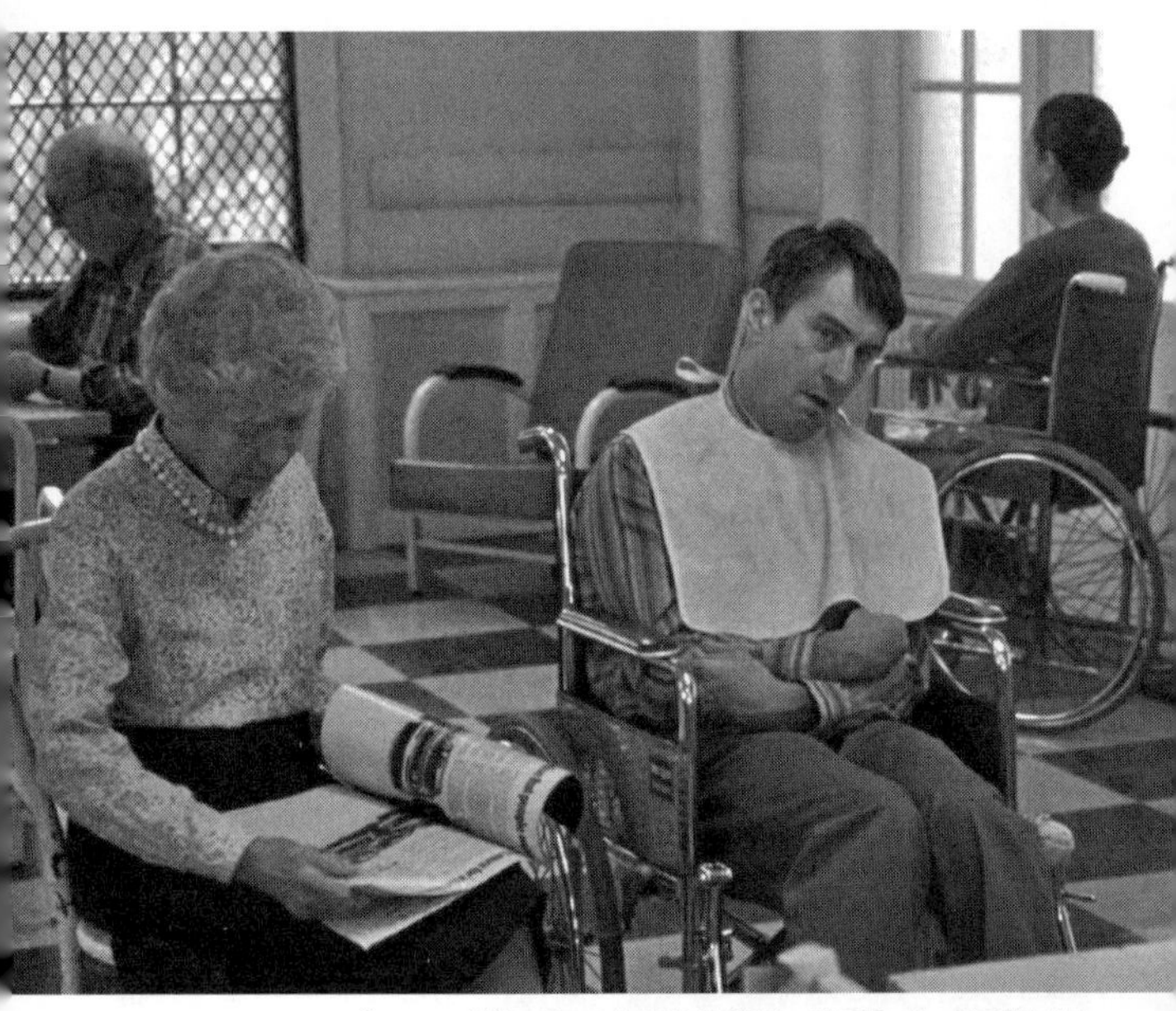

デ・ニーロ（右）のリアルな演技が話題に。映画「レナードの朝」より

めとした患者たちにも驚くべき効果があったのは紛れもない事実。さらに、劇中で描かれるとおり、薬を使うにつれて患者たちの体内に耐性が生じ、徐々に効果が出なくなっていったのも実際の話で、中には「Lードパ」の大量投与による悪性症候群らしき暴力性を発現した者もいた。肝心のレナードは再び昏睡状態に戻り、投薬によって何度か「目覚め」たものの、結局亡くなっている。

サックスは、その後も大学で教鞭を執りながら、ニューヨークの病院にも勤務。非営利の音楽神経機能研究所の基盤を固めるなど積極的に働いた。一方、映画の原作となった『目覚め』を皮切りに、病気をテーマにした著作を多数出版。多くの大学から名誉博士号を授与されたほか、２００８年にはイギリスで医学への業績が認められ「大英帝国勲章」を受章した。

マンハッタンの自宅で肝臓がんにより死亡したのは２０１５年８月。享年82だった。

薬の耐性が生じ再び昏睡状態に

嗜眠から「目覚め」た実際のレナード

ロン・ウッドルーフ本人

ダラス・バイヤーズクラブ

エイズ治療薬を密輸して自分と仲間を助けた男の実像

エイズが死の病と見なされていた１９８０年代のアメリカで、無認可だったＨＩＶ代替治療薬を自らの体で試しながら密輸販売。本当に効く治療薬を患者が手にできるよう奔走したエイズ患者がいた。２０１３年公開の映画「ダラス・バイヤーズクラブ」でマシュー・マコノヒーが演じたロン・ウッドルーフだ。

ロン・ウッドルーフは、１９５０年、アメリカ南部のテキサス州ダラスで生まれた。映画は１９８５年、30代半ばのロンが病院でエイズと診断を受け、余命30日と言い渡されるところから始まる。彼は電気技師として働く傍ら、夜になると劇場でロデオ・マシンに跨がるカウボーイとして活躍する、女性に手が早く口うるさい麻薬常習者として描かれている。

実際のロンも自営の電気技師で、麻薬中毒だった。女性好きだったのも確かで、映画には家族の話は一切出てこないが、19歳で最初に結婚したのを皮切りに、３度結婚を繰り返し、エイズと診断されてほどなく3人目の奥さんと離婚。娘が１人いる。ただし、カウボーイというのは創作で、ロデオは好きだったものの乗る側ではなかったようだ。

ダラス・バイヤーズクラブ

2013／アメリカ　監督：ジャン＝マルク・ヴァレ
マシュー・マコノヒーが、エイズ患者を演じるため21キロにおよぶ減量を達成して役作りに挑み、第86回アカデミー賞で主演男優賞を受賞した実録ドラマ。ロンの相棒となるエイズ患者レーヨンを演じたジャレッド・レトもアカデミー助演男優賞を受賞している。

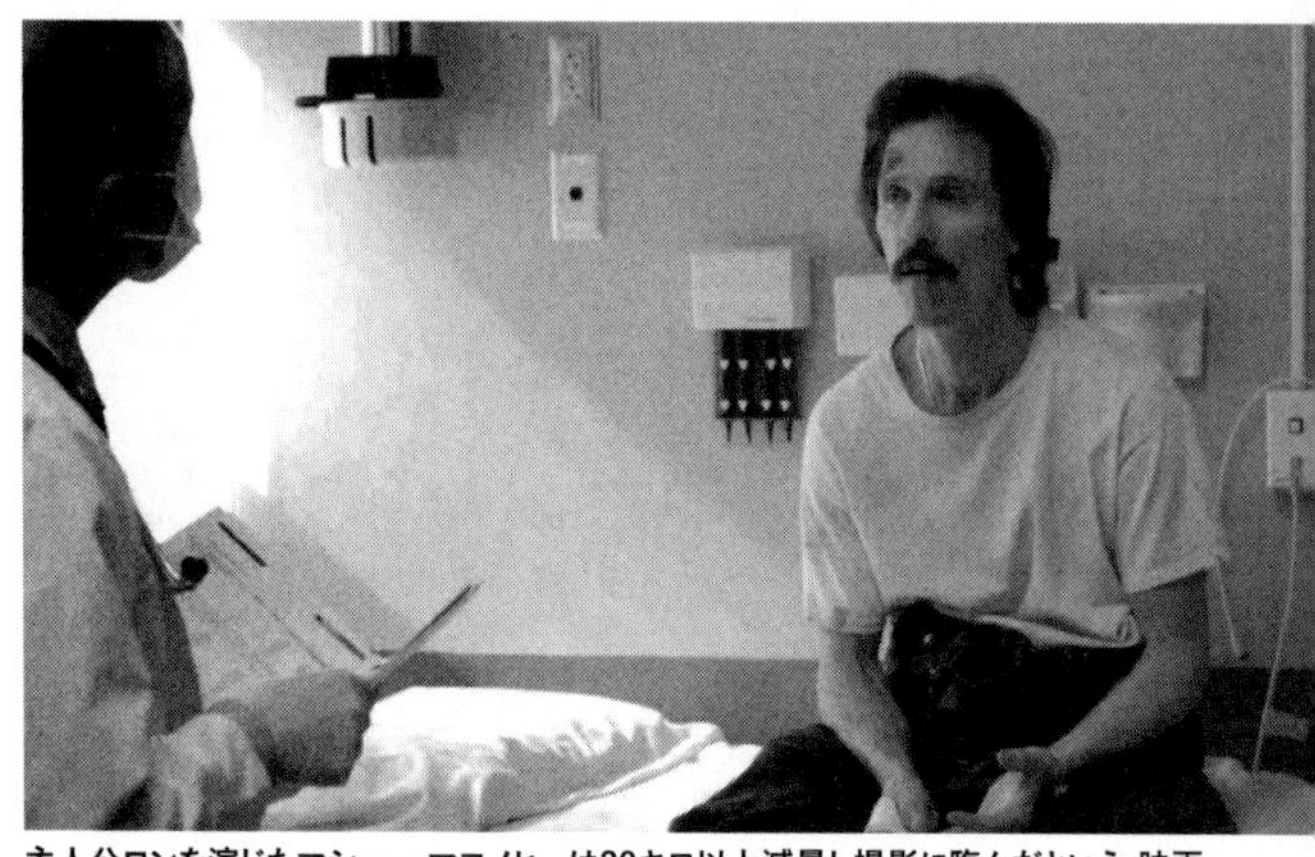

主人公ロンを演じたマシュー・マコノヒーは20キロ以上減量し撮影に臨んだという。映画「ダラス・バイヤーズクラブ」より　

事実との最も大きな違いは、ロンを同性愛者嫌いの異性愛者（ストレート）として描いている点だ。実際のロンは、女性はもちろん男性とも枕を交わすバイセクシャルだった。本作の脚本家は、ロンに直接取材をしたにもかかわらず、なぜ彼を同性愛者を嫌悪するような人物としたのか。実はロンは脚本家とのインタビューにガールフレンド同伴で出向き、自分のセクシャリティを明言せずに、ひたすら同性愛者のことを否定したのだという。早い話が脚本家が誤解したのだが、恐らくロンは親しいとは言えない脚本家を前に意図的に自分を装い、同性愛を嫌悪する普通の南部人のように見られたいと思ったようだ。

　映画の舞台になっている１９８０年代はエイズへの偏見も根深く、劇中で描かれているとおり「ゲイ特有の病気」との認識が一般的だった。アメリカでも1987年までは治療薬がなく、「死に至る病」と言われていたのである。体調が悪いのは麻薬のせいと思い込んでいたロンも、自分がエイズと診断されて初めて医学論文を検索するなどして研究、実態を認識した。

1985年当時は、抗がん剤として用いられていたAZT（ジドブジン）に抗HIV作用があることが判明し、FDA（米国食品医薬品局）が治験を行っている最中だった。ロンはなんとか薬を手に入れようとするも思うようにいかず、国境を越えメキシコへ。そこで、AZTより優れた抗HIV薬があることを知る。実際、AZTは世界初のエイズ治療薬として注目を集めたものの、誰にでも効くわけではない、最初は効いた人でもすぐに耐

劇中に登場するレーヨン（左）と主治医のイブは、取材した複数のエイズ患者や医者たちをミックスした架空の人物。映画「ダラス・バイヤーズクラブ」より

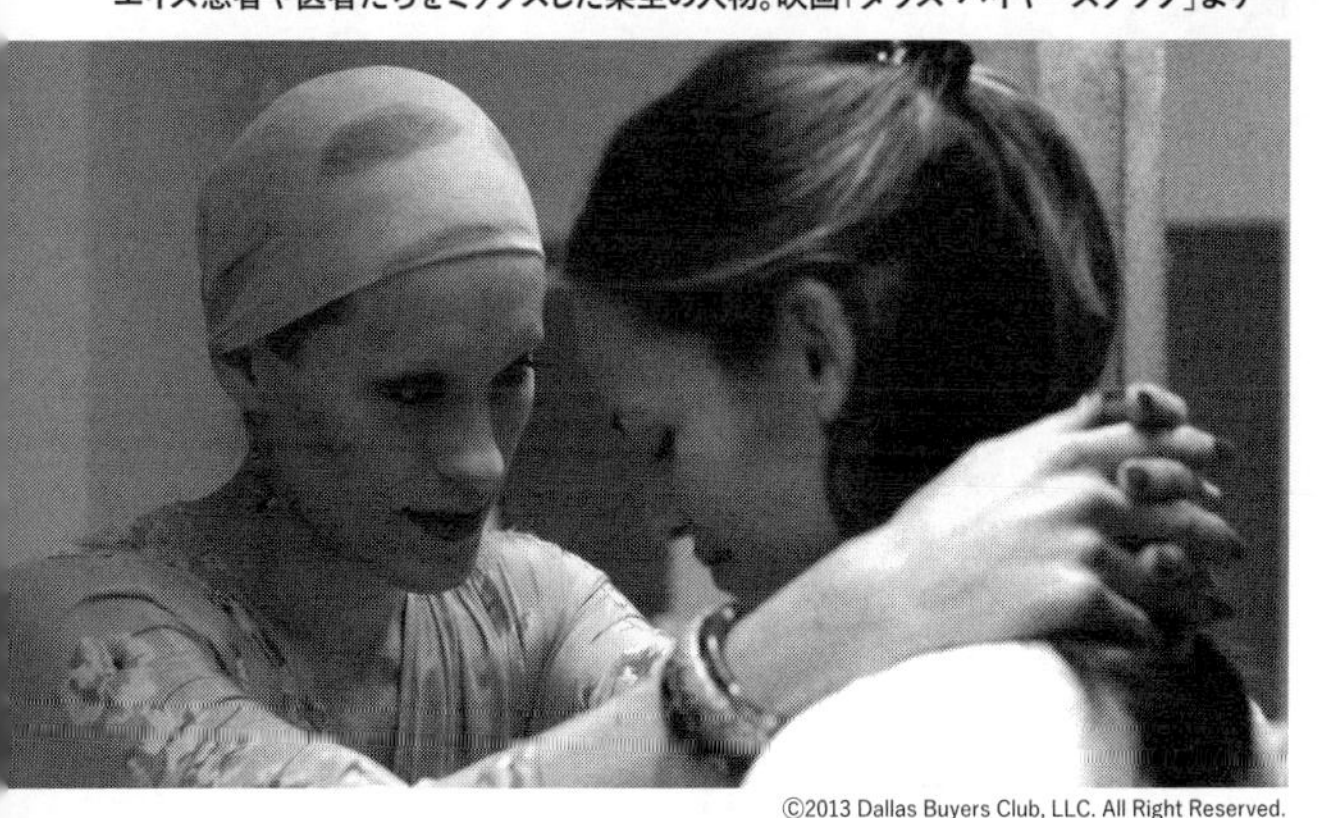

性ができて効かなくなってしまう、副作用が大きいなど問題だらけであることが判明していた。

こうした情報を得たロンは、何より自分が生き延びるため、薬を買う金を儲けるため、そして病院などで知り合った仲間を助けるため、世界中を巡ってはＦＤＡで認可されていない様々な薬を大量に購入してアメリカに密輸。法律の抜け穴をかいくぐるため、１９８8年3月に「ダラス・バイヤーズクラブ」と名付けた会員制のグループを組織。会費を払った患者に薬を支給するシステムを作り上げた。

もちろん当時も今も、エイズを一発で治してしまう万能薬など世界中どこを探しても見つからない。が、ロンは様々な薬品を独自に研究。飲み合わせを自分の体で実験して少しでも効く薬を会員たちに提供していた。そのため牧師や医者になりすまし、少なくともメキシコからの密輸は３００回以上成功し、中国や日本にも出かけたと言われるものの、実際にどの国からどんな薬品を買い付けたのか、詳細はわかっていない。

ただし、当時、アメリカ各地にはダラスと同様のバイヤーズクラブが多数存在していたのも事実だ。法律に縛られエイズ患者がみすみす死んでいく状況を憂い、応援する弁護士や裁判官、医師、航空従事者、国境にいる人々などが大勢おり、時間の経過とともに、バイヤーズクラブのメリットが認められるようになってきた。こうして、アメリカでは海外の抗ＨＩＶ薬の輸入販売が促進され、患者が薬剤を使う権利が注目されるようになったのである。

医者の余命宣告から8年目の1992年9月、ロンはエイズから発症した肺炎によって亡くなる。享年42だった。

ちなみに、映画の中で最もロンに影響を与える2人、主治医でロンに心惹かれる女性イブと、バイヤーズクラブを一緒に運営するエイズ患者レーヨンは実在しない。3人目の妻と離婚後、実際のロンが人生を共にしたのは、長年の親友で恋人でもあった男性だった。

劇中とは異なり ロン本人はバイセクシャルだった

映画制作にあたりロン本人にインタビューを敢行した際の1枚

それでも夜は明ける

12年間、奴隷生活を強いられた「自由黒人」ソロモン・ノーサップの苦闘

主人公ソロモン・ノーサップを演じたキウェテル・イジョフォー（中央右）。映画「それでも夜は明ける」より

本書でも複数の記事で取り上げたように、アメリカには人種差別を題材とした映画は数多くあるが、その源である奴隷制度を正面から扱った作品はほとんどない。2013年度のアカデミー賞で最優秀作品賞に輝いた「それでも夜は明ける」は19世紀半ば、奴隷として売られ12年後に解放された黒人男性ソロモン・ノーサップの過酷な体験を、本人の回想録に基づき映像化した歴史ドラマである。

アメリカでは、イギリスによる植民地開発時代の17世紀半ばより、アフリカから連れてきた黒人を奴隷とすることが合法化されていた。裕福な白人家庭が「所有物」と

FILMS

して彼らを買い滅私奉公を強いたばかりか、奴隷法は黒人に対する暴力も認めていた。

本作の主人公ソロモン（1808年生）の父親も若い頃、奴隷として働いていたが、主人の死により解放されニューヨーク州へ移住。当然ながら息子ソロモンは一度も奴隷経験がなく、読み書きもできる普通のアメリカ人として育った（このように、主にアメリカ北部に居住していた奴隷ではない黒人は「自由黒人」と呼ばれた）。

ソロモンは成人して、地元の舞踏会に引っ張りだこのヴァイオリニストとして活躍。1828年、黒人女性アン・ハンプトンと結婚し3人の子供（劇中では2人）を授かり、何不自由のない暮らしを送っていた。

人生が一変するのは1841年、ソロモンが32歳のとき。サーカス会社のスタッフを名乗る男2人組からヴァイオリン奏者として公演に参加しないかとの誘いを受けワシントンD.C.に向かったところ、食事中に睡眠薬の入ったワインを飲まされ、小屋に監禁される。目覚めたとき手首は鎖で繋がれており、やがて現れた見知らぬ男性から「おまえはジョージア州出身の逃亡奴隷だ」と告げられる。男の正体は奴隷商人だった。

それでも夜は明ける

2013／アメリカ・イギリス　監督：スティーヴ・マックイーン
1841年にワシントンD.C.で誘拐され奴隷として売られた自由黒人ソロモン・ノーサップの12年間に及ぶ過酷な体験を、ソロモン本人が著した回想録『12 years a slave』を基に描く。2013年度のアカデミー賞で作品賞、助演女優賞（ルピタ・ニョンゴ）、脚色賞の3部門で最優秀賞に輝いた。

回想録に収められている、ソロモンを描いた版画

ソロモンは自分が「自由黒人」であることを主張するが、男は聞く耳を持たずソロモンを奴隷市場へ連行。そこで、ルイジアナ州で農園を営むウィリアム・フォードに売却する。映画では説明されないが、当時、アフリカからの奴隷輸入が禁止されていたことから、綿花畑などを営む南部の人間に奴隷のニーズが高まっており、ブローカーたちは誰彼構わず黒人を誘拐、高値で売りさばいていた。ソロモンもその標的になったのだ。

また、劇中の奴隷市場のシーンで、ソロモンとともに黒人の母子を買うことを申し出たフォードに対し商人が母親のみ売却したのは、意図的に家族関係を断ち切るためだ。親子や兄弟を同じ場所に売ると、結束して主人に歯向かうので家族はバラバラにする。当時はそれが黒人奴隷を支配する常套手段だった。

ソロモンはフォードの奴隷として、材木の市場価格算定の仕事に就く。映画のとおりフォードは信仰心が篤く温和な人物だったが、1842年冬、経済難から奴隷を売却。ソロモンはフォードの水車場で大工として働いていたジョン・ティビッツに買われた後、1843年初め、ニューオリンズに広大な綿花畑を持つエドウィン・エップスに売り払われる。

エップスは無差別に奴隷を虐待しては馬車馬のように働かせる残酷な主人だった。毎日、綿花摘みのノルマを奴隷に課し、達成できなかった者に容赦なくムチを打ちつけたのは劇中で描かれるとおりで、ソロモンは後にムチ打ちの音を聞かない日はなかったと回想している。エップスが、パッツィなる若い奴隷女性を気に入り、夜ごと性的虐待を繰り返していたのも事実で、エップスの妻は嫉妬で怒り狂い、夫にパッツィの背中をムチで打つよう命じる。劇中では、そんな状況に絶望したパッツィがソロモンに自分を殺してくれるよう頼んでいるが、これは映画用に作られたエピソードで、実際の彼女は過酷な環境に耐え

上／ソロモンの最初の主人となったルイジアナ州の農園主ウィリアム・フォード。左が本人。右が演じたベネディクト・カンバーバッチ。
下／左がエドウィン・エップス本人。右はエップスを演じたマイケル・ファスベンダーと、彼の性奴隷パッツィに扮したルピタ・ニョンゴ

るよりほかなかったそうだ。

また、かつて農園の監督だったものの自身の不始末でソロモンと同じ奴隷としてエップスのもとで働いていたアームズビーなる白人男性も実在の人物で、ソロモンは彼に親近感を抱き、自分の近況を家族に知らせる手紙を投函してくれるよう頼んでいる。が、アームズビーは主人エップスにこのことを密告。ソロモンに危険が及んだものの、手紙をアームズビーに渡していなかったことで難を逃れた。

奴隷に容赦なしの ムチ打ちが

奴隷女性パッツィがムチ打ちされている様子を描いた版画（ソロモンの回想録より）

エップスの奴隷として9年が過ぎた１８５２年、移動労働者のカナダ人大工サミュエル・バスが農園を手伝うようになる。ソロモンは、奴隷制度に反対の意思を示す彼と話すうち信用を置き、自分が自由黒人であることを告白。再び手紙を投函してくれるよう依頼する。宛先は、故郷の知り合いだった商店主シーファス・パーカーだった。

バスが頼まれたとおり手紙を出したことで、ソロモンの所在を知ったパーカーがエップスの農園を訪れソロモンを救出。故郷の家族と再会を果たし、映画は終わる。

しかし、実際にソロモンを助けに来たのは、彼の幼馴染であるヘンリー・B・ノーリップなる弁護士だ。ヘンリーはパーカーからソロモンの妻アンに転送された手紙を受け取り、ソロモンが自由黒人である証明書をエップスに見せつけ、解放を納得させた。1853年1月4日。ソロモンが奴隷になってから12年の年月が流れていた。

自由の身になったソロモンは、自分をジョージア州出身の奴隷と偽り不当に売り払ったとして奴隷商人の男を告訴したが、白人が被告の裁判で黒人の証言は許されず、結局、商人は無罪に。同様に誘拐の実行犯も訴えたものの、最後まで行方がわからなかった。

その後、ソロモンは映画の原題にもなっている回想録『12イヤーズ・ア・スレイブ』を出版。奴隷制度廃止運動家として、北米を中心に自身の体験を語る講演を行ったが、彼の歴史的記録は1857年を最後に消えており、死に関する事情も一切わかっていない。

奴隷制存続を主張する南部11州と、リンカーン大統領を指揮官とした北部23州が戦った南北戦争が勃発するのは1861年。4年後の1865年、北軍の勝利により奴隷制は終焉（しゅうえん）を迎える。

ソロモンの所在を知らせる手紙を投函し、解放に繋げたカナダ人労働者サミュエル・バスを演じたブラッド・ピット（製作も兼務）。映画「それでも夜は明ける」より

映画になった奇跡の実話
これが美談の真相だ

2021年7月20日　第1刷発行

編　者　鉄人ノンフィクション編集部
発行人　稲村　貴
編集人　尾形誠規
発行所　株式会社 鉄人社
〒162-0801 東京都新宿区山吹町332
オフィス87ビル3F
TEL 03-3528-9801　FAX 03-3528-9802
http://tetsujinsya.co.jp/
デザイン　鈴木　恵（細工場）
印刷・製本　株式会社シナノ

ISBN978-4-86537-217-5　C0176　

主要参考サイト

映画ウォッチ　HISTORY vs HOLLYWOOD　朝日新聞　日本経済新聞
udiscovermusic.jp　COLLIDER　ELLE　20世紀・シネマ・パラダイス　朝鮮日報　TIME　CNN
知恵ラボ　真夜中のブロックバスター　デイリー・ミラー　The NewYork Times
YouTube　Wikipedia　Cinema Café.net　MITテクノロジーレビュー　CBC News
AFPBB News　livedoor NEWS　NEWSポストセブン　ZAKZAK